DESCRIPTION
DE
L'ÉGYPTE,

RECUEIL
DES OBSERVATIONS ET DES RECHERCHES
QUI ONT ÉTÉ FAITES EN ÉGYPTE
PENDANT L'EXPÉDITION DE L'ARMÉE FRANÇAISE.

SECONDE ÉDITION

DÉDIÉE AU ROI

PUBLIÉE PAR C. L. F. PANCKOUCKE

TOME DIX-HUITIÈME
(3.ᵉ Partie.)
ÉTAT MODERNE.

IMPRIMERIE
DE C. L. F. PANCKOUCKE
M. D. CCC. XXX.

DESCRIPTION
DE
L'ÉGYPTE.

DESCRIPTION

DE

L'ÉGYPTE

OU

RECUEIL

DES OBSERVATIONS ET DES RECHERCHES

QUI ONT ÉTÉ FAITES EN ÉGYPTE

PENDANT L'EXPÉDITION DE L'ARMÉE FRANÇAISE.

SECONDE EDITION

DÉDIÉE AU ROI

PUBLIÉE PAR C. L. F. PANCKOUCKE.

———

TOME DIX-HUITIÈME

(3ᵉ Partie.)

ÉTAT MODERNE.

PARIS

IMPRIMERIE DE C. L. F. PANCKOUCKE

M. D. CCC. XXX.

ÉTAT MODERNE.

MÉMOIRE

SUR

LA MOSQUÉE DE TOULOUN

ET

LES INSCRIPTIONS QU'ELLE RENFERME,

COMPRENANT UN PRÉCIS DE LA DYNASTIE DES TOULONIDES,

Par J. J. MARCEL,

CHEVALIER DE L'ORDRE ROYAL DE LA LÉGION D'HONNEUR.

INTRODUCTION.

Du quartier du Kaire nommé Quartier de Touloun.

Au milieu de l'extrémité méridionale du Kaire, et à peu près à la moitié de la distance qui s'étend depuis la citadelle [1] * jusqu'au *Khalyg* [2], on trouve un quartier connu maintenant sous le nom de *quartier de Touloun* [3]

---

* *Voyez* page 34 ci-après.

ou de *Tayloun*[4], qui renferme une population assez considérable, mais presqu'entièrement composée de gens de la basse classe.

Ce quartier, beaucoup plus ancien que le reste de la ville[5], et qui, avant qu'elle fût construite, formait une forteresse dont la vaste enceinte se reconnaît, même de nos jours, à des débris de remparts ruinés et dont quelques portions restent encore debout, n'avait, jusqu'à notre arrivée en Égypte, été décrit ni peut-être même visité par aucun voyageur européen. On n'en avait, pour ainsi dire, fait qu'apercevoir l'extrémité septentrionale en longeant la grande rue qui conduit à la citadelle, et dont je parlerai tout-à-l'heure.

Les négocians européens établis au Kaire et désignés communément sous le nom de *Francs*[6], craignaient même de se hasarder à pénétrer dans ce quartier lorsque leurs affaires les y appelaient, redoutant le fanatisme outré des habitans, fiers d'avoir dans leur mosquée une copie de celle de la Mekke[7], et l'intolérance plus marquée dans ce quartier que dans le reste du Kaire. Ce fanatisme presque féroce des habitans de ce quartier avait pour cause, soit son isolement des autres parties de la ville et la rareté de ses communications avec les étrangers, soit peut-être la descendance de sa population, formée originairement par les soldats des milices turques et circassiennes qu'Ahmed ben-Touloun y avait établis.

Ce quartier s'étend, au nord, le long de la grande rue appelée *Sekkeh el-Mousalleh*[8], qui, partant du pont nommé *Qantarat el-Seba'*[9], passe à la droite de *Birket el-Fyl* [10] et conduit à la grande place dite *Roumeyleh* [11], devant la porte de la citadelle appelée *Bâb el-A'zâb* [12].

Au midi, ce quartier, qui s'étendait autrefois beaucoup plus loin, a maintenant les mêmes bornes que celles de la ville elle-même, dont la porte, située de ce côté, porte aussi le nom de *Bâb Touloun* [13].

En sortant de cette porte, et tournant à l'ouest pour gagner le vieux Kaire [14], on trouve aussi un étang nommé *Birket Touloun* [15]; et plus loin encore, directement au midi, en passant devant le fort *Muireur* [16], un monceau de décombres qui a conservé le nom de *Kymân Touloun* [17]. Tout ce quartier est placé sur une élévation considérable de terrain dont une partie est maintenant formée de décombres accumulés successivement; mais, en beaucoup d'endroits, on remarque encore facilement le roc du sol primitif sur lequel l'ancienne forteresse était fondée, et dont la situation prédominante sur les terrains environnans l'avait fait choisir pour cette construction.

Cette élévation, qui s'abaisse un peu progressivement si l'on s'avance vers le côté extérieur de la ville actuelle, s'élève, au contraire, de plus en plus, en tendant vers l'intérieur, et est coupée brusquement, et en plusieurs endroits perpendiculairement, par la grande rue dont je viens de parler ci-dessus.

Le long de cette rue, les parois du rocher qui ne sont pas masquées par des maisons particulières, sont revêtues d'une forte muraille d'ancienne maçonnerie. On y remarque surtout une espèce de bastion flanqué de trois grosses tours à moitié engagées dans le rempart lui-même, et dont la hauteur, assez considérable du côté de la rue, est presque de niveau avec le terrain du côté de l'intérieur.

Une des tours de ce bastion a reçu des habitans du Kaire le nom de *Mastabet Fara'oun* [18], c'est-à-dire le trône de Pharaon [19], suivant leur habitude de rapporter au monarque qu'ils désignent par ce nom, toutes les anciennes constructions dont ils ignorent l'époque précise [20].

On désigne aussi ce bastion par le nom de *Qâla't el-Kabch* (Château du Belier), parce que l'on donne au chef d'une famille le nom de *belier, chef du troupeau*, et qu'on a voulu sans doute indiquer par-là que le chef de la maison des Toulonides y avait établi sa demeure et y avait élevé un palais dont on y remarque encore les ruines [21].

C'est aussi près de ce bastion qu'on voit sous une arcade qui soutient un escalier conduisant à une mosquée [22], une fontaine devenue célèbre par le nom de *Fontaine des Amans* [23]. Tous les voyageurs qui ont visité le Kaire se sont empressés d'en faire mention, et le peuple de la ville raconte, au sujet de sa construction, plusieurs fables plus ou moins absurdes [24].

La cuve de cette fontaine était un sarcophage égyptien en granit, d'une belle conservation, et orné d'hiéroglyphes de la plus grande beauté; ce monument, déplacé pendant notre séjour, a été transporté en Angleterre, où il fait maintenant partie des richesses du Muséum de Londres [25].

C'est au centre du quartier dont je viens de décrire

les limites, que s'élève encore maintenant, après dix siècles presque révolus, la plus grande mosquée du Kaire et la plus ancienne de cette ville, puisqu'elle existait déjà long-temps avant que la ville elle-même fût fondée par *Giouhar*[26], général des armées du khalife Fatémite[27] *Mo'ez le-dyn Illah*[28]. Cette mosquée porte le nom de mosquée de Touloun (*Gâma' Touloun*[29]), ou plus correctement, de mosquée du fils de Touloun (*Gâma' ben-Touloun*[29]), ainsi qu'on le lit dans les inscriptions qu'elle renferme.

Mais avant de décrire cette antique mosquée et de traiter des inscriptions que j'y ai recueillies, je crois qu'il est utile, et même indispensable pour l'intelligence des détails où je dois entrer, de faire connaître par un précis historique le prince célèbre qui en fut le constructeur, et qui, de gouverneur de l'Égypte et de la Syrie, en devint le souverain, fondant ainsi une dynastie dont la domination, pour avoir été d'une courte durée, n'a cependant pas été dépourvue d'éclat, et dont la chute fut accompagnée d'événemens et de résultats intéressans pour l'histoire de l'Orient, particulièrement pour celle de l'Égypte.

J'ai été engagé à ce travail par le silence presque absolu qu'ont gardé nos historiens sur cette époque peu connue de l'histoire de l'Égypte, qui nous présente le premier exemple de démembrement du vaste empire des khalifes; exemple qui a été suivi successivement par les autres gouverneurs des grandes provinces, et qui a enfin amené la destruction totale de ce colosse immense. M. de Guignes, dans sa savante Histoire des Huns, est, jusqu'à présent, celui qui a donné la notice la plus longue sur la dynastie des Toulonides; mais cette notice, trop incomplète, renferme plusieurs inexactitudes, et je n'en ai pu tirer qu'un faible parti.

J'ai extrait le précis historique qui va suivre, des écrivains arabes, et surtout des Annales du célèbre Abou-l-fedâ[31], de l'historien connu parmi nous sous le nom d'Abou-l-Farâg[32], de Soyouty[33], de Mara'y[34], d'Ebn-Hagiar[35], de Maçou'dy[36], d'el-Qodâ'y[37], de Ben-Ayâs[38], d'A'bd-el-Hokm[39], d'el-Makyn[40], et enfin de Maqryzy[41].

J'ai consulté aussi, pour en tirer quelques notes, les géographies d'el-Edryçy, d'el-Bakouy, d'Ebn el-Ouerdy, de Murtadi, d'Ebn-Haukal, et enfin les ouvrages d'Abd-el-latyf et de Ebn-Khilkân[42], etc.

On trouvera dans la troisième partie quelques-uns des textes principaux dont j'ai fait usage.

PREMIÈRE PARTIE.

PRÉCIS HISTORIQUE DE LA DYNASTIE DES TOULONIDES.

CHAPITRE Ier.

Origine d'Ahmed ben-Touloun.

Abou-l-Abbâs[43] Ahmed ebn-Touloun*[44] (Ahmed, fils de Touloun et père d'Abbâs) est désigné aussi, par les historiens arabes, sous le seul nom d'*Ebn-Touloun*[45] (fils de Touloun). Ce fondateur de la dynastie des Toulonides[46] en Égypte et en Syrie, était d'origine turque, et sa famille faisait partie de la horde[47] de Toghouz-ghour[48], l'une des vingt-quatre grandes tribus dont se composait cette nation immense appelée tantôt *turque*[49] et tantôt *tartare*[50], qui, comprenant les Turkomans, les Mogols et les Tartares proprement dits, s'étendait, suivant Ebn el-Ouerdy, sur tous les pays de l'Asie septentrionale, depuis le fleuve Gihoun[51] ou Oxus jusqu'au Kathai[52], c'est-à-dire à la Chine, et n'avait au nord d'autres limites que l'océan Glacial.

Les Turks ainsi placés à l'extrémité de l'Asie la plus éloignée de la péninsule Arabique, semblaient, par leur position même, devoir être garantis pour toujours de

* On écrit indifféremment Ebn-Touloun ou ben-Touloun.

tout contact et de toute relation amicale ou hostile avec les peuples de cette dernière contrée, dont les séparaient tant de régions, de montagnes, de fleuves et de déserts. Mais les Turks étant parvenus à étendre leur empire sur la Tartarie entière, d'un côté, tandis que, de l'autre, les Arabes, sous le gouvernement de leurs premiers khalifes, avaient poussé progressivement leurs conquêtes jusqu'au *Maouar el-Nahar* et sur les frontières du Turkestan, ces deux grandes nations ne tardèrent point à se rencontrer et à devenir ennemies. La guerre qu'elles se firent dura long-temps, et dans les nouveaux combats auxquels cette guerre donna lieu, elles se firent l'une sur l'autre une grande quantité de prisonniers : les Turks qui tombèrent entre les mains des Arabes furent dispersés dans les différentes provinces de leur empire, où ils devinrent les esclaves des principaux émyrs et des khalifes eux-mêmes.

La famille de Touloun[53] père d'Ahmed habitait, à cette époque, les environs du lac *Lop*[54], dans la petite Bukharie. Touloun fut fait prisonnier dans un combat, et tomba entre les mains de *Noueh ebn-Asad el-Samâny*[55], qui commandait alors à Bokhara[56]; ce prince, qui reconnaissait l'autorité du khalife *al-Mâmoun*[57], payait à son souverain un tribut annuel d'esclaves, de chevaux turks, et d'autres objets précieux[58].

L'an 200 de l'hégire, qui correspond à l'an 815 ou 816 de l'ère chrétienne[59], Touloun fut mis au nombre des esclaves envoyés par *Noueh* en tribut au khalife. Il se fit bientôt remarquer de son nouveau maître par son mérite et ses avantages corporels, et fut attaché par le khalife à son service particulier; car la méfiance que les khalifes avaient des émyrs de leur cour, dont ils n'avaient su apaiser les prétentions qu'en en faisant de grands feudataires, leur fit commettre la faute plus grande encore de reporter toute leur confiance sur les esclaves turks et autres étrangers attachés au service intérieur de leur palais. Ceux-ci, tout barbares et illettrés qu'ils étaient, vivant au milieu des princes et des grands de l'empire, s'instruisirent bientôt dans le mahométisme, dans les sciences, et surtout dans la politique; ils devinrent bientôt capables de remplir les charges les plus éminentes auprès des khalifes, qui les retirèrent de l'esclavage pour les employer dans le gouvernement suivant les talens qu'ils faisaient paraître. Nous verrons dans la suite de ce précis avec quelle ingratitude leur ambition et leur esprit d'indépendance, que l'éducation n'avait pas changés, répondirent à ces faveurs inconsidérées.

Touloun sut tellement gagner la bienveillance d'al-Mâmoun, que ce monarque lui donna le commandement de ses gardes et le nomma *Emyr el-Sitr*[60] (prince du voile ou du rideau), charge qui indiquait la plus grande confiance : les fonctions de celui qui en est revêtu, dans l'orient, étant de veiller à la sûreté personnelle de son souverain en se tenant continuellement en dehors du rideau ou de la riche portière de tapisserie qui ferme l'appartement intérieur, et n'y introduisant personne sans un ordre spécial.

Après avoir passé vingt ans à la cour d'al-Mâmoun et de *Motassem*[61], son frère et son successeur, Touloun devint père d'Ahmed et de plusieurs autres enfans, parmi lesquels les historiens nous ont conservé les noms d'un fils nommé *Mousä*[62], et de deux filles nommées *Samanah*[63] et *Habechyah*[64].

CHAPITRE II.

Premières années d'Ahmed ben-Touloun sous les khalifes Motassem, Ouathek, Motouakel, Montasser et Mostayn.*

Ahmed ben-Touloun naquit à Baghdâd[65], et, selon d'autres, à Samarâ[66], l'an 220 de l'hégire, qui correspond à l'an 835 de l'ère chrétienne[67], et qui est la troisième année du règne d'el-Motassem b-illah, frère et successeur d'al-Mâmoun, et troisième fils du célèbre khalife Haroun al-Rachyd[68], dont le nom est si connu parmi nous, et qui était contemporain de Charlemagne[69].

La mère d'Ahmed ben-Touloun était une jeune esclave turque nommée *Kasimeh*[70] par quelques historiens, et à laquelle d'autres donnent le nom de *Hachimeh*[71].

Quelques-uns prétendent même qu'Ahmed n'était pas réellement le fils de Touloun, et A'bd el-Rahmân el-Soyouty cite, à l'appui de cette assertion, Ebn-

* Ce prince est le même que celui qui est nommé ordinairement Mostanser b-illah : voir la *Notice des Mss*, volume 1, page 63; la *Bibliothèque orientale* de d'Herbelot, pages 4, 622, et l'*Histoire des dynasties d'Abou-l-Farâg*, au bas de la page 266 du texte arabe. C'est par erreur, ou faute typographique, que le texte d'el-Makyn, publié par Erpenius, porte le nom de Mostanser.

A'sâker [72], qui prétend avoir appris d'un vieillard égyptien qu'Ahmed était fils d'un Turk nommé *Mahly*, et de *Kasimeh*, esclave de Touloun, et que ce dernier avait adopté l'enfant à cause des heureuses dispositions qu'il faisait paraître; mais cette assertion, d'ailleurs peu importante, est dépourvue d'appui et contredite par les faits subséquens.

Ahmed n'avait pas encore atteint sa dix-neuvième année, que Touloun mourut l'an 239 [73] de l'hégire (855 de l'ère chrétienne). Pendant cet intervalle, Ouathek b-illah [74] avait succédé à son père el-Motassem, et avait eu lui-même pour successeur son frère el-Motouakel [75] : ce khalife, qui était sur le trône depuis huit ans, jugea le jeune Ahmed digne de remplacer son père dans la charge importante qui lui avait été confiée.

Ahmed avait reçu une éducation soignée et instructive; il était doué d'un esprit fin et d'un heureux naturel, bien éloigné de la férocité et de la barbarie des peuples dont il était originaire. A une âme courageuse et élevée il unissait la politesse, la générosité, l'amour de la justice et de la religion. Il s'était livré surtout à l'étude des traditions, dont la connaissance a tant de prix aux yeux des musulmans : aussi s'était-il acquis la meilleure réputation de probité, de piété et d'instruction, et il obtint surtout la plus entière confiance parmi les Turks dont les khalifes avaient formé leur garde, et qui étaient devenus pour eux comme une garde prétorienne, disposant à leur gré des affaires et même du sort et de la vie de leur maître.

L'un des plus considérables d'entre eux, nommé

Barqouq[76], donna sa fille en mariage à Ahmed, qui en eut un fils nommé *Abbâs*[77], à la naissance duquel il prit lui-même le surnom d'*Abou-l-Abbâs*[78], et une fille nommée *Fatymah*[79].

Le goût qu'Ahmed avait pour l'étude l'engageait à aller souvent à Tarse en Cilicie, où les plus grands docteurs avaient alors ouvert leurs écoles ; il désira bientôt s'y fixer tout-à-fait. Il obtint donc d'O'beyd-allah, fils de Yahyä[80], premier ministre de Motouakel, la permission de s'y transporter et d'y toucher ses émolumens ; mais sa mère le rappela bientôt auprès d'elle.

Son absence l'avait rendu totalement étranger aux événemens qui accompagnèrent le meurtre de Motouakel et le court règne du parricide Montasser b-illah[81], et il ne revint à Samarâ que la première année du règne d'el-Mostayn b-illah[82]. Ahmed avait trouvé en route l'occasion de signaler sa valeur, en défendant contre les attaques des Arabes Bédouins la caravane dont il faisait partie, et surtout en leur arrachant des objets précieux appartenant au khalife et dont ils s'étaient emparés.

Ces événemens, connus d'el-Mostayn, valurent à Ahmed un présent de 1000 dynârs[83] et la faveur particulière du prince. Le khalife le combla de richesses et lui fit don d'une de ses esclaves favorites, *Myaseh*[84], dont Ahmed eut un fils nommé *Khomayourah*[85] l'an 250[86] de l'hégire (864 de l'ère chrétienne). Cette date est regardée comme la plus exacte, quoique quelques écrivains aient reculé la naissance de ce fils jusqu'à l'an 255[87] de l'hégire (868 de l'ère chrétienne). Cependant un parti puissant se préparait à renverser Mostayn du trône par une de ces révolutions dont l'histoire de cette époque présente plus d'un exemple. Les esclaves turks que le khalife Motassem avait fait acheter en grand nombre pour les élever dans l'exercice des armes, et dont il avait composé un nouveau corps de milice auquel il avait confié sa garde particulière, n'avaient pas tardé à abuser de la faveur du khalife. Leur insolence était devenue si insupportable aux habitans de Baghdâd, que, voyant tous les jours de nouvelles plaintes s'élever contre sa garde, Motassem avait pris la résolution de quitter Baghdâd et de faire reconstruire l'ancienne ville de Samarâ pour y transporter le siége de l'empire. Bientôt les milices augmentèrent tellement leur influence, que, montés par degrés jusqu'aux premières charges de l'état, les Turks s'emparèrent peu à peu du gouvernement et finirent par s'en rendre entièrement les maîtres. Après la mort de Motouakel, dixième khalife des Abbassides, ils s'étaient d'abord contentés de créer et de déposséder les vizirs des khalifes; ils en vinrent à détrôner les khalifes eux-mêmes et à en créer de nouveaux, que bientôt après ils renversaient à leur tour. C'est ainsi que, pendant l'espace de quatre-vingt-dix ans, ils disposèrent du khalifat, donnant et ôtant cette dignité à qui bon leur semblait. Mostayn avait excité le mécontentement de cette milice devenue si dangereuse pour les khalifes, et entre les mains de laquelle reposait réellement toute l'autorité souveraine. Mostayn fut déposé l'an 252 [88] de l'hégire (867 de l'ère chrétienne), et les Turks mirent sur le trône, à sa place, son cousin *El-Motaz b-illah*[89], fils de Motouakel et frère de Montasser. El-Motaz b-illah fut inauguré le vendredi 4e jour du mois de moharrem [90], et aussitôt le khalife déposé fut transféré sous bonne garde dans un château, d'où on le fit conduire à Ouaset[91] par Ahmed ben-Touloun. Le malheureux Mostayn fut massacré dans ce voyage par le chambellan *Sayd*[92], chargé des ordres secrets du nouveau khalife; et plusieurs historiens ont accusé Ahmed d'avoir exécuté lui-même ce meurtre, ou du moins d'y avoir assisté, et de s'être chargé d'apporter aux pieds du khalife el-Motaz la tête de son infortuné cousin. Mais les détails suivans, dont l'exactitude est mieux constatée, prouvent qu'Ahmed ben-Touloun fut bien loin de se rendre coupable d'une aussi monstrueuse ingratitude envers son prince et son bienfaiteur.

Il est bien vrai que les Turks ordonnèrent le départ de Mostayn pour Ouaset aussitôt après lui avoir arraché son abdication; mais, ne voulant confier sa conduite et sa garde qu'à un homme qui pût avoir à la fois leur confiance et la sienne, Ahmed ben-Touloun seul leur parut réunir ces deux avantages. On remit donc Mostayn entre les mains d'Ahmed, qui le mena à Ouaset, et se conduisit envers le prince détrôné avec le respect et les égards les plus grands.

Cependant les Turks, qui étaient devenus les favoris d'el-Motaz, craignant encore Mostayn, rendirent suspecte au khalife cette conduite de Touloun, et lui persuadèrent que son règne ne pourrait être assuré que par la mort de son prédécesseur. *Kabihah*[93], mère du khalife, écrivit donc à Ahmed ben-Touloun pour l'engager à tuer Mostayn, lui offrant pour récompense le gouvernement de Ouaset. Ahmed ben-Touloun ayant rejeté cette proposition avec indignation, les Turks envoyèrent alors Sayd, chambellan du khalife, portant à Ahmed l'ordre écrit de remettre Mostayn entre ses mains et de revenir lui-même à Samarâ. Ahmed obéit et fit cette remise en présence du qâdy et de témoins : aussitôt Sayd entraîna dans le désert la victime qui lui était désignée par ses ordres secrets, et lui coupa la tête sous une tente.

Ahmed ben-Touloun y étant entré après le départ de Sayd, vit à terre le corps sanglant du malheureux Mostayn; il le fit laver et envelopper d'un linceul, et ne retourna à Samarâ qu'après avoir prononcé sur sa sépulture les prières solennelles usitées pour les morts.

On l'entendit depuis répéter souvent, quand il fut parvenu au faîte de la puissance : « Les Turks m'avaient offert le gouvernement d'Ouaset pour le meurtre de Mostayn : j'ai refusé, n'écoutant que le souvenir de mes sermens et la crainte de Dieu, et Dieu m'a récompensé par son éclatante faveur et par le gouvernement de l'Égypte et de la Syrie[94]. »

CHAPITRE III.

Ahmed ben-Touloun commande à Fostât sous les khalifes el-Motaz, el-Mohtady b-illah et el-Motamed alâ-allah.

L'Égypte, à cette époque, était soumise à l'empire des khalifes; mais l'autorité y était partagée entre différens vice-gouverneurs et administrateurs : les uns commandaient à Fostât[95], d'autres à Alexandrie, d'autres encore dans la haute Égypte. Le pouvoir n'était pas même concentré dans la même main : dans chacune de ces provinces, l'armée avait un chef particulier, tandis qu'un autre était chargé de l'administration civile et du prélévement des impôts.

L'an 254[96] de l'hégire (968 de l'ère chrétienne), Bakbak, l'un des chefs de la milice turque, fut nommé gouverneur de l'Égypte par le khalife el-Motaz, ou plutôt par cette garde turque elle-même qui régnait sous le nom du khalife : la réputation générale dont jouissait Ahmed ben-Touloun détermina Bakbak à le choisir pour son lieutenant militaire à Fostât, et l'administration financière fut confiée à Ahmed ebn-Modabbar. Celui-ci, homme avide et dur, créa de nouveaux impôts, et tourmenta surtout les chrétiens par des exactions intolérables : cette conduite lui avait attiré la haine universelle. Pour se défendre des attaques qu'il pouvait avoir à craindre, il avait réuni cent esclaves indiens remarquables par leur vigueur et par leur courage, dont il se faisait suivre partout.

Lorsque Ahmed ben-Touloun entra à Fostât, Ebn-Modabbar vint à sa rencontre entouré de son escorte ordinaire ; et, sentant le besoin de se concilier l'amitié du nouveau commandant militaire, il lui offrit un présent de 10000 dynârs : mais Ahmed ben-Touloun refusa l'or et demanda en échange les cent esclaves qui accompagnaient Ebn-Modabbar. Celui-ci, quoique présageant le but de cette demande, n'osa cependant s'y

SUR LA MOSQUÉE DE TOULOUN. 17

refuser; et, dès ce moment, tout le pouvoir passa des mains d'Ebn-Modabbar dans celles d'Ahmed ben-Touloun, avec la troupe d'esclaves qui en était l'appui.

Bientôt Ahmed ben-Touloun devint assez puissant pour égaler en autorité le gouverneur dont il n'était que le lieutenant, et soumettre tous ses ennemis par la force de ses armes : Ahmed ben-Thabathaba, de la race d'A'ly [97], fut le premier.

Un autre descendant de cette même race, nommé *Boga el-Asghar*, s'était établi entre Barka [98] et Alexandrie; s'étant ensuite avancé dans le Sa'yd [99], il y fut attaqué par Tenym, qu'Ahmed ben-Touloun avait envoyé à sa poursuite. Abandonné de ses troupes dans le combat, il tomba percé de coups, et sa tête fut portée à Fostât. Presque aussitôt après, Ahmed ben-Touloun eut à combattre un autre ennemi, Ibrâhym ebn el-Soufy; maître d'Esné [100], il y massacrait ceux qui osaient lui résister, et il avait déjà battu les troupes qu'Ahmed avait expédiées contre lui. Défait, à son tour, auprès d'Akhmym [101], par une nouvelle armée qu'Ahmed ben-Touloun s'était hâté d'envoyer, il avait été forcé de chercher un asile dans le grand oasis avec les restes de ses troupes échappées au combat. Sur ces entrefaites, Ahmed ben-Touloun reçut de Samarâ l'ordre de se préparer à attaquer Issa ebn el-Cheykh, qui s'était révolté, en Syrie, contre l'autorité du khalife; profitant, pour se rendre redoutable, des troubles et des séditions qui agitaient la capitale de l'empire. En effet, les milices turques avaient forcé el-Motaz d'abdiquer le khalifat, et l'avait massacré ensuite.

El-Mohtady b-illah [105], qu'ils avaient mis à sa place, n'y était resté qu'un an, et avait bientôt éprouvé le même sort; enfin l'an 265 [106] de l'hégire (870 de l'ère chrétienne) les Turks avaient donné le khalifat à el-Motamed alä-allah [107]. Issa ebn el-Cheykh avait refusé au nouveau khalife le serment et l'insertion de son nom dans les prières publiques [108], malgré l'offre du gouvernement de l'Arménie, que lui avait fait faire le khalife, s'il consentait à quitter la Syrie; il voulait, au contraire, joindre le gouvernement de l'Arménie à celui de la Syrie, et annonçait même des prétentions sur celui de l'Égypte.

Il s'était déjà emparé d'une somme de 750000 dynârs, provenant des tributs de l'Égypte, qu'Ebn-Modabbar avait adressée au trésor du khalife, à Samarâ; les ordres d'el-Motamed enjoignaient à Ahmed ben-Touloun de prendre les armes, et à Ebn-Modabbar de lui fournir tout l'argent nécessaire pour que rien n'arrêtât le succès de cette guerre.

Ahmed se hâta de mettre son armée en état, acheta un grand nombre d'esclaves noirs et grecs, et partit à la tête de troupes nombreuses, laissant le commandement de Fostât à son frère Mousâ.

Il envoya d'abord à Ebn-Cheykh une sommation de reconnaître l'autorité du khalife et de restituer l'argent du tribut d'Égypte dont il s'était emparé.

Issa ebn-Cheykh refusa d'obéir, et Ebn-Touloun s'avança en Syrie; mais y ayant appris qu'Amagour, l'un des chefs des Turks, venait d'être nommé par le khalife au gouvernement de la Syrie, il rentra en Égypte au bout de deux mois. Amagour battit les troupes d'Ebn-

SUR LA MOSQUÉE DE TOULOUN. 19

Cheykh et le força de se retirer en Arménie, dont il conserva le gouvernement pendant treize ans, jusqu'à sa mort.

CHAPITRE IV.

Ahmed ben-Touloun fait construire le quartier appelé el-Qâtayah.

Ahmed ben-Touloun habitait alors le palais qui avait été le séjour de ceux qui l'avaient précédé dans son commandement. Ce palais n'était pas situé dans l'intérieur des murailles de Fostât, mais dans un quartier ou faubourg appelé *A'skar*[109], qui, semblable à une petite ville, renfermait des rues, des marchés et de belles maisons : ce quartier, situé au nord de Fostât, était borné, au nord-est, par le mont Yechkar[110], où, depuis, Ahmed ben-Touloun éleva la mosquée qui porte son nom et qu'on y voit encore; il finissait, à l'occident, au pont des Lions, sur le canal qui traverse maintenant le Kaire; ensuite il s'étendait, au midi, jusqu'à Fostât même. Ce palais avait été construit, environ cent ans auparavant, par Sâleh ebn-A'ly; il avait suffi à l'habitation des commandans qui avaient précédé Ahmed ben-Touloun : mais son enceinte ne put long-temps contenir les magasins que nécessitaient ses immenses préparatifs de guerre, le nombre toujours croissant de ses chevaux, et les richesses considérables qu'il avait amassées.

Ahmed chercha donc un nouvel emplacement, et choisit cette plaine élevée, qui s'étend, à l'orient, de Fostât et du quartier d'el-A'skar, jusqu'au pied du Moqatam.

Cette plaine était remplie de tombeaux de chrétiens et de Juifs : Ahmed les fit démolir, et y fit construire une citadelle et un manége; il distribua alors le terrain environnant aux chefs de son armée et à ses principaux partisans, en leur ordonnant d'y bâtir des maisons et de venir les habiter.

Bientôt tout fut couvert de constructions qui en firent une nouvelle ville ayant mille pas de longueur et autant de largeur. Ahmed lui donna le nom d'*el-Qâtayah* [1], ce mot signifiant des fonds de terre accordés, par les propriétaires et les suzerains, à leurs vassaux ou partisans, sous certaines conditions et redevances, comme les fiefs créés par nos anciens gouvernemens d'Europe dans le moyen âge.

Cette nouvelle ville était bornée, au nord-est, par le roc élevé sur lequel, dans la suite, Saladin fit construire une nouvelle citadelle, celle qui existe encore de nos jours; elle s'étendait, du côté opposé, jusqu'à l'ancien quartier appelé *el-A'skar* : ainsi, à l'orient, elle était bornée par le mont Moqatam; elle touchait, vers le midi, à Fostât, dont la réunion, ainsi que celle du quartier el-A'skar vers l'occident, n'en faisait, pour ainsi dire, qu'une seule ville. Mais on oublia peu à peu le nom d'*A'skar*, et l'on ne conserva que ceux de *Fostât* et de *Qâtayah*. Cette dernière parvint bientôt à la plus grande splendeur : des jardins agréables, de riches palais, des mosquées magnifiques, des bains, un grand nombre de maisons particulières embellissaient ses rues; on y voyait aussi des marchés et des ateliers de tous les métiers.

Le palais qu'Ahmed se fit construire surpassait tous

les autres édifices par son étendue et sa construction. On y entrait par plusieurs portes, et l'une d'elles était surmontée d'un belvéder élevé, d'où la vue s'étendait sur la perspective la plus agréable, sur Fostât et ses environs, sur le cours du Nil, et sur l'autre rive, jusqu'aux Pyramides.

C'est là qu'Ahmed aimait à se reposer : la nuit, surtout la veille des fêtes, il se plaisait à voir de là le mouvement que ses gens et les habitans se donnaient pour les préparer; et lorsqu'il s'apercevait que quelque chose leur manquait, ses dons généreux suppléaient à leurs besoins.

Ce palais était bordé par la place du Manége dont j'ai déjà parlé, appelée par les Arabes *Meydân* [112], et dont il prit lui-même le nom.

CHAPITRE V.

Succès divers d'Ahmed ben-Touloun, dans son gouvernement de l'Égypte, sous les khalifes el-Mohtady et el-Motamed alä-allah, jusqu'à la construction de sa mosquée.

Ahmed ben-Touloun voyait chaque jour s'augmenter sa puissance, ses richesses, et le nombre de ses esclaves et de ses partisans; mais la renommée porta bientôt jusqu'à la cour du khalife les éloges de la nouvelle ville et de son fondateur : Amagour, dont j'ai parlé ci-dessus, et qui venait d'obtenir le gouvernement de la Syrie, en conçut de l'envie, et peut-être même quelque crainte;

aussi se hâta-t-il de presser le khalife d'ôter à Ahmed son commandement, en écrivant que « les forces d'Ahmed étaient plus grandes que celles de cet Ebn-Cheykh qui s'était révolté en Syrie, et qu'Ahmed était plus redoutable, puisqu'il l'emportait sur celui-ci plus encore par l'activité et la profondeur de son génie que par ses richesses. »

Ebn-Modabbar, intendant de l'Égypte, et devenu de plus en plus l'ennemi d'Ebn-Touloun, écrivit dans le même sens, et entra dans cette intrigue avec Chakir, son secrétaire.

Ahmed ben Touloun reçut l'ordre de se rendre à Samarâ, en laissant son commandement entre les mains d'un *délégué* de son choix; mais les espions qu'il avait à la cour du khalife lui firent connaître le but de cet ordre, et il envoya à sa place Ahmed Ouâsety, son secrétaire et son ami, avec de grands présens en chevaux, en argent et en objets précieux pour le vizir. Celui-ci, devenu aussitôt partisan d'Ebn-Touloun, non-seulement fit annuler par le khalife l'ordre de rappel, mais lui obtint encore la prorogation de son commandement et la permission de faire venir auprès de lui sa femme et ses enfans, qu'il avait laissés à Samarâ.

Ahmed ben-Touloun, pour signaler sa reconnaissance envers Dieu, qui avait déjoué les piéges de ses ennemis, répandit sur les pauvres de magnifiques largesses. Son bonheur ne s'arrêta pas là : Bakbak, qui était gouverneur de l'Égypte, et qui lui avait donné le commandement de Fostât, encourut la disgrâce du khalife el-Mohtady, et fut condamné à perdre la tête. Le khalife nomma au gouvernement de l'Égypte le beau-père d'Ahmed ben-Touloun, Barqouq, qui se fit représenter par son gendre, non-seulement à Fostât, mais encore dans les autres provinces de l'Égypte, et même à Alexandrie, où jusqu'alors Isaac, fils de Dynâr, avait rempli les fonctions de vice-gouverneur.

C'est ainsi qu'Ahmed ben-Touloun se vit maître de l'administration générale de toute l'Égypte, l'an 257[113] de l'hégire (870 de l'ère chrétienne). L'année suivante, Barqouq mourut, et son gendre obtint le titre de gouverneur à sa place.

Ahmed ben-Touloun avait connu les intrigues d'Ebn-Modabbar et de Chakir; il avait même reçu du vizir les originaux des lettres qu'ils avaient écrites contre lui : après une explication violente à ce sujet, Chakir était mort de frayeur. Ahmed obtint du khalife le renvoi d'Ebn-Modabbar, qu'il fit aussitôt arrêter; mais ayant appris qu'un frère de celui-ci était trésorier du khalife, il lui rendit bientôt la liberté et son emploi.

Mais Ebn-Modabbar était las de lutter avec Touloun, qu'il redoutait de plus en plus. Il pria son frère de lui faire donner l'administration financière de la Syrie, pour quitter l'Égypte le plus tôt possible : cependant, avant son départ, toute relation hostile cessant entre lui et Ahmed, il fit amitié avec lui et donna sa fille en mariage à Khomayourah, fils de son ancien adversaire. Ce mariage apporta dans la famille d'Ebn-Touloun tous les domaines et toutes les richesses que possédait en Égypte Ebn-Modabbar.

Le premier soin d'Ahmed fut d'abolir les nouveaux

impôts et les vexations sordides qui avaient attiré sur Ebn-Modabbar la haine du peuple. Il avait consulté auparavant A'bd-allah, fils de Dachumah, l'un de ses conseillers, et secrétaire du nouveau trésorier Abou-Ayoub; ce secrétaire était un homme dépourvu de piété et d'humanité, et connu par sa cupidité, son avarice et sa ruse.

Le discours adroit qu'il adressa à Ahmed pour le détourner de cette suppression, ne put changer la résolution généreuse de celui-ci; les historiens arabes prétendent même qu'Ahmed ben-Touloun y fut confirmé par un songe, dans lequel il crut voir un de ses pieux amis qu'il avait laissé à Tarse, et qui lui dit que, « lorsqu'un prince abandonne de ses droits pour le bonheur de ses peuples, Dieu lui-même se charge de sa récompense. »

Ces mêmes historiens ajoutent qu'Ahmed, parti le surlendemain pour la haute Égypte, traversait le désert, lorsqu'un trou qui se forma dans le sable, sous un des pieds du cheval de l'un de ses esclaves, le fit abattre et se renverser auprès de lui. Ahmed, étonné, examina l'ouverture qui venait de se faire, et y trouva un trésor considerable qu'on évalua à un million de dynârs. Le bruit de cette découverte se répandit dans tout l'Orient; et Ahmed, y voyant la récompense que son songe lui avait promise, écrivit au khalife el-Motamed alä-allah pour lui demander la permission de le garder et de l'employer en de bonnes œuvres de son choix : cette permission lui fut accordée, et il dépensa une partie de ce trésor à faire construire un aquéduc, une fontaine[14], un hôpital et la superbe mosquée qui porte encore son nom; tout le reste fut distribué aux pauvres.

CHAPITRE VI.

Ahmed ben-Touloun fait bâtir une mosquée sur le Moqatam, et élève en Egypte différentes autres constructions.

La première mosquée qu'Ahmed ben-Touloun fit bâtir, fut placée sur la croupe la plus élevée du mont Moqatam, qui se trouve maintenant à l'orient du château du Kaire, et qui portait autrefois le nom de *Tennour Farâoun* [115] : ce nom, qui signifie *la Fournaise de Pharaon*, avait été anciennement donné à cet endroit, parce que, lorsque les premiers rois d'Égypte appelés *Pharaon* sortaient d'Héliopolis [116], qui était alors leur capitale, on avait, dit-on, coutume d'allumer un feu sur ce sommet pour avertir les habitans de se tenir prêts à fournir tout ce dont le prince pourrait avoir besoin dans sa route.

Cet usage fut abandonné par la suite, et ce lieu devint désert; cependant, s'il faut en croire les historiens, le bâtiment dans lequel on allumait le feu subsista jusqu'au temps d'Ahmed ben-Touloun : un des chefs de ses troupes, nommé *Ouasif Katirmir*, crut qu'un trésor pouvait y être enfoui, et y fit faire des démolitions et des fouilles, mais sans rien y trouver.

El-Maqryzy raconte pourtant qu'Ahmed ben-Touloun y fit fouiller à son tour, et qu'il y découvrit un trésor considérable.

Une autre tradition rapportait que Juda, fils du patriarche Jacob, ayant aperçu le feu qui brillait en cet endroit, à son départ de l'Égypte, avait tourné ses pas de ce côté et y avait fixé quelque temps sa demeure, tandis que ses frères retournaient vers leur père.

Cette tradition fit considérer ce lieu, par Ahmed ben-Touloun, comme un lieu sanctifié; et l'an 259 [117] de l'hégire (872 de l'ère chrétienne) il y fit bâtir une mosquée avec un minaret et une citerne : cet édifice conserva son ancien nom de *Tennour*.

Ahmed fit ensuite construire un aquéduc et une fontaine près de la mosquée nommée *Akda*, située dans la portion du Karafah qui était désignée sous le nom de *Moafir* [118].

Cet endroit manquait d'eau, quoiqu'une source, nommée *la fontaine d'Abou-Khaled*, n'en fût pas très-éloignée : on conseilla à Ahmed d'amener ces eaux à la fontaine qu'il faisait construire; mais il s'y refusa en disant : « On conserverait à ma fontaine le nom d'Abou-Khaled, au lieu de lui donner le mien : il faut donc qu'elle reçoive les eaux d'une autre source. » En effet, par ses ordres, on fouilla plus à l'Orient, et les travaux furent conduits par un chrétien renommé pour ses talens en architecture et en géométrie, qui réussit à en faire un édifice qui surpassait tous ceux du même genre qu'on avait vus auparavant. L'aquéduc qui amena cette source fut, dans la suite, appelé *les Ponts de ben-Touloun* [119]; et une partie subsistait encore du temps d'el-Maqryzy. Sa construction avait coûté 40000 dynârs.

Vers le commencement de l'année 260 [120] de l'hégire (873 de l'ère chrétienne), Ahmed fit recreuser et nettoyer le canal d'Alexandrie, qui avait été encombré par les sables [121].

Dans la même année, étant allé, avec son trésorier Abou-Ayoub et le qâdy Bakkal, dans l'île de Roudah, il y donna l'ordre de réparer le nilomètre : cette réparation coûta 10000 dynârs [122].

Abou-Ayoub, quelque temps après, fit construire un nouveau nilomètre dans l'arsenal de cette même île, où l'on construisait des galères; mais du temps de Maqryzy il n'en restait plus que quelques traces.

Vers la fin de l'année, Ahmed alla à Alexandrie, et donna le gouvernement de cette province à Abbâs, son fils aîné.

Ce fut à cette époque qu'Ahmed fit réparer le phare d'Alexandrie et reconstruire le dôme qui le surmontait, que les injures du temps avaient détruit. S'il faut en croire les écrivains arabes, ce monument s'élevait alors à près de cinq cents pieds de hauteur [123].

Vers le même temps, Ahmed fit bâtir l'hôpital dont j'ai parlé ci-dessus, dans le quartier d'A'skar. Fostât, avant lui, avait été privé de tout établissement de ce genre : il y fit construire deux bains, l'un pour les hommes, l'autre pour les femmes, et défendit d'y admettre aucun soldat ni aucun esclave

Pour fournir aux dépenses journalières de cet établissement, il lui fit don de plusieurs propriétés et lui abandonna les revenus du marché des esclaves [124]. Les malades y recevaient les plus grands soins, et lui-même venait, tous les vendredis, inspecter les médecins et les médicamens, et visiter les malades, les infirmes et les aliénés : un de ces derniers attenta même un jour à sa vie [125].

Les constructions de cet hôpital, de la fontaine, des aquéducs et de la mosquée dont j'ai parlé ci-dessus, sont évaluées par les auteurs arabes à 60000 dynârs.

CHAPITRE VII.

Guerres diverses soutenues par Ahmed ben-Touloun.

Ces constructions ne furent ni arrêtées ni interrompues par les événemens politiques et militaires qui semblaient devoir en détourner leur fondateur. *Ibrâhym ebn-Soufy*, de la famille d'A'ly, dont j'ai déjà parlé, revint des oasis avec des troupes nombreuses, et s'avança vers la ville d'Achmouneyn [126]. Ahmed envoya contre lui une armée commandée par Ebn-abi-l-Gayb : celui-ci ne rencontra pas son ennemi, parti pour combattre A'bd el-Hâmyd el-Omary, qui avait établi son autorité sur les frontières de la Nubie. Après un combat opiniâtre contre celui-ci, Ebn-Soufy fut forcé de s'enfuir à Assouân [127], où, ayant été attaqué par l'armée d'Ebn-Touloun, il se vit abandonner de ses soldats, et passa par Aydab [128] à la Mekke; mais le gouverneur de cette dernière ville le fit saisir et l'envoya à Ahmed, qui le retint quelque temps en prison, et lui accorda ensuite la liberté et la permission d'habiter Médine, où il resta jusqu'à sa mort.

On fit concevoir à Ahmed des inquiétudes sur la puissance d'el-Omary, et il crut devoir le faire observer par Chabah el-Babeki, qu'il envoya à Assouân avec des troupes nombreuses. Celui-ci, voyant A'bd el-Hâmyd occupé à se défendre contre Zaccharia, roi de Nubie [129], voulut profiter de cette circonstance pour l'attaquer lui-même; et, refusant toute proposition d'accommodement, il lui présenta la bataille. Mais, malgré la supériorité de ses troupes et la nécessité où s'était trouvé son adversaire de séparer les siennes en deux corps, dont l'un devait défendre ses derrières contre Zaccharia, il fut complètement battu et contraint de fuir jusqu'à Fostât. Il y fut mal reçu par Ahmed ben-Touloun, dont il essuya les reproches et dont il encourut la disgrâce.

Quelque temps après, le chef de la tribu arabe appelée *Modar*[130], nommé *Mohammed fils de Haroun*, surprit A'bd el-Hâmyd dans une embuscade et lui ôta la vie.

Deux esclaves d'A'bd el-Hâmyd portèrent sa tête à Fostât, aux pieds d'Ebn-Touloun, se vantant de l'avoir tué eux-mêmes. Interrogés sur le motif qui les avait portés à ce meurtre et sur les torts qu'avait pu avoir leur maître envers eux ou envers d'autres, ils répondirent que leur seul but avait été d'obtenir la faveur du gouverneur général de l'Égypte: « Votre crime, s'écria Ahmed, ne mérite que l'indignation de Dieu et la mienne. » Aussitôt il les fit conduire au supplice, et donna l'ordre de laver et d'enterrer convenablement la tête d'A'bd el-Hâmyd.

Une nouvelle révolte éclata, excitée par Abou-Noueh, ancien compagnon d'Ebn-Soufy, qui réunit un assez grand nombre de partisans et se fit redouter par ses brigandages : une ruse de guerre lui donna d'abord l'avantage sur l'armée qu'Ahmed envoya contre lui ; cerné ensuite par deux nouveaux corps de troupes, il fut battu, et, après avoir tenté envain de se réfugier dans les oasis, forcé de se rendre à discrétion.

Une année n'était pas encore expirée, que Mohammed ebn-Farab el-Fargany fit révolter les habitans de Barka. Loulou [131], envoyé contre eux, se rendit maître de la ville, punit les chefs de la révolte, et assura l'autorité d'Ahmed sur toute la province.

CHAPITRE VIII.

Démêlés d'Ahmed ben-Touloun avec el-Mouaffek, frère du khalife el-Motamed.

Une guerre plus sérieuse vint menacer la puissance d'Ahmed ben-Touloun, et prit naissance dans l'inimitié et l'ambition d'Abou-Ahmed Thalhah el-Mouaffek, fils de Motouakel et frère d'el-Motamed. Ce khalife, adonné à la mollesse, se livrait tout entier à la chasse et aux plaisirs de son harem, négligeant les affaires de son empire ébranlé de tous côtés par des séditions et par les révoltes des gouverneurs.

Depuis six ans, les *Zinges* [132], peuple d'origine éthiopienne, étaient entrés en Arabie, s'étaient emparé de Bassorah [133] et de Koufah [134], et répandaient au loin le ravage et la crainte. Leur chef prétendait descendre d'A'ly, gendre de Mahomet ; et ce titre lui avait valu un grand nombre de partisans parmi les musulmans.

Le khalife avait chargé son frère Mouaffek [135] de cette guerre, et l'an 261 [136] de l'hégire (874 de l'ère chrétienne) il nomma à l'héritage du khalifat son fils Giaffar, encore en bas âge, sous le nom d'*el-Mofaoued ilä-allah* [137], et, après lui, son frère el-Mouaffek, avec le surnom d'*el-Nâser le-dyn-illah* [138].

Pour se débarrasser entièrement de l'administration de son empire, le khalife confia, pendant sa vie, à son frère, le gouvernement général des provinces orientales, c'est-à-dire de l'Arabie, de la Perse avec les pays adjacens; et à son fils, celui des provinces occidentales, comprenant l'Afrique, l'Égypte, la Syrie, la Mésopotamie, et l'Arménie. Chacun d'eux devait subvenir aux dépenses de son gouvernement par les revenus qu'il en tirait; et, à cause du bas âge de Mofaoued, Mousä fils de Boga lui fut adjoint comme vice-gouverneur général.

Cependant la guerre que Mouaffek avait à soutenir contre les Zinges devenait longue et coûteuse. Éprouvant de la difficulté à faire rentrer les impôts que lui devaient les gouverneurs des provinces qui étaient sous ses ordres, il prit le parti de s'adresser à Ahmed ben-Touloun pour lui demander l'argent qui lui était nécessaire, et pria le khalife son frère de l'y autoriser.

La mésintelligence s'était déjà glissée secrètement entre les deux frères; le khalife se défiait de l'ambition de Mouaffek, et celui-ci voyait avec peine un prince amolli et sans mérite sur un trône qu'il se croyait lui-même plus capable d'occuper.

Le khalife écrivit, en effet, à Ahmed ben-Touloun

pour lui donner l'ordre de verser entre les mains de son frère le tribut qu'il devait pour l'année : mais à cette lettre en était jointe une autre secrète pour engager Ahmed à se méfier de Takrib, envoyé par Mouaffek, comme d'un espion et d'un émissaire chargé d'ourdir contre lui des intrigues parmi les principaux personnages de l'Égypte.

Ahmed, prévenu, reçut Takrib dans son propre palais, et ne le laissa communiquer avec personne pendant tout son séjour en Égypte.

Après s'être emparé de toutes les lettres qu'il avait apportées, il lui remit une réponse flatteuse pour Mouaffek, le tribut qu'il était autorisé à lui verser, et, en outre, 200000 pièces d'or. Ayant pris alors avec lui des témoins publics, il le reconduisit lui-même jusqu'à el-A'rych [139], sur la frontière de l'Égypte et de la Syrie, et le rendit, lui et les trésors qu'il emportait, entre les mains d'Amagour, gouverneur de Syrie, par lequel il fit constater cette remise.

Ahmed, de retour dans son palais, lut les lettres qu'il avait saisies sur Takrib, et vit qu'elles étaient adressées à plusieurs chefs de son armée qui favorisaient en secret le parti de Mouaffek : il les condamna à la prison et fit punir de mort les plus coupables.

Lorsque Mouaffek reçut la réponse d'Ahmed, cherchant à l'irriter pour trouver un prétexte pour lui faire la guerre et pour le dépouiller, il lui écrivit une lettre pleine d'invectives et de plaintes sur l'insuffisance de la somme qu'il lui avait envoyée.

Ahmed assembla son conseil et répondit avec fermeté à Mouaffek, celui-ci, furieux, se concerta avec Mousa fils de Boga, pour donner le gouvernement de l'Égypte à Amagour, déjà gouverneur de Syrie, qu'il chargea d'attaquer et de dépouiller Ahmed ben-Touloun. Mais Amagour, sentant combien ses forces étaient impuissantes pour exécuter cet ordre, et mettant de la lenteur à s'y conformer, Moueffek prit le parti de marcher lui-même contre l'Égypte, et s'avança avec son armée jusqu'à Rakka [140].

A cette nouvelle, Ahmed se vit, à regret, forcé de prendre les armes et de paraître se révolter contre son souverain; mais il prépara tout pour faire une vigoureuse défense. Fostât n'était attaquable que du côté du Nil : il fit construire dans l'île de Roudah une forteresse qui défendait cette partie, et dans laquelle il pouvait, en cas de besoin, se retirer avec sa famille et ses trésors; l'entrée du Nil fut défendue par une autre forteresse et par cent galères.

Des signaux établis, des pigeons voyageurs [141] placés sur différens points, devaient l'avertir sur-le-champ de ce qui s'y passerait; le Nil fut couvert d'embarcations; la sortie des grains fut prohibée, et la citadelle, qui défendait la nouvelle ville, se termina par un travail non interrompu et par une activité vraiment admirable. Chacun eut son poste assigné, et lui-même était infatigable pour inspecter tous ces préparatifs; cependant, quoique bien préparé à se défendre, il écrivit, mais en vain, à Mouaffek, pour tenter un accommodement.

Celui-ci avait laissé à Mousa le commandement des

troupes chargées d'envahir l'Égypte. La crainte qu'inspirait Ebn-Touloun à ce dernier, et le manque d'argent, l'arrêtèrent pendant dix mois à Rakka : enfin ses troupes réclamant séditieusement un paiement qu'il ne pouvait leur faire, il échappa à leur fureur et se retira dans l'I'rak [142], où il mourut de maladie, deux mois après, l'an 264 [143] de l'hégire (877 de l'ère chrétienne).

Dès qu'Ahmed ben-Touloun en eut reçu la nouvelle, il cessa tous ses préparatifs, et témoigna sa reconnaissance envers Dieu par les largesses abondantes qu'il répandit sur les pauvres; il paya aussi de grandes sommes aux ouvriers qu'il avait employés, leur laissant même, sans leur en demander compte, les avances qu'ils avaient déjà reçues.

Chaque pierre qu'il avait fait placer, disent les historiens arabes, lui avait coûté un *dirhem* [144], et la dépense totale des constructions s'était élevée à 80000 dynârs [1].

---

[1] La suite de ce mémoire et les notes qui s'y rapportent n'ont pas paru dans la première édition.

INDEX GÉOGRAPHIQUE,

OU

LISTE GÉNÉRALE DES NOMS DE LIEUX

DE L'ÉGYPTE,

DISTRIBUÉE PAR PROVINCES

ET SERVANT DE CONCORDANCE ENTRE LES MÉMOIRES DE LA DESCRIPTION
DE L'ÉGYPTE ET LES PLANCHES DE L'ATLAS GÉOGRAPHIQUE.

~~~~~~~~

A l'époque où l'Atlas Géographique de l'Égypte fut mis à la gravure, le ministre de la guerre, dans les attributions duquel cette collection était placée, adopta, pour la publication, l'orthographe de l'*Alphabet harmonique,* imaginé par M. de Volney; et tous les noms des lieux furent écrits sur les cartes, tant avec les signes de cet alphabet qu'en caractères arabes. La Commission des monumens d'Égypte ne pouvait se flatter, à cette époque, de joindre cette grande carte à sa publication, et il y avait d'ailleurs de la dissidence entre les opinions de ses membres sur ce mode de transcription. Le motif principal qui le fit rejeter fut l'absence des caractères de cet alphabet, signes qu'il avait été facile de tracer sur le cuivre, mais qui alors n'existaient gravés dans aucune imprimerie. En outre, on objectait la difficulté de distinguer sur les cartes les marques presque imperceptibles qui accompagnent les nouveaux caractères, notamment les trois espèces de *t*, de *d*, les deux espèces d'*s*, d'*h*, etc. Il était surtout difficile de discerner les voyelles portant le signe de l'*a'yn*, ع, d'avec des lettres qui auraient été marquées d'un point accidentellement, ou même d'avec des positions géographiques. En choisissant un mode plus simple de transcription, tel que celui qu'elle a préféré, et en se servant des caractères ordinaires de toutes les imprimeries, la Commission trouvait l'avantage de fournir aux savans et aux gens de lettres le moyen de citer l'ouvrage dans leurs écrits avec exactitude. Elle ne pouvait se flatter d'obvier à tous les inconvéniens, et de donner toujours, et dans tous les mots, une expression rigoureuse à chaque son de la langue arabe : mais elle adoptait des signes uniformes et constans pour les sons étrangers à la langue française; elle empruntait aux orientalistes des signes déjà consacrés par un long usage; enfin, ayant égard à la diversité des lecteurs dans le cas de lire la *Description de l'Égypte*, elle renonçait à exprimer seulement certaines nuances délicates qui échappent à l'oreille du plus grand nombre des voyageurs, et elle simplifiait ainsi l'écriture des noms ayant une orthographe compliquée, de façon que personne ne fût arrêté à la lecture. Au reste, il est inutile d'insister sur les divers motifs de sa détermination, qui sont exposés dans l'*avertissement* placé à la suite de la *préface* : ici il n'est question que de rappeler ce qui fut décidé pour l'Atlas Géographique.

Les noms de lieux étant tous imprimés, dans le cours des mémoires, d'après le mode de transcription adopté pour l'ouvrage, on prévoyait qu'il y aurait une sorte de discordance entre ces mémoires et l'Atlas Géographique. Pour rétablir la concordance indispensable entre ces deux branches de la collection, on arrêta, 1°. qu'il serait placé à la fin un *Index géographique*, ou liste de toutes les villes, villages et lieux divers figurés sur les cartes, avec une double transcription, savoir, selon l'*Alphabet harmonique* et selon le mode suivi dans l'ouvrage ; 2°. qu'on y joindrait les noms écrits en caractères arabes : tel est l'objet de la liste générale qui suit. Elle est divisée par provinces, et non par planches ; mais il sera facile de reconnaître la position des lieux gravés sur chacune des quarante-sept feuilles de la carte topographique ; en effet, une des colonnes de l'*Index* désigne le numéro de la planche, une seconde celui du carreau où le lieu se trouve, et une autre, la rive du Nil sur laquelle il est situé, ou en général sa position par rapport au fleuve. Ainsi cette liste équivaut à deux, dont l'une serait divisée selon l'ordre géographique, et l'autre, suivant l'ordre des planches : on la fera suivre de la table des principales additions ou corrections à faire aux noms gravés sur la carte, pour remédier aux omissions ou fautes qu'il était presque impossible d'éviter dans une aussi longue nomenclature.

Outre les noms de villes et villages, on a rapporté dans la liste ceux des sources, étangs, montagnes, îles, digues, vallées, citernes, canaux, et on les a désignés par des signes mis à la suite. Ces indications sont les initiales des mots arabes correspondans, savoir : A', B, G, G', g, O, S, T. Ces mots sont écrits en *italique*; il en est de même des tombeaux de santon appelés *cheykh,* des couvens appelés *deyr,* des buttes de ruines désignées souvent par le mot de *koum,* etc. Il est bon d'avertir que, parmi les lieux non habités, il existe des *terres sans village,* qui cependant portent des dénominations particulières, ainsi qu'on l'observe en Europe et dans toute sorte de pays.

Il existe aussi des villages habités, mais *sans territoire* propre, et qui ne sont point inscrits sur les registres d'imposition.

La sixième colonne a pour objet de présenter tous les noms des lieux, transcrits selon l'orthographe adoptée dans l'ouvrage : plusieurs des noms y sont rectifiés d'après les listes arabes dont on n'a point fait usage au Dépôt de la guerre.

E. J.

PROVINCE DE THÈBES.

N.° de la planche de l'Atlas géogr.	N.° du carreau.	Position du lieu (1).	NOMS écrits en arabe dans les planches de l'Atlas géographique	TRANSCRIPTION suivie dans les planches de l'Atlas géographique.	TRANSCRIPTION selon l'orthographe de l'ouvrage.
				NUBIE.	
1.	4.	g.	بربتود	Berbetoûd.	Berbetoud.
1.	4.	g.	تفّه	Tefféh.	Teffeh.
1.	5.	d.	الكلابشى	El-Kelâbchî.	El-Kelâbchy (2). (TALMIS.)
1.	13.	g.	امّ باراقاب	Oûmm Bârâqâb.	Omm Bârâqâb.
1.	13.	g.	هواد	Hoûâd *ou* Hoûâed.	Houâd *ou* Houâed.
1.	13.	d.	سعاداه	Sååâdâh.	Sa'âdâh.
1.	13.	î.	جزيرة المابوس	Gézîreï Mâboûs.	Gezyret el-Mâbous
1.	21.	g.	هنداو	Hindâoû.	Hindâou.
1.	21.	g.	ديّمل	Dîmmel.	Dymmel.
1.	21.	d.	دمحيد	Demĥîd.	Demhyd.
1.	29.	g.	دبوده	Deboûdéh.	(PAREMBOLE.) Deboudeh, Debout.
1.	29.	d.	سرج الفرس	Serg el-Faras.	Serg el-Faras.
1.	29.	d.	شمت الواه	Chemt el-Ouâh.	Chemt el-Ouâh.
1.	30.	g.	المخ ضار	El-Ma'k Đâr.	El-Makh Dâr.
1.	30.	g.	تنجار	Tingâr.	Tingâr.

(1) g. signifie *position sur la rive gauche du Nil;*
d. ...... *position sur la rive droite;*
î. ...... *position au milieu du fleuve*, ou *île.*

(2) Pour les lieux antiques, voyez la *Carte ancienne et comparée de l'Égypte.*

40 NOMS DE LIEUX DE L'ÉGYPTE.

N.° de la planche de l'Atlas géogr.	N.° du carreau.	Position du lieu.	NOMS écrits en arabe dans les planches de l'Atlas géographique	TRANSCRIPTION suivie dans les planches de l'Atlas géographique.	TRANSCRIPTION selon l'orthographe de l'ouvrage.
1.	30.	d.	قلّة طود	Qelleï Toûd.	Qellet Toud.
1.	30.	d.	ناحيه	Naĥîéh.	Nâĥyeh.
1.	30.	d.	التيج	El-Tîg.	El-Tyg.
1.	30.	î.	جزيرة الهصّه	Gézîreï el-Hesséh.	Gezyret el-Hesseh.
1.	30.	g.		*Tor el-Hesséh.*	*T. el-Hesseh.* T. (1)
1.	30.	î.	شرق الهصّه	Cherq el-Hesséh.	Cherq el-Hesseh.
1.	30.	d.	انباع	Anbêå.	Anbéa'.
1.	30.	d.	مشحط	Mechĥet.	Mechhet.
1.	30.	d.	الباب	El-Bâb.	El-Bâb.
1.	30.	î.	جزيرة الحيف او جزيرة البربه	Gézîreï el-Heïf *ou* Gézîreï el-Birbé.	Gezyret el-Heyf *ou* Gezyret el-Birbeh. (*Philæ.*) (2)
1.	30.	î.	جزيرة بجه	Gézîreï Begéh.	Gezyret Begeh.
1.	38.	î.	صليب	Salîb.	Salyb.
1.	38.	î.	اوانارطى	Aoûânârtä.	Aouânârtä.

(1) *Valeur des signes.*

A' est mis pour *a'yn* [source ou fontaine];
B. .... *birket* [étang];
G. .... *gebel* [montagne];
G.t .... *gezyret* [île];
g. .... *gesr* [digue];
O. .... *ouâdy* [vallée];
S. est mis pour *sibyl* [citerne];
T. .... *tora'* [canal].

Abréviations.

G.r est mis pour *gesr ;*
G.t .... *gezyreh* ou *gezyret ;*
K. .... *kafr ;*
N.t .... *nazleh* ou *nazlet.*

(2) On écrit aussi *Birbé*, بربا.

N.° de la planche de l'Atlas géogr.	N.° du carreau.	Position du lieu.	NOMS écrits en arabe dans les planches de l'Atlas géographique	TRANSCRIPTION suivie dans les planches de l'Atlas géographique.	TRANSCRIPTION selon l'orthographe de l'ouvrage.
				ÉGYPTE.	
1.	38.	d.	الجيعانيه	El-Gîåânîéh.	El-Gya'ânyeh.
1.	38.	g.	هبارت	Habâret.	Habâret.
1.	38.	î.	جزيرة شلّال	Gézîréï Chellâl.	Gezyret Chellâl.
1.	39.	d.	ابو سيلات	Aboû Seïélât.	Abou-Seyelât.
1.	37.	g.	واد كوق	Wâd Koûq.	Ouâd Kouq.
1.	38.	d.	شلّال النيل	Chellâl el-Nîl.	Chellâl el-Nyl.
1.	38.	î.	جزيرة سبله	Gézîreï Sébéléh.	Gezyret Sebeleh.
1.	38.	î.	سبله	Sébéléh.	Sebeleh.
1.	38.	d.	المحاطه	El-Maħâtah.	El-Mahâtah.
1.	38.	î.	سلوج	Seloûg.	Seloug.
1.	38.	î.	جزيرة امرد	Gézîreï Amerad.	Gezyret Amrad.
1.	38.	î.	جزيرة اسوان	Gézîreï Açoûân.	G.t Asouân. (*Elephantine.*)
1.	38.	d.	اسوان	AÇOÛÂN.	ASOUÂN. (*Syene.*)
2.	6.	g.	دير القبّه	Déïr el-Qobbéh.	Deyr el-Qobbeh.
2.	6.	d.	القوز	El-Qawz.	El-Qaouz.
2.	6.	g.	القبّه	El-Qobbéh.	El-Qobbeh.
2.	6.	d.	شمّا	Chammah.	Chammâ.
2.	6.	g.	حبلوج	Habloûg.	Habloug.
2.	6.	d.	شيخ على	Chéïk 'Alî.	Cheykh A'ly.
2.	6.	d.	الحاجب	El-Hâgeb.	El-Hâgeb.

N.° de la planche de l'Atlas géogr.	N.° du carreau.	Position du lieu.	NOMS écrits en arabe dans les planches de l'Atlas géographique	TRANSCRIPTION suivie dans les planches de l'Atlas géographique.	TRANSCRIPTION selon l'orthographe de l'ouvrage.
2.	6.	g.	ناحية الوارصاب	Nah̄îeï el-Wâresâb	Nâhyet el-Ouârsâb
2.	6.	d.	النصاب	El-Nesâb.	El-Nesâb.
2.	6.	d.	الوجاب	El-Wagegâb.	El-Ouaggâb.
2.	6.	î.	ابو عريف	Aboû-Ârîf.	Abou-A'ryf.
2.	6.	î.	شديه	Chedîéh.	Chedyeh.
2.	6.	d.	شيخ عمران	Chéïk Âmrân.	Cheykh A'mrân.
2.	6.	d.	المجطع	El-Mengataâ.	El-Mengata'.
2.	14.	d.	العطّاره	El-Âttârah.	El-A'ttârah.
2.	14.	d.	الجيله	El-Mogîléh.	El-Mogyleh.
2.	14.	g.	هندالّاب	Hindellâb.	Hindellâb.
2.	14.	g.	ابو عزيز	Aboûâzîz.	Abou-A'zyz.
2.	14.	g.	الحريه	El-Horîéh.	El-Horyeh.
2.	14.	î.	جزيرة الكوبانيه	G.[i] el-Koûbânîéh.	G.[t] el-Koubânyeh.
2.	14.	g.	ناحية الحجار	Nâh̄îeï el-Haggâr.	Nâhyet el-Haggâr.
2.	14.	d.	العقاب الكبيره	El-Âqâb el-Kebîréh	El-A'qâb el-Kebyreh.
2.	14.	î.	جزيرة جمله	Gézîreï Gameléh.	Gezyret Gamleh.
2.	14.	g.	قرمله	Qermeléh.	Qermeleh.
2.	14.	g.	دير	Déïr.	Deyr.
2.	14.	d.	العقاب الصغيره	El-Âqâb el-Sagîréh	El-A'qâb el-Saghyreh
2.	14.	d.	ناحيه	Nâh̄îéh.	Nâhyeh.
2.	22.	d.	اعرب	Aårâb.	A'rab.
2.	22.	g.	نجع	Nagå.	Naga'.

N.° de la planche de l'Atlas géogr.	N.° du carreau.	Position du lieu.	NOMS écrits en arabe dans les planches de l'Atlas géographique	TRANSCRIPTION suivie dans les planches de l'Atlas géographique.	TRANSCRIPTION selon l'orthographe de l'ouvrage.
2.	22.	d.	المليسه	El-Mélîsah.	El-Melysah.
2.	22.	d.	ناحية الشون	Nâĥîeï el-Choûn.	Nâhyet el-Choun.
2.	22.	d.	نجع	Nagå.	Naga'.
2.	22.	d.	الخنّاقه	El-K̔annâqéh.	El-Khannâqeh.
2.	22.	î.	القليع	El-Qalîå.	El-Qaly'.
2.	31.	d.	شيخ ابراهيم	Chéïk Ibrâhîm.	Cheykh Ibrâhym.
2.	30.	d.	جزيرة بلوبه	Gézîreï Beloûbéh.	Gezyret Beloubeh.
2.	30.	g.	الرقبه	El-Raqabéh.	El-Raqabeh.
2.	31.	d.	شيخ عمر	Chéïk åAmer.	Cheykh A'mer.
2.	31.	d.	دروى	Darao *ou* Darâoûéh.	Darâoueh.
2.	30.	g.	سباهيه	Sebâhîéh.	Sebâhyeh. (CONTRA OMBOS.)
2.	30.	g.		*Omm åbd Qåîd.*	*Omm a'bd Qa'yd.* T.
2.	30.	g.		*Omm Qandîl.*	*Omm Qandyl.* T.
2.	30.	g.		*Omm Dehân.*	*Omm Dehân.* T.
2.	30.	g.	الحبره	El-Ḣabarah.	El-Habarah.
2.	30.	g.		El-Maahârâbéh.	El-Mahârâbeh.
2.	30.	g.	شيخ زيت	Chéïk Zéït.	Cheykh Zeyt.
2.	31.	î.	جزيرة دراوه	Gézîreï Darâoûéh.	G.' Darâoueh.
2.	31.	d.		*Torå el-Haçed.*	*Tora' el-Hased.* T.
2.	31.	d.		*Torå echchéïk.*	*Tora' el-cheykh.* T.
2.	31.	d.	الحصّه	El-Ḣesséh.	El-Hesseh.
2.	31.	d.	شيخ موسى	Chéïk Moûçä.	Cheykh Mouçä.

N.° de la planche de l'Atlas géogr.	N.° du carreau.	Position du lieu.	NOMS écrits en arabe dans les planches de l'Atlas géographique	TRANSCRIPTION suivie dans les planches de l'Atlas géographique.	TRANSCRIPTION selon l'orthographe de l'ouvrage.
2.	31.	d.	ناحية العرب	Nâĥîeï el-ᵒArâb.	Nâhyet el-A'rab.
2.	30.	g.	ابو شاوارب	Aboû-Châwâreb.	Abou-Châouâreb.
2.	30.	î.	شيخ احمد	Chéïk Aĥmed.	Cheykh Ahmed.
2.	31.	î.	المنسوريه	El-Mansoûrîéh.	El-Mansouryeh.
2.	31.	d.		*Torå el-Koûm.*	*Tora' el-Koum.* T.
2.	31.	d.	شياطوب	Chîâtoûb.	Chyâtoub.
2.	30.	g.	بيبان	Bîbân.	Bybân.
2.	30.	î.	الالعجات	El-Alågât.	El-Ala'gât.
2.	31.	d.	كوم امبو	Koûm Ommboû.	(*Ombos.*) Koum Ombou.
2.	30.	î.	القيصان	El-Qîsân.	El-Qysân.
2.	30.	î.	ابو احمد	Aboû Aĥmed.	Abou-Ahmed.
2.	30.	g.	ناحية القطاب	Nâĥîeï el-Qétâb.	Nâhyet el-Qetâb.
2.	31.	d.	ناحية	Nâĥîeï.	Nâhyet.
2.	38.	d.	المنيه	El-Ménîéh.	El-Menyeh.
2.	38.	d.	العدوه	El-ᵒAdoûéh.	El-A'doueh.
2.	38.	d.	القصع	El-Qaså.	El-Qasa'.
2.	38.	d.	الرحامه	El-Raĥâméh.	El-Rahâmeh.
3.	6.	g.	رسراس	Resrâs.	Resrâs.
3.	6.	g.	فارس	Fârès.	Fâres.
3.	6.	d.	فاطيره	Fâtîrah.	Fâtyrah.
3.	6.	î.	جزيرة فاطيره	Gézîreï Fâtîrah.	Gt Fâtyrah.
3.	7.	d.	جبل سلسله	Gebel Selseléh.	Gebel Selseleh.

N.° de la planche de l'Atlas géogr.	N.° du carreau.	Position du lieu.	NOMS écrits en arabe dans les planches de l'Atlas géographique	TRANSCRIPTION suivie dans les planches de l'Atlas géographique.	TRANSCRIPTION selon l'orthographe de l'ouvrage.
3.	7.	d.	سلسله	Selseléh.	Selseleh. (*Silsilis.*)
3.	15.	d.	الاعجزيه	El-Ågzîéh.	El-A'gzyeh.
3.	14.	g.	الحمام	El-Hammâm.	El-Hammâm. (*Contra Thmuis.*)
3.	15.	d.	شبيكه	Chebéïkéh.	Chebeykeh.
3.	14.	î.	جزيرة بصّو	Gézîreï Bes̈s̈oû.	Gezyret Bessou.
3.	14.	î.	بصّو	Bes̈s̈oû.	Bessou.
3.	15.	d	المحاجر	El-Maĥâger.	El-Mahâger.
3.	15.	d.	سلّوها	Selloûhâ.	Sellouhâ.
3.	15.	d.	المزايده	El-Mezâïdéh.	El-Mezâydeh.
3.	14.	g.	الخرابه	El-'Karâbéh.	El-Kharâbeh.
3.	22.	î.	رمادى	Ramâdî.	Ramâdy.
3.	22.	g.	كرم	Karm.	Karm.
3.	22.	d.	الاعجاجيه	El-Ågâgîéh.	El-A'gâgyeh.
3.	22.	d.	الحبله	El-Ĥabléh.	El-Hableh.
3.	22.	d.	قلاعه	Qalååh.	Qalâ'h.
3.	22.	g.	الزريقه	El-Zerîqah.	El-Zeryqah.
3.	22.	g.		*Taråa el-Belâd.*	*Tora' el-Belâd.* T.
3.	22.	d.	البوها	El-Boûhâ.	El-Bouhâ.
3.	22.	g.	مشعالى	Mechååli.	Mecha'âly.
3.	22.	g.	الاعقاب	El-Aåqâb.	El-A'qâb.
3.	22.	g.	العكارمه	El-Åkârméh.	El-A'kârmeh.
3.	22.	g.	عبد الله	Åbdâllah.	A'bd-allah.

N.° de la planche de l'Atlas géogr.	N.° du carreau.	Position du lieu.	NOMS écrits en arabe dans les planches de l'Atlas géographique	TRANSCRIPTION suivie dans les planches de l'Atlas géographique.	TRANSCRIPTION selon l'orthographe de l'ouvrage.
3.	22.	g.	البعيرات	El-Béïrât.	El-Be'yrât.
3.	22.	g.	دهميه	Déhémîéh.	Dehemyeh.
3.	30.	g.	شنب موسى	Cheneb Mouçä.	Cheneb Mousä.
3.	30.	g.	الحمادون	El-Hamâdoûn.	El-Hamâdoun.
3.	30.	d.	تــــــوم	Toûm.	Toum.
3.	30.	g.	الواجابات	El-Wâgâbât.	El-Ouâgâbât.
3.	30.	g.	الكتاب	El-Kitâb.	El-Kitâb.
3.	30.	d.	السراج	El-Serâg.	El-Serâg.
3.	30.	g.	القصع	El-Qasaå.	El-Qasa'.
3.	30.	d.	النّاب	El-Tannâb.	El-Tannâb.
3.	29.	g.	الرّيمنه	Errîmtéh.	El-Rymteh.
3.	30.	d.	نجع البلاد	Nagå el-Belâd.	Naga' el-Belâd.
3.	30.	î.	جزيرة المنقيه	G.[r] el-Ménéqîéh.	G.[t] el-Meneqyeh.
3.	30.	î.	المنقيه	El-Ménéqîéh.	El-Meneqyeh.
3.	29.	g.	جبرين الجوره	Guébrîn el-Gowrah.	Gebryn el-Gourah (1).
3.	30.	g.		*Torå el-kâchef.*	*Tora' el-kâchef.* T.
3.	29.	g.		*El-Oûanåa.*	*El-Ouana'.* T.
3.	30.	d.	ردسيه	Rédéçîéh.	Redesyeh.
3.	37.	g.	ابو الاب	Aboû-el-Ab.	Abou-el-Ab.
3.	37.	g.	شيخ ابو فراج	Chéïk âboû-Farâg.	Cheykh Abou-Farâg.
3.	37.	g.	التل	El-Tell.	El-Tell.

(1) Ce nom et d'autres semblables ont été imprimés en petits caractères, seulement faute de place.

PROVINCE DE THÈBES.

N.º de la planche de l'Atlas géogr.	N.º du carreau.	Position du lieu.	NOMS écrits en arabe dans les planches de l'Atlas géographique	TRANSCRIPTION suivie dans les planches de l'Atlas géographique.	TRANSCRIPTION selon l'orthographe de l'ouvrage.
3.	38.	g.	الخله ابو منعم	Ennakléh âboû-Monâm.	El-Nakhleh Abou-Mona'm.
3.	37.	g.	بير الحجر	Bîr el-Hagar.	Byr el-Hagar.
3.	37.	g.	الحلّبيه	El-Hellâbîéh.	El-Hellabyeh.
3.	38.	î.	جزيرة الفوصيه	G.ᵉ el-Fawasîéh.	G.ᵉ el-Faouasyeh.
3.	38.	î.	الفوصيه	El-Fawasîéh.	El-Faouasyeh.
3.	37.	g.	ابو اعروجه	Aboû 'Aroûgéh.	Abou-A'rougeh.
3	38.	g.	ابو قنديل	Aboû Qandîl.	Abou-Qandyl.
3.	38.	g.	شيخ محمود	Chéïk Mahmoûd.	Cheykh Mahmoud.
3.	37.	g.	دير محلّة محبوره	Déïr Mahalleï Mangoûrah.	Deyr Mahallet Mangourah.
3.	37.	g.	كوم الفرعلى	Koûm el-Faråly.	Koum el-Fara'ly.
3.	38.	g.		*El-Hatabîéh.*	*El-Hatabyeh.* g.
3.	38.	g.		*El-Mahmoûd.*	*El-Mahmoud.* g.
3.	38.	d.	العدوه	El-ʿAdoûéh.	El-A'doueh.
3.	38.	g.		*Ioûnânïéh.*	*Younânyeh.* T.
3.	38.	g.		*El-Gédîd.*	*El-Gedyd.* T.
3.	38.	g.	ادفــوا	EDFOÛ.	EDFOÛ. (APOLLINOPOLIS MAGNA.)
3	38.	g.		*Omm Gebal.*	*Omm Gebal.* T.
3.	38.	g.	المطاعنه	El-Matââneh.	El-Matâ'neh.
3.	38.	g.	الحبارى	El-Habârî.	El-Habâry.
3.	38.	g.		*El-kâchefïéh.*	*El-kâchefyeh.* T.
3.	38.	g.	ابو كتاب	Aboû Kitâb.	Abou-Kitâb.

N.° de la planche de l'Atlas géogr.	N.° du carreau.	Position du lieu.	NOMS écrits en arabe dans les planches de l'Atlas géographique	TRANSCRIPTION suivie dans les planches de l'Atlas géographique.	TRANSCRIPTION selon l'orthographe de l'ouvrage.
4.	5.	g.	كوم الحسانات	*Koûm el-Haçânåt.*	*Koum el-Hasânât.*
4.	5.	g.	كوم الوهتات	Koûm el-Oûhétât.	Koum el-Ouhetât.
4.	5.	g.	كوم الحمير	Koûm el-Hémîr.	Koum el-Hemyr.
4.	5.	g.	بداينه	Bédâïnéh.	Bedâyneh.
4.	5.	î.	دماصيه	Demâsîéh.	Demâsyeh.
4.	5.	g.	الكرناق	Karnaq.	El-Karnâq.
4.	5.	g.	كلخ الجبلى	Kel'k el-Géblî.	Kelkh el-Gebely.
4.	5.	î.	جزيرة الكلا	Gézîreï el-Kelh.	Gezyret el-Kelâ.
4.	5.	g.		*Barôc.*	*Barok.*
4.	5.	g.	ساعيده	Sâåïdéh.	Sâ'ydeh.
4.	13.	d.	كوم البرجيه	Koûm el-Bergîéh.	Koum el-Bergyeh.
4.	13.	g.	الجماويه	El-Gemâwîéh.	El-Gemâouyeh.
4.	13.	d.	الكاب	El-Kâb.	El-Kâb. (ELETHYIA.)
4.	5.	g.	بركة الحمّام	Berkeï el-Hammâm	Birket el-Hammâm.
4.	5.	g.	كوم الاحمار	*Koûm el-Ahmâr.*	*Koum el-Ahmâr.* (HIERACONPOLIS.)
4.	5.	g.		*Torå Châboûd.*	*Tora' Châboud.* T.
4.	13.	g.	المنيسات	El-Monîçât.	El-Monysât.
4.	12.	g.	الباعت	El-Bâåt.	El-Bâ't.
4.	13.	d.	الصولحيه	Assoûlehîéh.	El-Soulehyeh.
4.	12.	g.	القراتية	El-Qarâtîéh.	El-Qarâtyeh.
4.	12.	g	الزاوربه	El-Zâoûrîéh.	El-Zâouryeh.
4.	12.	g.		*Torå benî-Nagâå.*	*T. beny-Nagâ'.* T.

N.° de la planche de l'Atlas géogr.	N.° du carreau.	Position du lieu.	NOMS écrits en arabe dans les planches de l'Atlas géographique	TRANSCRIPTION suivie dans les planches de l'Atlas géographique.	TRANSCRIPTION selon l'orthographe de l'ouvrage.
4.	12.	g.	ناقاع الشيخ	Nâgâå el-chéïk.	Nâqâ' el-cheykh.
4.	12.	g.	كوم الصاعه	Koûm el-Sââh.	Koum el-Sâ'h.
4.	13.	d.	محمّد	Mohammed.	Mohammed.
4.	13.	d.	الحديد	El-Hadîd.	El-Hadyd.
4.	12.	g.	القصر عثمان بيك	El-Qasr Otmân-bek.	El-Qasr O'tmân-bey.
4.	12.	d.	المازاله	El-Mazâléh.	El-Mâzâleh.
4.	12.	g.	محامريه	Mohâmerîéh.	Mohâmeryeh. (CHNUBIS.)
4.	12.	g.	شنابيه	Chanâbîéh.	Chanâbyeh.
4.	12.	g.	قلاعه	Qalââh.	Qalâ'h.
4.	12.	g.	الحلّه	El-Helléh.	El-Helleh.
4.	12.	d.	العقبه	El-Aqbéh.	El-A'qbeh.
4.	12.	d.	الحوى	El-Hawï.	El-Haouy.
4.	12.	g.	كوم صفه	*Koûm Saffêh.*	*Koum Saffeh.*
4.	12.	g.	الكنعان	El-Kanåân.	El-Kana'ân.
4.	12.	d.	العنوانيه	El-Anowânïéh.	El-A'nouânyeh.
4.	12.	g.	سباهيه	Sabâhîéh.	Sabâhyeh.
4.	20.	d.	شيخ موسى	Chéïk Moûçä.	Cheykh Mousä.
4.	19.	g.	الطيراه	El-Téîrâh.	El-Teyrâh.
4.	19.	d.	الهيبه	El-Hîbéh.	El-Hybeh.
4.	19.	g.		*El-Qanå Faråoûn.*	*El-Qana' Fara'oun.* T.
4.	19.	g.	كوم مره	Koûm Méréh.	Koum Mereh.
4.	19.	d.	ناجع الجبل	Nâgaå el-Gébel.	Nâga' el-Gebel.

N.º de la planche de l'Atlas géogr.	N.º du carreau	Position du lieu	NOMS écrits en arabe dans les planches de l'Atlas géographique	TRANSCRIPTION suivie dans les planches de l'Atlas géographique.	TRANSCRIPTION selon l'orthographe de l'ouvrage.
4.	19.	î.	الرّجايه	Erregâîéh.	El-Regâyeh.
4.	19.	g.	الدجيره	Eddégîréh.	El-Degyreh.
4.	19.	g.	شيخ وهبان	Chéïk Wéhbân.	Cheykh Ouehbân.
4.	19.	g.	السّرب	Essereb.	El-Sereb.
4.	19.	g.	الاديميه	El-Adîmîéh.	El-Adymyeh.
4.	19.	d.	كلابيه	Kélâbîéh.	Kelâbyeh.
4.	19.	d.	ندله	Nedléh.	Nedleh.
4.	18.	g.	المساويه	El-Méçâwîéh.	El-Mesâouyeh.
4.	19.	g.	الناموسه	El-Nâmoûçéh.	El-Nâmouseh.
4.	18.	g.	نمرات	Nemrât.	Nemrât.
4.	18.	g.	سهرا	Sahérâh.	Saherâ.
4.	18.	g.	الكلابيه	El-Kélâbîéh.	El-Kelâbyeh.
4.	18.	g.	شوناليه	Chawanâlïéh.	Chaouanâlyeh.
4.	18.	g.	هلّة وواد	Helleï Owâd.	Hellet Ouâd.
4.	18.	g.	دير	Déïr.	Deyr.
4.	19.	d.	زرخ	Zerniïk.	Zernikh.
4.	19.	d.	المدليه	El-Médélîéh.	El-Medlyeh.
4.	18.	g.	الخيمات	El-'Kéïmât.	El-Kheymât.
4.	18.	g.	الاشيله	El-Achîléh.	El-Achyleh.
4.	18.	g.	ابو خيط	Aboû 'Keït.	Abou-Kheyt.
4.	18.	g.	شيخ المسكين	Chéïk el-Meskîn.	Cheykh el-Meskyn.
4.	18.	g.	شمس الدّاوه	Chems eddâwéh.	Chems el-Dâoueh.

PROVINCE DE THÈBES.

N.º de la planche de l'Atlas géogr.	N.º du carreau.	Position du lieu.	NOMS écrits en arabe dans les planches de l'Atlas géographique	TRANSCRIPTION suivie dans les planches de l'Atlas géographique.	TRANSCRIPTION selon l'orthographe de l'ouvrage.
4.	18.	g.	جاربه	Gârîéh.	Gâryeh.
4.	19.	d.	حلّة رزق	Helleï Rizq.	Hellet Rizq.
4.	26.	g.	أسنا	ESNÉ.	ESNÉ. (LATOPOLIS.)
4.	27.	d.	الهلّه	El-Helléh.	El-Helleh. (CONTRA LATO.)
4.	26.	g.	كفر بلّص	Kafr Ballâs.	Kafr (1) Ballas.
4.	27.	d.	ديـــر	Déïr.	Deyr.
4.	26.	g.	كفر عبد الله	K. ʿAbdâllâh.	K. A'bd-allah (2).
4.	26.	g.	كفر النط	K. Elnit.	K. el-Nit.
4.	26.	g.	كفر شاعب	K. Châȧb.	K. Châ'b.
4.	27.	d.	كفر احمد	K. Aḥmed.	K. Ahmed.
4.	26.	g.	كفر نواصر	K. Nawâser.	K. Naouâser.
4.	26.	g.	خطاب	'Kattâb.	Khattâb.
4.	34.	g.	اجفون او اصفون	Agfoûn.	Agfoun ou Asfoun. (ASPHYNIS.)
4.	34.	g.	دنفيق او تفنيس	Denfîq ou Tafnîs.	Denfyq ou Tafnys.
4.	34.	g.	كيهان	Kîmân.	Kymân.
4.	34.	g.	الجزيره	Gézîréh.	Gezyreh.
5.	2.	d.	محلّة	Maḥalléh.	Mahalleh.
5.	2.	d.	ضبّابيه	Đebbâbîéh.	Debbâbyeh.
5.	2.	g.	قرى	Qerî.	Qery. (CROCODILOPOLIS.)

(1) Le mot *kafr* est un terme générique, signifiant *village* ou *hameau*. On croit superflu de donner ici la signification des autres mots génériques. *Voyez* Description de la ville du Kaire, ci-dessus, tom. XVIII (2ᵉ partie), pag. 137, et ailleurs.

(2) K., abréviation du mot *kafr*.

4.

NOMS DE LIEUX DE L'ÉGYPTE.

N.º de la planche de l'Atlas géogr.	N.º du carreau.	Position du lieu.	NOMS écrits en arabe dans les planches de l'Atlas géographique	TRANSCRIPTION suivie dans les planches de l'Atlas géographique.	TRANSCRIPTION selon l'orthographe de l'ouvrage.
5.	2.	d.	شقب	Chaqâb.	Chaqab.
5.	2.	g.	حاوت	Hâwt.	Hâout.
5.	1.	g.	محمّد	Moḣammed.	Mohammed.
5.	1.	g.	شلاليف	Chalâlîf.	Chalâlyf.
5.	2.	d.	بكات	Bokât.	Bokât.
5.	10.	d.	ابو خلجان	Aboû 'Kilgân.	Abou-Khilgân.
5.	9.	g.	الدّور	Eddoûr *ou* Daqmirât.	El-Dour *ou* Daqmirât.
5.	9.	g.	كفر الدّور	K. Eddoûr.	K. el-Dour.
5.	10.	d.	المقراب	El-Maqrâb.	El-Maqrâb.
5.	10.	d.	سالميه	Sâlmîéh.	Sâlmyeh.
5.	10.	d.	الدّار	Eddâr.	El-Dâr.
5.	10.	d.	طود	Toûd.	Toud. (*TUPHIUM.*)
5.	9.	g.	القبّه	El-Qobbeh.	El-Qobbeh.
5.	9.	g.	سناد	Senâd.	Senâd.
5.	10.	d.	العدسات	El-ʿAdéçât.	El-A'desât.
5.	10.	d.	كفر العدسات	K. el-ʿAdéçât.	K. el-A'desât.
5.	10.	d.	دسور	Déçoûr.	Desour.
5.	9.	d.	الغربه	El-Ġarbéh.	El-Gharbeh.
5.	9.	g.	كفر ميّة قديم	K. Mîï Qadîm.	K. Myt Qadym.
5.	10.	g.	رزقات	Rezqât.	Rezqât.
5.	10.	g.	كفر رزقات	K. Rezqât.	K. Rezqât.
5.	10.	g.	كفر سهبره	K. Sahaberéh.	K. Sahabereh.

PROVINCE DE THÈBES.

N.° de la planche de l'Atlas géogr.	N.° du carreau.	Position du lieu.	NOMS écrits en arabe dans les planches de l'Atlas géographique	TRANSCRIPTION suivie dans les planches de l'Atlas géographique.	TRANSCRIPTION selon l'orthographe de l'ouvrage.
5.	10.	g.	كفر الارمنت	K. Erment.	K. Erment. (HERMONTHIS.)
5.	10.	g.	الامريس	El-Amrîs.	El-Amrys.
5.	10.	î.	جزيره	Gézîréh.	Gezyreh.
5.	11.	g.	الدبايه	El-Dabâîéh.	El-Dabâyeh.
5.	11.	d.	كفر الملايه	K. el-Mélâïéh.	K. el-Melâyeh.
5.	9.	g.	خرازه	Karâzéh.	Kharâzeh.
5.	19.	g.	العطيه	El-ᵓA̧tîéh.	El-A'tyeh.
5.	19.	g.	كفر الحدّادين	K. el-Haddâdyn.	K. el-Haddâdyn.
5.	18.	g.	خراب الناموس	Karâb el-Nâmoûs.	Kharâb el-Nâmous.
5.	19.	d.	البياضيه	El-Bîâḑîéh.	El-Byâdyeh.
5.	19.	î.	جزيرة البياضيه	G.ᵗ el-Bîâḑîéh.	G.' el-Byâdyeh.
5.	19.	d.	كفر شيخ عبد القاوى	Kafr chéïk ᵓAbd el-Qâwî.	K. cheykh A'bd el-Qâouy.
5.	19.	î.	العواميه	El-ᵓAouâmïéh.	El-A'ouâmyeh.
5.	19.	i.	جزيرة الجديدة	G.ᵗ el-Gédîdéh.	G.' el-Gedydeh.
5.	19.	g.	الاقالته	El-Aqâltéh.	El-Aqâlteh.
5.	19.	d.	كفر طيبه	K. Ŧibéh.	K. Tybeh.
5.	19.	d.	كفر جرجيس	K. Gergîs.	K. Gergys.
5.	19.	g.	ابو حمود	Aboû Hamoûd.	Abou-Hamoud.
5.	19.	g.	دير	Déïr.	Deyr.
5.	19.	d.	الاقصير	El-Aqséir ou Louqsor.	El-Aqseyr ou Louqsor. (THEBES.)

N.° de la planche de l'Atlas géogr.	N.° du carreau.	Position du lieu.	NOMS écrits en arabe dans les planches de l'Atlas géographique	TRANSCRIPTION suivie dans les planches de l'Atlas géographique.	TRANSCRIPTION selon l'orthographe de l'ouvrage.
5.	19.	d.	كرنق	KARNAQ.	KARNAQ *ou* KARNAK. (*THÈBES.*)
5.	20.	d.	كوم مضو او مبت عامود	Koûm Maḋoû *ou* Meḋaâmoûd.	Koum Madou *ou* Med-A'âmoud, *id.*
5.	19.	g.	مدينة ابو او مدينة طبو	MÉDÎNET ABOÛ *ou* MÉDÎNET TABOÛ.	MÉDYNET ABOU *ou* MÉDYNET TABOU, *id.*
5.	19.	g.	قورنه	Qoûrnéh.	Qournah, *id.*
5.	19.	g.	البيرات	El-Béïrât.	El-Be'yrât.
5.	19.	d.	كفر	Kafr.	Kafr.
5.	19.	d.	نجع القريه	Nagâ el-Qarîéh.	Naga' el-Qaryeh.
5.	19.	î.	جزيرة عروزيه	G.^{t} °Ouroûzîéh.	G.^{t} O'rouzyeh.
5.	19.	d.	التحتاني	El-Taḣtânî.	El-Tahtâny.
5.	19.	d.	.	*Torâ ezzémîn.*	*Tora' el-Zemyn.* T.
5.	19.	d.	الزمّ	El-Zemm.	El-Zemm.
5.	28.	d.	كفر ابو مغزاله	K. âboû Magzâléh.	K. Abou-Maghzâleh.
5.	28.	d.	كفر	Kafr.	Kafr.
5.	28.	d.	الصعايده	El-Sâaïdéh.	El-Sa'âydeh.
5.	28.	d.	كفر	Kafr.	Kafr.
5.	28.	d.	كفر النصريه	K. el-Nasrîéh.	K. el-Nasryeh.
5.	28.	d.		*Torâ el-Hachâchîéh.*	*T. el-Hachâchyeh.* T.
5.	28.	î.	جزيرة قريه	G.^{t} Qérîéh.	G.^{t} Qeryeh.
5.	28.	d.	الحشاشيه	El-Ḣachâchîéh.	El-Hachâchyeh.

PROVINCE DE THÈBES.

N.º de la planche de l'Atlas géogr.	N.º du carreau.	Position du lieu.	NOMS écrits en arabe dans les planches de l'Atlas géographique	TRANSCRIPTION suivie dans les planches de l'Atlas géographique.	TRANSCRIPTION selon l'orthographe de l'ouvrage.
5.	28.	d.	الخزام	El-'Kozâm.	El-Khozâm.
5.	27.	g.	العربه	El-Ȧrabéh.	El-A'rabeh.
5.	28.	g.	الجزيره	El-Gézîréh.	El-Gezyreh.
5.	28.	g.	شيخ احمد	Chéïk Ahmed.	Cheykh Ahmed.
5.	28.	d.	العصاره	El-Ȧsârah.	El-A'sârah.
5.	28.	d.	العابشه	El-Ȧîchéh.	El-A'âycheh.
5.	28.	g.	القموله	El-Qamoûléh.	El-Qamouleh.
5.	27.	g.	الراهين	El-Râhîn.	El-Râhyn.
5.	28.	g.	ابو دياب	Aboû Diâb.	Abou-Dyâb.
5.	27.	g.	فوس	Fos.	Fos.
5.	28.	g.		Gesr el-Qahâ.	Gesr el-Qahâ. g.
5.	28.	g.	العصاره	El-Ȧsârah.	El-A'sârah.
5.	28.	g.	البركه	El-Berkéh.	El-Berkeh.
5.	28.	î.	جزيرة الحمادى	G.ᵗ el-Hamâdi.	G.ᵗ el-Hamâdy.
5.	29.	d.	كفر	Kafr.	Kafr.
5.	29.	d.	العوقب	El-Ȧwâqeb.	El-A'ouâqeb.
5.	29.	d.	كفر	Kafr.	Kafr.
5.	29.	d.	ابو جور	Aboû Goûr.	Abou-Gour.
5.	28.	g.	دارود	Dâroûd.	Dâroud.
5.	28.	d.	سمسم	Semsem.	Semsem.
5.	28.	g.	سمن	Semen.	Semen.
5.	28.	g.	البشلو	El-Bechloû.	El-Bechlou.

N.° de la planche de l'Atlas géogr.	N.° du carreau.	Position du lieu.	NOMS écrits en arabe dans les planches de l'Atlas géographique	TRANSCRIPTION suivie dans les planches de l'Atlas géographique.	TRANSCRIPTION selon l'orthographe de l'ouvrage.
5.	28.	g.	الخاريه	El-'Kârîéh.	El-Khâryeh.
5.	28.	g.	الدوا	El-Dowâ.	El-Douâ.
5.	28.	d.	كفر	Kafr.	Kafr.
5.	29.	d.	كفر	Kafr.	Kafr.
5.	29.	d.	جازى	Hagâzî.	Hagâzy.
5.	28.	d.	الحياه	El-Haîâh.	El-Hayâh.
5.	28.	g.	سعاقت	Saâqet.	Sa'âqet.
5.	28.	g.	القرقطم	El-Qarqatem.	El-Qarqatem.
5.	28.	g.	ابو تركى	Aboû Torkî.	Abou-Torky.
5.	28.	g.	قباويل	Qabâwîl.	Qabâouyl.
5.	28.	d.	دمامل	Damâmel.	Damâmel.
5.	29.	d.	ناحيه جازى	Nâhîéh Hagâzî.	Nâhieh Hagâzy.
5.	36.	d.	العصاره	El-Asârah.	El-A'sârah.
5.	36.	d.		*Gesr el-Machârîs.*	*G.r el-Machârys.* g.
5.	36.	d.		*Gesr Damâmel.*	*Gesr Damâmel.* g.
5.	36.	g.	الدنفيق	El-Denfîq.	El-Denfyq.
5.	36.	g.	القاقين	El-Qàqîn.	El-Qâqyn.
5.	36.	g.	الخليل	El-'Kalîl.	El-Khalyl.
5.	36.	i.	جزيرة مطره	G.i Matarah.	G.i Matarah.
5.	36.	d.	الحصاصيه	El-Hasâsîéh.	El-Hasâsyeh.
5.	36.	d.	سنهور	Senhoûr.	Senhour.
5.	36.	d.	كوم الخراب	Koûm el-'Karâb.	Koum el-Kharâb.

PROVINCE DE THÈBES.

N.º de la planche de l'Atlas géogr.	N.º du carreau.	Position du lieu.	NOMS écrits en arabe dans les planches de l'Atlas géographique	TRANSCRIPTION suivie dans les planches de l'Atlas géographique.	TRANSCRIPTION selon l'orthographe de l'ouvrage.
5.	37.	d.	القوس	El-Qoûs.	El-Qous.
5.	36.	g.	المنشيه	El-Menchîéh.	El-Menchyeh.
5.	36.	g.	نقاده	Naqâdéh.	Naqâdeh. (MAXIMIA-NOPOLIS.)
5.	36.	d.	الكعبه	El-Kâbéh.	El-Ka'beh.
5.	36.	g.		Torå Sekkad.	Tora' Sekkad. T.
5.	36.	g.	القنطره	El-Qantarah.	El-Qantarah.
5.	36.	g.		Torå el-Saïad.	Tora' el-Sayad. T.
5.	36.	d.	القراقوس	El-Qarâqoûs.	El-Qarâqous.
5.	36.	d.		Torå el-Mahârî.	Tora' el-Mahâry. T.
5.	36.	g.	القطّارة	El-Qattârah.	El-Qattârah.
5.	36.	g.		Torå Ibrâhîm.	Tora' Ibrâhym. T.
5.	36.	d.		El-Farâch.	El-Farâch. g.
5.	36.	d.	كفر	Kafr.	Kafr.
5.	36.	d.	قوص	Qoûs.	Qous. (APOLLINOPOLIS PARVA.)
5.	36.	g.	شيخ على	Chéïk 'Alî.	Cheykh A'ly.
5.	36.	d.	المحارى	El-Mahârî.	El-Mahâry.
5.	37.	d.	المسيد	El-Méçîd.	El-Mesyd.
5.	36.	d.		Torå el-Bedoûïéh.	Tora' el-Bedouyeh. T.
5.	37.	d.	ابو مهواد	Aboû Mahowâd.	Abou-Mahouâd.
5.	36.	d.	الحمّاشه	El-Hammâchéh.	El-Hammâcheh.
5.	36.	g.	كفر شيخ النوخ	K. chéïk el-Touk.	Kafr cheykh el-Toukh. (PAPA.)

58 NOMS DE LIEUX DE L'ÉGYPTE.

N.° de la planche de l'Atlas géogr.	N.° du carreau.	Position du lieu.	NOMS écrits en arabe dans les planches de l'Atlas géographique	TRANSCRIPTION suivie dans les planches de l'Atlas géographique.	TRANSCRIPTION selon l'orthographe de l'ouvrage.
5.	36.	g.	كفر شيخ	K. chéïk.	Kafr cheykh.
5.	36.	g.	كوم ابو هلال	Koûm âboû Helâl.	Koum Abou-Helâl.
5.	36.	d.	النريكه	El-Noréïkah.	El-Noreykah.
5.	36.	g.	الدرمات	El-Deremât.	El-Deremât.
5.	36.	g.	كفر الديع	K. el-Dîâ.	K. el-Dya'.
5.	36.	d.	الحمزه	El-Hamzéh.	El-Hamzeh.
5.	39.	d.	الجيطه	La Guîtah.	El-Gytah.
6.	1-4.	d.	وادى القصير	*Vallée de Qoséïr.*	*Ouâdy Qoseyr.* O.
7.	2.	d.	بريّه مسكونه من بدنة العبابده	*Déserts fréquentés par la tribu des 'Abâbdéh.*	*Déserts fréquentés par la tribu des A'bâbdeh.*
7.	9.	d.	قصير	QOSÉÏR.	QOSEYR.
8.	5.	d.		*El-Ahmar.*	*El-Ahmar.* A'.
8.	5.	d.		*El-Hawéh.*	*El-Haoueh.* A'.
8.	23.	d.	البيضه	*El-Béïdah.*	*El-Beydah.*
8.	24.	d.		*Lambogéh.*	*Lambogeh.* A'.
8.	32.	d.		Vieux Qoséïr.	Vieux Qoseyr.
9.	4.	g.		*Torâ el-Qérâïe.*	*Tora' el-Qerâye.* T.
9.	4.	g.	القراى	El-Qérâïe.	El-Qerâye.
9.	4.	d.	المقاربيه	El-Moqârabîéh.	El-Moqârabyeh.
9.	4.	d.	العرقيه	El-'Araqîéh.	El-A'raqyeh.
9.	4.	g.	العفت	El-'Aft.	El-A'ft.

N.° de la planche de l'Atlas géogr.	N.° du carreau.	Position du lieu.	NOMS écrits en arabe dans les planches de l'Atlas géographique	TRANSCRIPTION suivie dans les planches de l'Atlas géographique.	TRANSCRIPTION selon l'orthographe de l'ouvrage.
9.	4.	d.	العلقات	El-ᵒAlaqât.	El-A'laqât.
9.	4.	d.	ابو واد	Aboû Wâd.	Abou-Ouâd.
9.	4.	g.	الفوا	El-Fwâ.	El-Fouâ.
9.	4.	d.	شيخ موسى	Chéïk Moûçä.	Cheykh Mousä.
9.	5.	d.	كفر اسكين	K. Askîn.	Kafr Askyn.
9.	4.	g.	العرابشه	El-ᵒArâbchéh.	El-A'râbcheh.
9.	4.	g.	الحامود	El-Ḣâmoûd.	El-Hâmoud.
9.	4.	d.		*Torå el-ᵒAraqïéh.*	*Tora' el-A'raqyeh.* T
9.	4.	d.	المقارن	El-Maqâren.	El-Maqâren.
9.	4.	g.	العرقيه	El-ᵒAraqîéh.	El-A'raqyeh.
9.	4.	î.	جزيرة الخوخ	G.ᵗ el-Ḱoûḱ.	G.ᵗ el-Khoukh.
9.	4.	d.		*Torå el-Kâhkïéh.*	*Tora' el-Kâhkyeh.* T.
9.	4.	d.	ابو حمودى	Aboû Ḣamoûdî.	Abou-Hamoudy.
9.	4.	d.	التابة	El-Tâbeï.	El-Tâbet.
9.	4.	d.	ناحية التابة	Naḣîeï el-Tâbeï.	Nâhyet el-Tâbet.
9.	4.	g.	شيخ ناصر	Chéïk Nâs̈ér.	Cheykh Nâser.
9.	4.	d.		*Torå el-Maåseriéh.*	*Tora'el-Ma'seryeh.* T.
9.	4.	g.	ناحيه ناصر	Nâḣîeh Nâs̈ér.	Nâhyeh Nâser.
9.	4.	d.	قفط	QEFT.	QEFT. (COPTOS.)
9.	4.	d.	كفر	Kafr.	Kafr.
9.	4.	d.	كيمان	Kîmân.	Kymân.
9.	4.	d.	بارود	Bâroûd.	Bâroud.

N.º de la planche de l'Atlas géogr.	N.º du carreau.	Position du lieu.	NOMS écrits en arabe dans les planches de l'Atlas géographique	TRANSCRIPTION suivie dans les planches de l'Atlas géographique.	TRANSCRIPTION selon l'orthographe de l'ouvrage.
9.	4.	d.		Torâ Hamâdéh.	Tora' Hamâdeh. T.
9.	4.	g.		Gesr el-Toûk.	Gesr el-Toukh. g.
9.	4.	g.	السوادى	El-Soûâdî.	El-Souâdy. (CONTRA COPTOS.)
9.	4.	g.	ابو عمر	Aboû ʿAmer.	Abou-A'mer.
9.	4.	d.		Gesr.	Gesr.
9.	4.	g.	السباسى	El-Sabâçî.	El-Sabâsy.
9.	4.	d.	برامه	Berâméh.	Berâmeh.
9.	4.	g.	بلّاص	Ballâs.	Ballâs.
9.	12.	d.	الخلّص	El-'Kallas.	El-Khallas.
9.	12.	d.	ابو يوسف	Aboû Ioûçef.	Abou-Yousef.
9.	12.	d.	الجزيريه	El-Gézîrîéh.	El-Gezyryeh.
9.	12.	d.	ناحية القو	Nâhîeï el-Qoû.	Nâhyet el-Qou.
9.	12.	d.		Torâ el-Gézîrîéh.	T. el-Gezyryeh. T.
9.	12.	d.	العلاقات	El-ʿAlâqât.	El-A'lâqât.
9.	12.	g.		Torâ el-Dâl.	Tora' el-Dâl. T.
9.	12.	g.	الدير	El-Déïr.	El-Deyr. (PAMPANIS.)
9.	12.	g.		Torâ el-Siâléh.	Tora' el-Syâleh. T.
9.	12.	î.	بلّاص	Ballâs.	Ballâs.
9.	12.	d.	ابنود	Abnoûd.	Abnoud.
9.	12.	d.	الجزيره	El-Gézîréh.	El-Gezyreh.
9.	13.	d.	برمها او بير البار	Beremhâ ou Bîr el-Bâr.	Beremhâ ou Byr el-Bâr.

PROVINCE DE THÈBES.

N.º de la planche de l'Atlas géogr.	N.º du carreau	Position du lieu	NOMS écrits en arabe dans les planches de l'Atlas géographique	TRANSCRIPTION suivie dans les planches de l'Atlas géographique.	TRANSCRIPTION selon l'orthographe de l'ouvrage.
9.	12.	d.		Torå el-Maåsârah.	Tora' el-Ma'sârah. T.
9.	12.	g.	كفر الدير	K. el-Déïr.	K. el-Deyr.
9.	12.	g.		Gesr Ballâs.	Gesr Ballâs. g.
9.	12.	g.	القرانه	El-Qérânéh.	El-Qerâneh.
9.	12.	î.	جزيرة الدير	G.ʳ el-Déïr.	G.ᵗ el-Deyr.
9.	12.	g.		Torå el-Qerânéh.	Tora' el-Qerâneh. T.
9.	12.	g.	الحسبه	El-Hasbéh.	El-Hasbeh.
9.	12.	d.		Torå essaârtî.	Tora' el-Saârty. T.
9.	12.	d.	الواسيقا	El-Wâçîqâ.	El-Ouâsyqâ.
9.	13.	d.	كوم ابو عمران	Koûm aboû-ʿAmrân	Koum Abou-A'mrân.
9.	12.	g.	الطين	El-Tîn.	El-Tyn.
9.	12.	d.		Torå el-'Kangâr.	Tora' el-Khangâr. T.
9.	12.	d.	شصلبه	Chaslîéh.	Chaslyeh.
9.	12.	g.	كفر الطين	K. el-Tîn.	K. el-Tyn.
9.	12.	d.	كفر الفرجى	K. el-Fargî.	K. el-Fargy.
9.	12.	d.	الكراوان	El-Karâwân.	El-Karâouân.
9.	12.	d.		Gesr el-'Kerbéh.	Gesr el-Kherbeh. g.
9.	12.	d.	الخربه	El-'Kerbéh.	El-Kherbeh.
9.	20.	d.	القصاص	El-Qasâs.	El-Qasâs.
9.	21.	d.	الخربه	El-'Kerbéh.	El-Kherbeh.
9.	20.	g.	النرع	El-Torå.	El-Tora'.
9.	20.	d.	كفر	Kafr.	Kafr.

N.° de la planche de l'Atlas géogr.	N.° du carreau.	Position du lieu.	NOMS écrits en arabe dans les planches de l'Atlas géographique	TRANSCRIPTION suivie dans les planches de l'Atlas géographique.	TRANSCRIPTION selon l'orthographe de l'ouvrage.
9.	20.	d.	كفر اسما	K. Esmâ.	K. Esmâ.
9.	20.	g.	خراى	'Karâye.	Kharâye.
9.	20.	i.	كفر الحاجر	K. el-Hâger.	K. el-Hâger.
9.	20.	d.		*Torå Qenéh.*	*Tora' Qeneh.* T.
9.	20.	d.	البياضيه	El-Bîâđîéh.	El-Byâdyeh.
9.	20.	d.	قنه	QENEH.	QENEH. (CÆNEPOLIS.)
9.	20.	d.	كفر قنه	K. Qenéh.	K. Qeneh.
9.	20.	g.	كفر ابو	K. Aboû.	K. Abou.
9.	20.	g.	كفر	Kafr.	Kafr.
9.	20.	d.	كفر عمران	K. ʿAmrân.	K. A'mrân.
9.	20.	g.	دندره	DENDERAH.	DENDERAH. (TENTYRIS.)
9.	20.	d.	شيخ عمران	Chéïk ʿAmrân.	Cheykh A'mrân.
9.	19.	g.	ناحية نوطه	Nâĥîeï Noûtah.	Nâhyet Noutah.
9.	19.	g.	نوطه	Noûtah.	Noutah.
9.	19.	g.	كفر	Kafr.	Kafr.
9.	19.	i.	الداريه	El-Dârîéh.	El-Dâryeh.
9.	27.	d.	الحزه	El-Hazéh.	El-Hazeh.
9.	27.	d.		*Torå Aboûl'keïr.*	*Tora' Abou-l-Kheyr.* T
9.	27.	d.	ناحية ابو الخير	Nâĥîeï Aboûl'kéïr.	Nâhyet Abou-l-Kheyr.
9.	27.	d.	شيخ ابو الخير	Chéïk Aboûl'kéïr.	Cheykh Abou-l-Kheyr.

PROVINCE DE THÈBES.

N.º de la planche de l'Atlas géogr.	N.º du carreau.	Position du lieu.	NOMS écrits en arabe dans les planches de l'Atlas géographique	TRANSCRIPTION suivie dans les planches de l'Atlas géographique.	TRANSCRIPTION selon l'orthographe de l'ouvrage.
9.	27.	d.		Torå Harîdî.	Tora' Harydy. T.
9.	27.	d.	الحريدى	El-Harîdî.	El-Harydy.
9.	19.	d.	كفر الحريدى	K. el-Harîdî.	K. el-Harydy.
9.	27.	d.		Torå el-Bedâwî.	Tora' el-Bedâouy. T.
9.	19.	d.	الداريه	El-Dârîéh.	El-Dâryeh.
9.	19.	d.	كفر	Kafr.	Kafr.
9.	27.	d.	كفر ابوصه	K. Aboûsah.	K. Abousah.
9.	27.	d.		Nâhîeï Aboûsah.	Nâhyet Abousah.
9.	27.	d.	الابوصه	El-Aboûsah.	El-Abousah.
9.	27.	d.	ناحية بلاد	Nâhîeï Belâd.	Nâhyet Belâd.
9.	27.	d.	كفر	Kafr.	Kafr.
9.	27.	d.		Gesr Abousah.	Gesr Abousah. g.
9.	19.	d.	ولد	Weled.	Oualed.
9.	19.	d.	ناحية صفاحيه	Nâhîeï Safâhîéh.	Nâhyet Safâhyeh.
9.	19.	d.	كفر	Kafr.	Kafr.
9.	26.	d.	كفر	Kafr.	Kafr.
9.	26.	d.	كفر	Kafr.	Kafr.
9.	26.	d.	شيخ الصفاحيه	Chéïk el-Safâhîéh.	Cheykh el-Safâhyeh.
9.	26.	d.	الصفاحيه	El-Safâhîéh.	El-Safâhyeh.
9.	26.	d.	العبدليه	El-ʿAbdlîéh.	El-A'bdlyeh.
9.	26.	d.	كفر	Kafr.	Kafr.
9.	26.	d.	كفر	Kafr.	Kafr.

N.° de la planche de l'Atlas géogr.	N.° du carreau.	Position du lieu.	NOMS écrits en arabe dans les planches de l'Atlas géographique	TRANSCRIPTION suivie dans les planches de l'Atlas géographique.	TRANSCRIPTION selon l'orthographe de l'ouvrage.
9.	26.	d.	الجراى	El-Garâîe.	El-Garâye.
9.	26.	d.	كفر الجراى	K. el-Garâîe.	K. el-Garâye.
9.	26.	d.		*Gesr el-Garâîe.*	*Gesr el-Garâye.* g.
9.	26.	d.	ناحية فوه	Nâĥîeï Foûéh.	Nâhyet Foueh.
9.	26.	d.		*Toråa el-Ṡafâĥîéh.*	*Tora'el-Safâhyeh.* T.
9.	26.	d.	كفر	Kafr.	Kafr.
9.	26.	d.	ناحية حواتكه	Nâĥîeï Ħawâtkah.	Nâhyet Haouât-kah.
9.	26.	d.	الكرك	El-Kerk.	El-Kerk.
9.	26.	d.	دهشنه	Déhechnéh.	Dehechneh.
9.	26.	d.	الحواتكه	El-Ħawâtkah.	El-Haouâtkah.
9.	26.	d.	سباريات	Sabârîât.	Sabâryât.
9.	26.	d.		*Torå Sabârîât.*	*Tora' Sabâryât.* T.
9.	26.	d.	ناحية الزيد	Nâĥîeï Ezzéîd.	Nâhyet el-Zeyd.
9.	26.	d.	ناحية العزيزه	Nâhîeï el-'Azîzah.	Nâhyet el-A'zyzah.
9.	26.	d.	كفر سباريات	K. Sabârîât.	K. Sabâryât.
9.	25.	d.	شيخ خالى	Chéïk 'Kâlî.	Cheykh Khaly.
9.	25.	d.		*Gesr Sahoûd.*	*Gesr Sahoud.* g.
9.	25.	d.	السهود	El-Ṡahoûd.	El-Sahoud.
9.	25.	d.	الجازيه	El-Gâzîéh.	El-Gâzyeh.
9.	25.	d.	كفر الجازيه	K. el-Gâzîéh.	K. el-Gâzyeh.
9.	25.	d.	فو	Foû.	Fou. (*Bopos.*)

PROVINCE DE GIRGEH.

N.º de la planche de l'Atlas géogr.	N.º du carreau.	Position du lieu.	NOMS écrits en arabe dans les planches de l'Atlas géographique	TRANSCRIPTION suivie dans les planches de l'Atlas géographique.	TRANSCRIPTION selon l'orthographe de l'ouvrage.
9.	18.	g.		*Tor*a *el-Sâlhah.*	*Tora'h el-Sâlhah.* T.
9.	18.	g.	المراشى	El-Marâchî.	El-Marâchy.
9.	18.	g.	كفر الفرامه	K. el-Ferâmah.	Kafr el-Ferâmah.
9.	18.	g.	ناحية الفرامه	Nâhîeï el-Ferâmah.	Nâhyet el-Ferâmah.
9.	18.	g.	الفرامه	El-Ferâmah.	El-Ferâmah.
9.	17.	g.	الوفى	El-Wafä.	El-Ouafä.
9.	17.	g.		*Tor*a *el-Nabqah.*	*Tora'h el-Nabqah.* T.
9.	17.	g.	النبقه	El-Nabqah.	El-Nabqah.
9.	17.	g.	كفر	Kafr.	Kafr.
9.	17.	g.	كفر	Kafr.	Kafr.
9.	17.	g.	كفر	Kafr.	Kafr.
9.	17.	g.	العباديه	El-ʿAbâdîéh.	El-A'bâdyeh.
9.	17.	g.	كفر عباديه	K. ʿAbâdîéh.	Kafr A'bâdyeh.
9.	17.	g.		*Gesr* ʿAbâdîéh.	*Gesr* A'bâdyeh. g.
9.	25.	g.	العبيد	El-ʿAbîdéh.	El-A'bydeh.
9.	17.	g.	بنى نما	Benî-Namâ.	Beny-Namâ.
9.	17.	g.	كفر	Kafr.	Kafr.
9.	17.	g.	سقاله	Seqâléh.	Seqâleh.
9.	25.	g.	راسيه	Râçiéh.	Râsyeh.

É. M. XVIII. 3ᵉ Partie.

NOMS DE LIEUX DE L'ÉGYPTE.

N.º de la planche de l'Atlas géogr.	N.º du carreau.	Position du lieu.	NOMS écrits en arabe dans les planches de l'Atlas géographique.	TRANSCRIPTION suivie dans les planches de l'Atlas géographique.	TRANSCRIPTION selon l'orthographe de l'ouvrage.
9.	25.	d.	راسيه	Râçîéh.	Râsyeh.
9.	25.	g.		*Gesr Râçîéh.*	*Gesr Râsyeh.* g.
9.	17.	g.	الولد	El-Weled.	El-Oualed.
9.	25.	d.	محان	Maḥân.	Mahân.
9.	25.	d.	شيخ محان	Chéïk Maḥân.	Cheykh Mahân.
9.	25.	d.	كفر	Kafr.	Kafr.
10.	32.	d.	الشوريه	El-Choûrîéh.	El-Chouryeh.
10.	32.	d.	ابو مرّه	Aboû-Marrah *ou* Aboû-Mawah.	Abou-Marrah *ou* Abou-Maouah. (CHENOBOSCION.)
10.	24.	g.	هوا	Hoû.	Hoû. (DIOSPOLIS PARVA.)
10.	24.	g.	كفر	Kafr.	Kafr.
10.	24.	g.	الحاره	El-Ḥârah.	El-Hârah.
10.	24.	g.	كفر	Kafr.	Kafr.
10.	24.	g.	شباليه	Chebâlîéh.	Chebâlyeh.
10.	24.	g.		*Torå Hoû.*	*Tora'h Hoû.* T.
10.	32.	d.	الداسى	El-Dâçî.	El-Dâsy.
10.	24.	g.	ابا حمكه	Abâ Ḥamkah.	Abâ Hamkaḥ.
10.	24.	g.	ديربه	Déîrbéh.	Deyrbeh.
10.	32.	d.	قصر الصياد	Qasr Essaïâd.	Qasr el-Sayâd.
10.	24.	g.	الدرب	El-Derb.	El-Derb.
10.	23.	g.	الخيله	El-'Keîléh.	El-Kheyleh.
10.	23.	g.	الجباديه	El-Gebâdîéh.	El-Gebâdyeh.

PROVINCE DE GIRGEH.

N.º de la planche de l'Atlas géogr.	N.º du carreau.	Position du lieu.	NOMS écrits en arabe dans les planches de l'Atlas géographique	TRANSCRIPTION suivie dans les planches de l'Atlas géographique.	TRANSCRIPTION selon l'orthographe de l'ouvrage.
10.	32.	g.	اللواقي	El-Loûâqî.	El-Louâqy.
10.	31.	g.	ناحية سيل	Nâhîeï Sîl.	Nâhyet Syl.
10.	32.	d.	الجزيريه	El-Gézîrîéh.	El-Gezyryeh.
10.	31.	g.	كفر	Kafr.	Kafr.
10.	32.	g.	انسان	Ensân.	Ensân.
10.	31.	g.	قاني	Qamânî.	Qamâny.
10.	31.	g.	نجع قاني	Nagȧ Qamânî.	Naga' Qamâny.
10.	31.	g.	بهجوره	Bahgoûrah.	Bahgourah.
10.	31.	g.	الكرون	El-Kouroûn.	El-Kouroun.
10.	32.	d.	الباصيه	El-Bâsîéh.	El-Bâsyeh.
10.	31.	d.	الجزير	El-Gezîr.	El-Gezyr.
10.	32.	d.	كفر	Kafr.	Kafr.
10.	32.	d.	ناحية جزير	Nâhîeï Gézîr.	Nâhyet Gezyr.
10.	31.	g.	الجعانيه	El-Gi°ânîéh.	El-Gi'ânyeh.
10.	31.	d.	سليد	Salîd.	Salyd.
10.	31.	g.	ناحية بهجوره	Nâhîeï Bahgoûrah.	Nâhyet Bahgourah.
10.	31.	g.	كفر	Kafr.	Kafr.
19.	31.	g.	فرشوط	Farchoût.	Farchout.
10.	31.	d.	قليد	Qalîd.	Qalyd.
10.	31.	g.	جبابي	Gebâbî.	Gebâby.
10.	31.	g.	كوم الاحمر	Koûm el-Aḥmar.	Koum el-Ahmar.
10.	31.	g.	شيخ علي	Chéïk °Alî.	Cheykh A'ly.

5.

N.° de la planche de l'Atlas géogr.	N.° du carreau.	Position du lieu.	NOMS écrits en arabe dans les planches de l'Atlas géographique	TRANSCRIPTION suivie dans les planches de l'Atlas géographique.	TRANSCRIPTION selon l'orthographe de l'ouvrage.
10.	31.	g.	الداويه	El-Dâwîéh.	El-Dâouyeh.
10.	31.	g.	ابو زعبر	Aboû-Zàbar.	Abou-Za'bar.
10.	31.	g.	البخانس	El-Bak̄ânès.	El-Bakhânes.
10.	31.	g.	جزيرة الدواه	Gézîreï el-Doûâh.	G.ᵗ el-Douâh.
10.	31.	g.	الخميس	El-K̄amîs.	El-Khamys.
10.	30.	g.	ابو خرابه	Aboû-K̄arâbéh.	Abou-Kharâbeh.
10.	22.	g.	ناحية طوخ	Nâĥîeï Ŧoûk̄.	Nâhyet Toukh.
10.	22.	g.	طوخ	Ŧoûk.	Toukh.
10.	30.	g.	كفر	Kafr.	Kafr.
10.	30.	g.	كفر	Kafr.	Kafr.
10.	30.	g.	نا حرجه	Nâĥ Ħaragéĥ.	Nâ Harageh.
10.	30.	g.	حرجه	Ħaragéĥ.	Haragéh.
10.	30.	g.	كفر	Kafr.	Kafr.
10.	30.	g.	كفر حاجر	K. Ħâger.	Kafr Hâger.
10.	30.	g.	حاجر	Ħâger.	Hâger.
10.	30.	g.	سمهود	Samhoûd.	Samhoud.
10.	30.	g.	الصفا	El-Ṡaffâ.	El-Saffâ.
10.	30.	g.	ابوليش	Aboûlîch.	Aboulych.
10.	31.	d.	القصر	El-Qaṡr.	El-Qasr.
10.	30.	g.	ناحية العمران	Nâĥîeï el-ˀAmrân.	Nâhyet el-A'mrân.
10.	30.	g.	العمران	El-ˀAmrân.	El-A'mrân.
10.	38.	d.	شيخ حماده	Chéïk̄ Ħamâdéh.	Cheykh Hamâdeh.

N.° de la planche de l'Atlas géogr.	N.° du carreau.	Position du lieu.	NOMS écrits en arabe dans les planches de l'Atlas géographique	TRANSCRIPTION suivie dans les planches de l'Atlas géographique.	TRANSCRIPTION selon l'orthographe de l'ouvrage.
10.	38.	d.	كفر حماده	K. Hamâdéh.	Kafr Hamâdeh.
10.	38.	g.	نجع الربيع	Nagå el-Rabîå.	Naga' el-Rabya'.
10.	38.	d.	كفر	Kafr.	Kafr.
10.	38.	d.	الجبابيش	El-Gabâbîch.	El-Gabâbych.
10.	38.	g.	ناحية معزى	Nâhîet Måzî.	Nâhyet Ma'zy.
10.	38.	g.	المعزى	El-Måzî.	El-Ma'zy.
10.	30.	g.	كوم جنى	Koûm Génî.	Koum Geny.
10.	30.	g.	كفر جنى	K. Génî.	Kafr Geny.
10.	30.	g.	كفر	Kafr.	Kafr.
10.	30.	g.	كفر عمران	K. Åmrân.	Kafr A'mrân.
10.	30.	g.	شيخ عمران	Chéïk Åmrân.	Cheykh A'mrân.
10.	30.	g.	كفر	Kafr.	Kafr.
10.	30.	g.	كفر	Kafr.	Kafr.
10.	38.	g.	كفر معزى	K. Måzî.	Kafr Ma'zy.
10.	38.	d.	العنبريه	Ånberîéh.	A'nberyeh.
10.	38.	d.	كفر العنبريه	K. el-Ånberîéh.	Kafr el-A'nberyeh.
10.	38.	d.	التهمان	El-Téhémân.	El-Tehemân.
10.	38.	d.	المعزى	El-Måzî.	El-Ma'zy.
10.	37.	d.	النجاميش	El-Nagâmîch.	El-Nagâmych.
10.	38.	d.	كفر العبديه	K. el-Åbédîéh.	Kafr el-A'bedyeh.
10.	29.	g.	التوت	El-Toût.	El-Tout.
10.	29.	g.	البادين	El-Bâdéït.	El-Bâdeyt.

N.° de la planche de l'Atlas géogr.	N.° du carreau.	Position du lieu.	NOMS écrits en arabe dans les planches de l'Atlas géographique	TRANSCRIPTION suivie dans les planches de l'Atlas géographique.	TRANSCRIPTION selon l'orthographe de l'ouvrage.
10.	29.	g.	الخرم	El-Korm.	El-Khorm.
10.	29.	g.	ناحية الدارى	Nâhîeï el-Dârî.	Nâhyet el-Dâry.
10.	29.	g.	الدارى	El-Dârî.	El-Dâry.
10.	29.	g.	الخالى	El-Kâlî.	El-Khâly.
10.	29.	g.	المعصره	El-Måsarah.	El-Ma'sarah.
10.	29.	d.	العبديه	El-Abédîéh.	El-Abedyeh.
10.	29.	d.	اولاد خلفيه	Aoûlâd Kalefîéh.	Aoulâd Khalefyeh.
10.	29.	d.	كفر	Kafr.	Kafr.
10.	29.	î.	جزيرة مرزوق	G.ᵗ Marzoûq.	G.ᵗ Marzouq.
10.	29.	g.	حربه	Harriwa *ou* Harabah	Harabah. (*Abydus.*)
10.	29.	g.	مدفونه	Medfoûnéh.	Medfouneh.
10.	29.	g.	صاجه	Sâgéh.	Sâgeh.
10.	28.	g.	الخربه	El-Kerbéh.	El-Kherbeh.
10.	28.	g.	حاجّى سليمان	Hâggî Soleïmân.	Hâggy Soleymân.
10.	28.	g.	الحلوه	El-Halaoûéh.	El-Halaoueh.
10.	28.	g.	الحلونيه	El-Halaoûnîéh.	El-Halaounyeh.
10.	28.	g.		*Torå Samåtah.*	*Tora'h Samatah.* T.
10.	29.	g.	الخربه	El-Kerbéh.	El-Kherbeh.
10.	28.	g.	المنايشه	El-Menâîchéh.	El-Menâycheh.
10.	28.	g.	الحجه	El-Heggéh.	El-Heggeh.
10.	29.	g.	صماطه تانى	Samâtah Tânî.	Samâtah Tâny.
10.	37.	d.	ناحية ابوكريب	Nâhîet Aboû-Koréïb.	Nâhyet Abou-Koreyb

N.° de la planche de l'Atlas géogr.	N.° du carreau.	Position du lieu.	NOMS écrits en arabe dans les planches de l'Atlas géographique	TRANSCRIPTION suivie dans les planches de l'Atlas géographique.	TRANSCRIPTION d'après l'orthographe de l'ouvrage.
10.	37.	d.	ابوكريب	Aboû-Koréïb.	(LEPIDOTUM.) Abou-Koreyb.
10.	37.	d.	كفر ابوكريب	K. Aboû-Koréïb.	K. Abou-Koreyb.
10.	37.	g.	الزهره	El-Zaharah.	El-Zaharah.
10.	28.	g.	بنى عومه	Benî-°Oûméh.	Beny-O'umeh.
10.	28.	g.	العزبه واجوب	El-°Azbéh *ou* Agoûb	El-A'zbeh *et* Agoub
10.	28.	g.	البرانقه	El-Barânqah.	El-Barânqah.
10.	28.	g.	مشاويه	Mechâoûîéh.	Mechâouyeh.
10.	36.	g.	السفنيه	El-Saféníéh.	El-Safenyeh.
10.	37.	g.	نجع عبيد	Nagå °Obéïd.	Naga' O'beyd.
10.	37.	d.	كيصيمه	Kaîsîméh.	Kaysymeh.
10.	37.	g.	بليانه	Belîânéh.	Belyâneh.
10.	37.	î.	جزيرة بليانه	G.^{t} Belîânéh.	G.^{t} Belyâneh.
10.	37.	g.	الشوكه	El-Chaukah.	El-Chaukah.
10.	37.	d.	دنساكى	Deneçâkî.	Densâky.
10.	36.	g.	اولاد جباره	Aoûlâd Gébâréh.	Aoulâd Gebâreh.
10.	36.	g.	برديس	Bardîs.	Bardys.
10.	36.	g.	كفر	Kafr.	Kafr.
10.	28.	g.	مشويه	Mechaoûîéh.	Mechaouyeh.
10.	28.	g.	كفر المشويه	K. el-Mechaouîéh.	K. el-Mechaouyeh.
10.	36.	g.	العرب	El-°Arab.	El-A'rab.
10.	36.	g.	الصيادى	El-Saïâdî.	El-Sayâdy.
10.	36.	d.	الشواهين	El-Chowâhîn.	El-Chouâhyn.

N.° de la planche de l'Atlas géogr.	N.° du carreau.	Position du lieu.	NOMS écrits en arabe dans les planches de l'Atlas géographique	TRANSCRIPTION suivie dans les planches de l'Atlas géographique.	TRANSCRIPTION d'après l'orthographe de l'ouvrage.
10.	36.	d.	كفر	Kafr.	Kafr.
10.	37.	d.	كفر	Kafr.	Kafr.
10.	36.	d.	المال حوّر	El-Mâl Hôrr.	El-Mâl Horr.
10.	36.	d.	البهتيم	El-Béhétîm.	El-Behtym.
10.	36.	d.	اولاد خالف	Aoûlâd Kâlef.	Aoulâd Khâlef.
10.	36.	g.	ناحية الخلفيه	Nâhîeï el-Kalefîéh.	Nâhyet el-Khalefyeh.
10.	36.	g.	الخلجان	El-Kolgân.	El-Kholgân.
10.	36.	g.	كفر الخلجان	K. el-Kolgân.	Kafr el-Kholgân.
10.	28.	g.	ناحية مازن	Nâhîeï Mâzen.	Nâhyet Mâzen.
10.	36.	g.	نجع الخلفيه	Nagâ el-Kalefîéh.	Naga' el-Khalefyeh
10.	36.	g.	كفر مازن	K. Mâzen.	Kafr Mâzen.
10.	36.	g.	الخلفيه	El-Kalefîéh.	El-Khalefyeh.
10.	36.	g.	الحصّه	El-Hesséh.	El-Hesseh.
10.	36.	î.	جزيرة دومه	G.[r] Doûmah.	G.[t] Doumah.
10.	36.	d.	شنوريه	Chenoûrîéh.	Chenouryeh.
10.	36.	d.	الحرجه	El-Hargéh.	El-Hargeh.
10.	36.	g.	جرجه	GIRGÉH.	GIRGEH.
10.	36.	g.	كفر الكردين	K. el-Kerdîn.	Kafr el-Kerdyn.
10.	35.	g.	الكردين	El-Kerdîn.	El-Kerdyn.
10.	35.	g.	البرقى	El-Barqä.	El-Barqä.
10.	35.	g.	البياضى	El-Bîâdî.	El-Byâdy.
10.	36.	d.	كفر	Kafr.	Kafr.

N.° de la planche de l'Atlas géogr.	N.° du carreau.	Position du lieu.	NOMS écrits en arabe dans les planches de l'Atlas géographique	TRANSCRIPTION suivie dans les planches de l'Atlas géographique.	TRANSCRIPTION selon l'orthographe de l'ouvrage.
10.	36.	g.	القريه	El-Qerîéh.	El-Qeryeh.
10.	36.	g.	كفر صوابه	K. Sowâbah.	Kafr Souâbah.
10.	35.	g.	كفر	Kafr.	Kafr.
10.	35.	g.	اولاد بيض	Aoûlâd Béïd.	Aoulâd Beyd.
10.	35.	g.	صوابه	Sowâbah.	Souâbah.
10.	35.	g.	البربه	El-Berbéh.	El-Berbeh *ou* Birbé. (THIS.)
10.	35.	g.	كفر	Kafr.	Kafr.
10.	35.	g.	اولاد قص	Aoûlâd Qas.	Aoulâd Qas.
10.	35.	g.	كفر جباره	K. Gébârah.	Kafr Gebârah.
10.	35.	g.	بندار	Bendâr.	Bendâr.
11.	7.	î.	جزيرة اولاد قص	G.[t] Aoûlâd Qas.	G.[t] Aoulâd Qas.
11.	7.	g.	اولاد عمازى	Aoûlâd 'Amâzî.	Aoulâd A'mâzy.
11.	7.	g.	البديه	El-Bédîéh.	El-Bedyeh.
11.	7.	d.	اولاد خرق	Aoûlâd 'Kerq.	Aoulâd Kherq.
11.	7.	g.	طوخ	Toû'k.	Toukh.
11.	6.	g.	الدير	El-Déïr.	El-Deyr.
11.	7.	g.	النويرات	El-Noûîrât.	El-Nouyrât.
11.	7.	g.	الحرزات	El-Harâzât.	El-Harazât.
11.	6.	g.	عمازه	'Amâzéh.	A'mâzeh.
11.	7.	g.	كفر جرفى	K. Garfî.	Kafr Garfy.
11.	7.	d.	عزبه	'Ezbéh.	E'zbeh.
11.	7.	g.	جرفى	Garfî.	Garfy.

N.° de la planche de l'Atlas géogr.	N.° du carreau.	Position du lieu.	NOMS écrits en arabe dans les planches de l'Atlas géographique	TRANSCRIPTION suivie dans les planches de l'Atlas géographique.	TRANSCRIPTION selon l'orthographe de l'ouvrage.
11.	7.	î.	جزيرة ايمن	G.[r] Aïmen.	G.[t] Aymen.
11.	7.	d.	ايمن	Aïemen.	Aymen.
11.	7.	d.	كفر	Kafr.	Kafr.
11.	7.	g.	البروهيه	El-Béroûhîéh.	El-Berouhyeh.
11.	6.	g.	نجازيه	Nagâzîéh.	Nagâzyeh.
11.	6.	g.	كفر	*Village.*	*Village.*
11.	6.	g.	الصّالح	El-Sâlh.	El-Sâlh.
11.	15.	g.	المنشيه النيده	EL-MENCHÎÉH EL-NÉDÉ *ou* EL-NÉÏDÉH.	EL-MENCHYEH EL-NEY-DEH. (*PTOLÉMAÏS.*)
11.	15.	î.	جزيرة العويره	G.[r] °Owîorah.	G.[t] el-Ou'yorah.
11.	15.	d.	العويرة	El-°Owîorah.	El-Ou'yorah.
11.	15.	g.	الصاهوه	El-Sâhoûéh.	El-Sâhoueh.
11.	15.	g.	البياضيه	El-Bîâdîéh.	El-Beyâdyeh.
11.	15.	g.	ساو الشرقيه	Sâoû el-Cherqîéh.	Sâou el-Charqyeh.
11.	15.	d.	الخولى	El-Kawlî.	El-Khaouly.
11.	15.	g.	اولاد مامنه	Aoûlâd Mâmnéh.	Aoulâd Mâmneh.
11.	15.	d.	الشرق	El-Charq.	El-Charq.
11.	15.	d.	كفر ابو	K. Aboû.	Kafr Abou.
11.	14.	d.	كفر	Kafr.	Kafr.
11.	14.	g.	البنيات	El-Bénîât.	El-Benyât.
11.	14.	g.	بلصفوره	Balasfoûrah.	Balasfourah.
11.	14.	g.	الجعفر	El-Gâafar.	El-Ga'far.

N.° de la planche de l'Atlas géogr.	N.° du carreau.	Position du lieu.	NOMS écrits en arabe dans les planches de l'Atlas géographique	TRANSCRIPTION suivie dans les planches de l'Atlas géographique.	TRANSCRIPTION selon l'orthographe de l'ouvrage.
11.	14.	d.	الاخميم	El-A'kmîn.	El-Akhmym. (Chemmis, vel Panopolis.)
11.	22.	d.	حوايشه	Hawâïchéh.	Haouâycheh.
11.	22.	d.	نجع حوايشه	Nagâ Hawâïchéh.	Naga' Haouâycheh.
11.	22.	d.	كفر حوايشه	K. Hawâïchéh.	Kafr Haouâycheh.
11.	22.	d.	شيخ الحريدى	Chéï'k el-Harîdî.	Cheykh el-Harydy.
11.	22.	d.	ربل	Rebal.	Rebal.
11.	22.	d.	ابو بخيته	Aboû-Ba'kîtah.	Abou-Bakhytah.
11.	22.	d.	كفر ابو بخيته	K. Aboû-Ba'kîtah.	K. Abou-Bakhytah.
11.	14.	d.	السوهاى	El-Souhâïe.	El-Souhâye.
11.	14.	d.	كفر السوهاى	K. el-Souhâïe.	Kafr el-Souhâye.
11.	14.	g.	شوشه	Choûchéh.	Choucheh.
11.	14.	g.	دروف	Déroûf.	Derouf.
11.	6.	g.	المحمدى	El-Mohammedî.	El-Mohammedy.
11.	5.	g.	الريفه	El-Rîféh.	El-Ryfeh.
11.	5.	g.	شيخ المهره	Chéï'k el-Méharah.	Cheykh el-Meharah
11.	5.	g.	خربه	'Karbéh.	Kharbeh.
11.	5.	g.	مجريس	Magrîs.	Magrys.
11.	5.	g.	اللزيه	El-Lézîéh.	El-Lezyeh.
11.	13.	g.	ادفا	Adfâ.	Adfâ. (Crocodilopolis.)
11.	13.	g.	الحماديه	El-Hamâdîéh.	El-Hamâdyeh.
11.	13.	g.	امّ سواقى	Omm Saoûâqî.	Omm Saouâqy.

N.° de la planche de l'Atlas géogr.	N.° du carreau.	Position du lieu.	NOMS écrits en arabe dans les planches de l'Atlas géographique	TRANSCRIPTION suivie dans les planches de l'Atlas géographique.	TRANSCRIPTION selon l'orthographe de l'ouvrage.
11.	13.	g.	اولاد نين	Aoûlâd Nîn.	Aoulâd Nyn.
11.	13.	g.	سواقى	Saoûâqî.	Saouâqy.
11.	14.	d.	البای	El-Bâïe.	El-Bâye.
11.	13.	g.	مية احمر	Mîï Aĥmar.	Myt Ahmar.
11.	13.	g.	جزيرة شندويل	G.[i] Chandoûîl.	G.[t] Chandouyl.
11.	13.	g.	اولاد محرام	Aoûlâd Mâĥarâm.	Aoulâd Maharâm.
11.	13.	g.	الكوم	El-Koûm.	El-Koum.
11.	13.	g.	مشطه	Mechtah.	Mechtah.
11.	13.	g.	قلفا	Qelfâ.	Qelfâ.
11.	22.	d.	كفر	Kafr.	Kafr.
11.	21.	g.	مية قلفا	Mîï Qelfâ.	Myt Qelfâ.
11.	21.	g.	المعيفن	El-Mâîfen.	El-Ma'yfen.
11.	22.	d.	ندیبه	Nédéïbéh.	Nedeybeh.
11.	21.	g.	النيده	El-Néïdéĥ.	El-Neydeh.
11.	22.	d.	نجع يحيا	Nagå Iaĥîâ.	Naga' Yahyâ.
11.	22.	d.	بسفلاق	Bécéfalâq.	Besfalâq.
11.	21.	g.	الريج	El-Rîg.	El-Ryg.
11.	13.	g.	بنى مزار	Béñî-Mazâr.	Beny-Mazâr.
11.	12.	g.	العربه	El-°Arabéh.	El-A'rabeh.
11.	20.	g.	نجع شوكه	Nagå Chawkah.	Naga' Chaoukah.
11.	20.	g.	شوكه	Chawkah.	Chaoukah.
11.	21.	g.	دوايليه	Dawâïlïéh.	Daouâylyeh.

PROVINCE DE SYOUT. 77

N.° de la planche de l'Atlas géogr.	N.° du carreau.	Position du lieu.	NOMS écrits en arabe dans les planches de l'Atlas géographique	TRANSCRIPTION suivie dans les planches de l'Atlas géographique.	TRANSCRIPTION selon l'orthographe de l'ouvrage.
11.	21.	d.	الزرابى	El-Zérâbî.	El-Zerâby.
11.	21.	g.	الطوالى	El-Ṫoûâlî.	El-Touâly.
11.	21.	d.	سجولت	Sagoûlt.	Sagoult.
11.	21.	d.	ساقية قلته	Sâqîeť Qoltéh.	Sâqyet Qolteh.
11.	21.	d.	احكامى	Aĥkâmî.	Ahkâmy.
11.	21.	d.	فاوبعش	Fâoûbåch.	Fâouba'ch.
11.	21.	d.	قاو الكبرى	Qâoû el-Kobarä.	Qâou el-Kobrä.
11.	21.	d.	كفر احمد	K. Aĥmed.	Kafr Ahmed.
11.	21.	d.	احمد	Aĥmed.	Ahmed.
11.	20.	g.	نوسا	Noûçâ.	Nousâ.
11.	20.	g.	العجاجيه	El-ºAgâgîéh.	El-A'gâgyeh.
11.	12.	g.	كفر	Kafr.	Kafr.
11.	12.	g.	الجرافه	El-Gerâféh.	El-Gerâfeh.
11.	12.	g.	ترعة سوهاج	*Torå Saoûâqî.*	*Tora'h Saouhâg.* T.

PROVINCE DE SYOUT.

11.	19.	g.	الصفه	El-Ṡafféh.	El-Saffeh.
11.	19.	g.	الاخضر	El-A'kđar.	El-Akhdar.
11.	19.	g.	فزاره	Fezârah.	Fezârah.
11.	19.	g.	جهينه	Gehînéh.	Ģehyneh.
11.	19.	g.	القريه	El-Qerîéh.	El-Qeryeh.
11.	20.	g.	بناويط	Banâwîť.	Banâouyt.

NOMS DE LIEUX DE L'ÉGYPTE.

N.º de la planche de l'Atlas géogr.	N.º du carreau.	Position du lieu.	NOMS écrits en arabe dans les planches de l'Atlas géographique	TRANSCRIPTION suivie dans les planches de l'Atlas géographique.	TRANSCRIPTION selon l'orthographe de l'ouvrage.
11.	20.	g.	نجع محمّد بدران	Nagâ Moḥammed-Badrân.	Naga' Mohammed Badrân.
11.	21.	g.	المرغات	El-Maragât.	El-Maraghât.
11.	21.	g.	العسكر	El-ʿAskar.	El-A'skar. (HISORIS.)
11.	21.	g.	نجع الخيم	Nagâ el-Kîem.	Naga' el-Kheym.
11.	29.	g.	بهود	Bahoûd.	Bahoud.
11.	29.	g.	باروط	Bârouṭ.	Bârout.
11.	29.	d.	فريسيه	Férîsîéh.	Ferysyeh.
11.	28.	g.	الشرقاوه	El-Cherqâwéh.	El-Cherqâoueh.
11.	28.	g.	عنبيس	ʿAnnebîs.	A'nnebys. (APHRODITO-POLIS.)
11.	28.	g.	الرافع	El-Râfâ.	El-Râfa'.
11.	28.	g.	نجع	Nagâ.	Naga'.
11.	28.	g.	ابو خليل	Aboû-Kalîl.	Abou-Khalyl.
11.	28.	g.	شيخ شبل	Chéïk Chabl.	Cheykh Chabl.
11.	29.	g.	بنى تات	Bénî-Tât.	Beny-Tât.
11.	28.	g.	نجع العرب	Nagâ el-ʿArab.	Naga' el-A'rab.
11.	28.	g.	العرب	El-ʿArab.	El-A'rab.
11.	28.	g.	اتمديه	Atemdîéh.	Atemdyeh.
11.	27.	g.	الحرفشه	El-Ḥarafchéh.	El-Harafcheh.
11.	27.	g.	المعيفن	El-Moïfen.	El-Mo'yfen.
11.	28.	g.	بنى عمّار	Bénî-ʿAmmâr.	Beny-A'mmâr.
11.	28.	g.	العزبه	El-ʿEzbéh.	El-E'zbeh.

PROVINCE DE SYOUT.

N.º de la planche de l'Atlas géogr.	N.º du carreau.	Position du lieu.	NOMS écrits en arabe dans les planches de l'Atlas géographique.	TRANSCRIPTION suivie dans les planches de l'Atlas géographique.	TRANSCRIPTION selon l'orthographe de l'ouvrage.
11.	29.	g.	دكريان	Dekrîân.	Dekryân.
11.	28.	g.	صوامع	Sawâmåh *ou* Soû-hâmå.	Saouâma' *ou* Souhâma'h.
11.	28.	g.	بناوه	Bénâwéh.	Benâoueh.
11.	27.	g.	الحرديه	El-Héredîéh.	El-Heredyeh.
11.	27.	g.	قكسات	Qokessât.	Qokessât.
11.	27.	g.	ناحية دابى	Nâhîeï Dâbî.	Nâhyet Dâby.
11.	27.	g.	شيخ سليم	Chéïk Sélîm.	Cheykh Selym.
11.	27.	g.	ناحية بلاجه	Nâhîeï Bolagéh.	Nâhyet Bolâgeh.
11.	27.	g.	دجشيه	Degéchîéh.	Degechyeh.
11.	36.	g.	طهطه	Ṯahtah.	Ṯahtah.
11.	36.	î.	جزيرة ابو صهريج	G.ʳ Aboû-Ṣahrîg.	G.ʳ Abou-Sahryg.
11.	36.	î.	جزيرة ريانه	G.ʳ Rîânéh.	G.ʳ Ryâneh.
11.	36.	d.	نزلة الحريدى	N.ᵗ el-Harîdéh.	N.ᵗ el-Harydeh. (*Selino, vel Passalon.*)
11.	37.	d.	شيخ الحريدى	Chéïk el-Harîdéh.	Cheykh el-Harydeh
11.	36.	d.	ريانه	Rîânéh.	Ryâneh.
11.	36.	g.	السوالم	El-Soûâlem.	El-Souâlem.
11.	36.	g.	ساحل طهطه	Sâhel Ṯahtah.	Sâhel Tahtah.
11.	36.	g.	نزلة طهطه	N.ᵗ Ṯahtah.	N.ᵗ (1) Tahtah.
11.	35.	g.	شيخ مسعود	Chéïk Maçoud.	Cheykh Maso'ud.
11.	35.	g.	بلاد الكبير	Belâd el-Kebîr.	Belâd el-kebyr.

(1) N.ᵗ, abréviation de *nazlet* ; G.ʳ, abréviation de *gesr*.

N.° de la planche de l'Atlas géogr.	N.° du carreau.	Position du lieu.	NOMS écrits en arabe dans les planches de l'Atlas géographique	TRANSCRIPTION suivie dans les planches de l'Atlas géographique.	TRANSCRIPTION selon l'orthographe de l'ouvrage.
11.	27.	g.	نزلة الوستكيه	N.ᵗ el-Wastakîéh.	N.ᵗ el-Ouastakyeh.
11.	27.	g.	كوم ادرين	Koûm Edrîn.	Koum Edryn.
11.	26.	g.	جبوره	Gaboûrah.	Gabourah.
11.	35.	g.	جرادات	Gerâdât.	Gerâdât.
11.	35.	g.	حماره	Homârah.	Homârah.
11.	34.	g.	هتر	Hater.	Hater.
11.	34.	g.	كوم الدوير	Koûm Eddoûéïr.	Koum el-Doueyr.
11.	35.	g.	ناحية	Nâhîet.	Nâhyet.
11.	35.	g.	شيخ امبرك	Chéïk Ombark.	Cheykh Ombark.
11.	36.	g.	شيخ زين الدين	Chéïk Zéïn el-Dîn.	Cheykh Zeyn el-Dyn
11.	35.	g.	شيخ رومه	Chéïk Roûmah.	Cheykh Roumah.
11.	35.	g.	كوم راى	Koûm Râïe.	Koum Râye.
11.	35.	g.	رومه	Roûmah.	Roumah.
11.	34.	g.	ابو مطر	Aboû-Matar.	Abou-Matar.
11.	34.	g.	نزلة داور	N.ᵗ Dâoûr.	N.ᵗ Dâour.
11.	34.	g.	سعيد	Sâïd.	Sa'yd.
11.	35.	g.	السيوطى	El-Sîoûtî.	El-Syouty.
11.	35.	g.	الشيخ احمد	El-chéïk Ahmed.	El-Cheykh Ahmed.
11.	35.	g.	مراى	Marâïe.	Marâye.
11.	36.	g.	نزلة بخواج	Nezleï Bakoûâg.	N.ᵗ Bakhouâg.
11.	36.	g.	بخواج	Bakoûâg.	Bakhouâg.
11.	36.	d.	عزبة دعبس	°Ezbeï Dâbes.	E'zbet Da'bes.

N.° de la planche de l'Atlas géogr.	N.° du carreau.	Position du lieu.	NOMS écrits en arabe dans les planches de l'Atlas géographique	TRANSCRIPTION suivie dans les planches de l'Atlas géographique.	TRANSCRIPTION d'après l'orthographe de l'ouvrage.
11.	36.	g.	شطّوره	Chattoûrah.	Chattourah.
11.	35.	g.	شيخ احمد	Chéïk Aĥmed.	Cheykh Ahmed.
11.	35.	g.	كوم بادر	Koûm Bâder.	Koum Bâder.
11.	34.	g.	ميون	Maïoûn.	Mayoun.
11.	34.	g.	دواه	Dowâh.	Douah.
11.	35.	g.	تلّه	Talléh.	Talleh.
11.	34.	g.	العويوره	El-°Oûïoûrah.	El-Ou'yourah.
12.	7.	g.	الشبيكه	El-Chabeïkéh.	El Chabeykeh.
12.	7.	g.	العتامنه	El-°Atâmnéh.	El-A'tâmneh.
12.	7.	d.	عزبة العيون	°Ezbeï el-°Oïoûn.	E'zbet el-Ou'youn.
12.	7.	d.	النويره	El-Nawîréh.	El-Naouyreh.
12.	7.	d.	عزبة الشوك	°Ezbeï el-Choûk.	E'zbet el-Chouk.
12.	7.	g.	عزبة الاقطم	°Ezbeï el-Aqtam.	E'zbet el-Aqtam.
12.	7.	g.	مشته	Mechtéh.	Mechteh.
12.	6.	g	التلّ	El-Tell.	El-Tell.
12.	5.	g.	القرى	El-Qarî.	El-Qary.
12.	5.	g.	الاغانه	El-Agânéh.	El-Aghâneh.
12.	6.	g.	كوم احمد	Koûm Aĥmed.	Koum Ahmed.
12.	7.	g.	قاو الغربيه	Qâoû el-Ġarbîéh.	Qâou el-Gharbyeh.
12.	7.	d.	عزبة اولاد سالم	°Ezbeï Aoûlâd Sâlem.	E'zbet Aoulâd Sâlem.
12.	7.	g.	الازهاريه	El-Azhâríéh.	El-Azhâryeh.

N.° de la planche de l'Atlas géogr.	N.° du carreau.	Position du lieu.	NOMS écrits en arabe dans les planches de l'Atlas géographique	TRANSCRIPTION suivie dans les planches de l'Atlas géographique.	TRANSCRIPTION d'après l'orthographe de l'ouvrage.
12.	7.	g.	كوم العرب	Koûm el-°Arab.	Koum el-A'rab.
12.	6.	g.	الاسمه	El-Asméh.	El-Asmeh.
12.	5.	g.	الغنايم	El-Ġanâïm.	El-Ghanâym.
12.	7.	g.	نزلة ابو يوسف	Nezleï Aboû-Ioû-çef.	Nazlet Abou-You-sef.
12.	7.	d.	شيخ ابو دمهور	Chéïk Aboû-Dem-hoûr.	CheykhAbou-Dem-hour.
12.	7.	d.	قاو الكبير	QÂOÛ EL-KEBÎR.	(ANTÆOPOLIS.) QÂOU EL-KEBYR.
12.	6.	g.	خوالد	'Kawâled.	Khaouâled.
12.	6.	g.	ملك	Melek.	Melek.
12.	6.	g.	عزبة بدرى	°Ezbeï Badrî.	E'zbet Badry.
12.	5.	g.	البربه	El-Berbéh.	El-Berbeh.
12.	5.	g.	مشايغه	Méchâïġah.	Mechâyghah.
12.	5.	g.	دكريان	Dekrîân.	Dekryân.
12.	6.	g.	سونه	Soûnah.	Sounah.
12.	6.	g.	عزبة سليمان	°Ezbeï Solîmân.	E'zbet Solymân.
12.	6.	g.	طما	Ŧamâ.	Tamâ.
12.	6.	g.	الشوكه	El-Chawkah.	El-Chaoukah.
12.	7.	î.	جزيرة اساى	G.^{t} Içâïe.	G.^{t} Ysâye.
12.	7.	î.	اساى	Içâïe.	Ysâye.
12.	7.	î.	جزيرة قلهاى	G.^{t} Qelhâïe.	G.^{t} Qelhâye.
12.	7.	î.	قلهاى	Qelhâïe.	Qelhâye.

PROVINCE DE SYOUT.

N.º de la planche de l'Atlas géogr.	N.º du carreau.	Position du lieu.	NOMS écrits en arabe dans les planches de l'Atlas géographique	TRANSCRIPTION suivie dans les planches de l'Atlas géographique.	TRANSCRIPTION selon l'orthographe de l'ouvrage.
12.	7.	d.		Torå el-Déïr.	Tora'h el-Deyr. T.
12.	7.	d.	دير	Déïr.	Deyr.
12.	7.	d.		Gesr Qâoû.	Gesr Qâou. g.
12.	7.	d.	نزلة هاى	Nezleï Hâïe.	N.ᵗ Hâye.
12.	7.	d.	نزلة شيخ جابر	Nezleï chéïk Gâber	N.ᵗ cheykh Gâber.
12.	7.	d.	الشيخ جابر	El-chéïk Gâber.	El-cheykh Gâber.
12.	7.	d.		Torå Râhénéh.	Tora'h Râheneh. T.
12.	7.	g.	نزلة الحمه	Nezleï el-Héméh.	N.ᵗ el-Hemeh.
12.	6.	g.	سلامون	Salâmoûn.	Salâmoun.
12.	6.	g.	الوعطنى	El-Oûåtnâ.	El-Oua'tnä.
12.	6.	g.	كوم سعيد	Koûm Såïd.	Koum Sa'yd.
12.	5.	g.	العزايزه	El-ᵒAzâïzéh.	El-A'zâyzeh.
12.	5.	g.	الدير	El-Déïr.	El-Deyr.
12.	5.	g.	الكوم	El-Koûm.	El-Koum.
12.	14.	g.	اولاد الياس	Aoûlâd Eliâs.	Aoulâd Elyâs.
12.	14.	g.	البارود	El-Bâroûd.	El-Bâroud.
12.	15.	d.	راهنه	Râhenéh.	Râheneh.
12.	14.	d.	نزلة اولاد حاى	N.ᵗ Aoûlâd Hâïe.	N.ᵗ Aoulâd Hâye.
12.	15.	d.	نزلة العزيز	N.ᵗ el-ᵒAzîz.	N.ᵗ el-A'zyz.
12.	15.	d.	نزلة عبدين	N.ᵗ ᵒAbdîn.	N.ᵗ A'bdyn.
12.	15.	d.	نزلة الومرا	N.ᵗ el-Omerâ.	N.ᵗ el-Omerâ.
12.	14.	d.	نزلة تماسح	N.ᵗ Temâçîh.	N.ᵗ Temâsyh.

6.

N de la planche de l'Atlas géogr.	N.° du carreau.	Position du lieu.	NOMS écrits en arabe dans les planches de l'Atlas géographique	TRANSCRIPTION suivie dans les planches de l'Atlas géographique.	TRANSCRIPTION selon l'orthographe de l'ouvrage.
12.	14.	d.	كردونس	Kerdoûnes.	Kerdounes.
12.	14.	d.	شيخ عثمان	Chéïk °Otmân.	Cheykh O'tmân.
12.	14.	d.	نزلة الاعراب	N.[t] el-°Arâb.	N.[t] el-A'râb.
12.	15.	d.	تلّ بياضيه	Tell Bìàđìéh.	Tell Byâdyeh.
12.	14.	d.	نزلة صهريج	N.[t] Sâharîg.	N.[t] Saharyg.
12.	14.	d.	نزلة المرعى	N.[t] el-Merâï.	N.[t] el-Mera'y.
12.	14.	g.	بنى فيز	Béni Féïz.	Beny-Feyz.
12.	14.	g.	صدفه	SADFÉH.	SADFEH. (APOLLINIS MINOR CIVITAS.)
12.	13.	g.	الدوير	El-Doûéïr.	El-Doueyr.
12.	14.	g.	مجريس	Mégrîs.	Megrys.
12.	14.	d.	شيخ مقشبات	Chéïk Maqchabât.	Cheykh Maqchabât
12.	14.	d.	نزلة العزيز	N.[t] el-°Azîz.	N.[t] el-A'zyz.
12.	15.	d.	نزلة خواصيه	N.[t] Kawâsîéh.	N.[t] Khaouâsyeh.
12.	14.	d.	نزلة حلّاسه	N.[t] Hellâséh.	N.[t] Hellâseh.
12.	14.	d.	شيخ على	Chéïk °Alî.	Cheykh A'ly.
12.	14.	d.	نزلة مراطاى	N.[t] Marâtâï.	N.[t] Marâtây. (MUTHI.)
12.	14.	d.	القداريك	El-Qadârík.	El-Qadâryk.
12.	14.	d.		*Torâ Bédârî.*	*Tora'h Bedâry.* T.
12.	14.	d.	بدارى	Bédârî.	Bedâry.
12.	14.	d.	كوم السعيده	Koûm el-Sâïdéh.	Koum el-Sa'ydeh.
12.	14.	g.	نزلة مجريس	N.[t] Mégrîs.	N.[t] Megrys.
12.	14.	d.	اربعين	Arbâïn.	Arba'yn.

N.° de la planche de l'Atlas géogr.	N.° du carreau.	Position du lieu.	NOMS écrits en arabe dans les planches de l'Atlas géographique	TRANSCRIPTION suivie dans les planches de l'Atlas géographique.	TRANSCRIPTION selon l'orthographe de l'ouvrage.
12.	14.	d.	شيخ عباده	Chéïk ʿAbâdéh.	Cheykh A'bâdeh.
12.	14.	d.	كوم الاحمر	Koûm el-Ahmar.	Koum el-Ahmar.
12.	14.	g.	كوم الاحمر	Koûm el-Ahmar.	Koum el-Ahmar.
12.	14.	î.	جزيرة نخيله	G.ᵗ Nékîléh.	G.ᵗ Nekhyleh.
12.	14.	d.	البراغيت	El-Barâgît.	El-Barâghyt.
12.	14.	d.	شيخ بدارى	Chéïk Bédârî.	Cheykh Bedâry.
12.	14.	d.		*Gesr Nawâmîs.*	*Gesr Naouâmys.* g.
12.	14.	d.	النواميص	El-Nawâmîs.	El-Naouâmys.
12.	13.	g.	النخيله	El-Nékîléh.	El-Nekhyleh.
12.	13.	g.	دكصيه	Dékésîéh.	Deksyeh.
12.	13.	g.	الاقادمه	El-Aqâdméh.	El-Aqâdmeh.
12.	12.	g.	ابوكورس	Aboû Koûrs.	Abou-Kours.
12.	12.	g.	بلازه	Bélâzéh.	Belâzeh.
12.	13.	g.	الزايره	El-Zâîrah.	El-Zâyrah.
12.	13.	g.	بنى سميع	Bénî-Samïâ.	Beny-Samya'.
12.	13.	g.	دوينه	Doûeïnéh.	Doueyneh.
12.	21.	g.	دوينه	Doûeïnéh.	Doueyneh.
12.	13.	g.	دوير المسعودى	Doûeïr el-Maçoûdî	Doueyr el-Masou'dy.
12.	22.	d.	التناغا	El-Tanâgâ.	El-Tanâghâ.
12.	22.	d.		*Torâ Boûît.*	*Tora'h Bouyt.* T.
12.	22.	d.	بويط	Boûît.	Bouyt.
12.	22.	d.	الفادره	El-Fâdréh.	El-Fâdreh.

NOMS DE LIEUX DE L'ÉGYPTE.

N.º de la planche de l'Atlas géog.	N.º du carreau.	Position du lieu.	NOMS écrits en arabe dans les planches de l'Atlas géographique	TRANSCRIPTION suivie dans les planches de l'Atlas géographique.	TRANSCRIPTION selon l'orthographe de l'ouvrage.
12.	22.	d.	نزلة حمّوده	N.ᵗ Hammoûdéh.	N.ᵗ Hammoudeh.
12.	22.	d.	دير تاسه	Déïr Tâçéh.	Deyr Tâseh.
12.	22.	d.	نزلة البويط	N.ᵗ el-Boûît.	N.ᵗ el-Bouyt.
12.	23.	d.	وادى جابح	Wâdî Gâbḣ.	Ouâdy Gâbeh. o.
12.	22.	d.		Gesr Tâçéh.	Gesr Tâseh. g.
12.	22.	d.	تاسه	Tâçéh.	Tâseh.
12.	22.	d.	نزلة الشيخ تاسه	N.ᵗ el-chéïk Tâçéh.	N.ᵗ el-cheykh Tâseh
12.	21.	g.	أبـوتيج	Aboûtîg.	Aboutyg. (Abotis.)
12.	21.	g.	نزلة ابو ابراهيم	N.ᵗ Aboû-Ibrâhîm.	N.ᵗ Abou-Ibrâhym.
12.	21.	g.	نزلة شيخ رجاح	N.ᵗ chéïk Ragâḣ.	N.ᵗ cheykh Ragâh.
12.	21.	d.	ساحل سليم	Sâḣel Sélîm.	Sâḣel Selym.
12.	22.	d.	نزلة الملك	N.ᵗ el-Melk.	N.ᵗ el-Melk.
12.	22.	d.	الشاميه	El-Châmîéh.	El-Châmyeh.
12.	22.	d.	كوم بقلى	Koûm Béqlî.	Koum Beqly.
12.	22.	d.	الوادى صالح الدين	El-Wâdî Sâleḣ el-Dîn.	El-Ouâdy Sâleh el-Dyn.
12.	22.	d.	نزلة ابو شهين	N.ᵗ Aboû-Chéhîn.	N.ᵗ Abou-Chehyn.
12.	22.	d.	شيخ موسى	Chéïk Moûçä.	Cheykh Mousä.
12.	21.	g.	البدايه	El-Bédâîéh.	El-Bedâyeh.
12.	20.	g.	الزاويه	El-Zâwîéh.	El-Zâouyeh.
12.	20.	g.	دير العدرا	Déïr el-ᶜAdrâ.	Deyr el-A'drâ.
12.	21.	g.	دوينه	Doûéïnéh.	Doueyneh.

N.° de la planche de l'Atlas géogr.	N.° du carreau.	Position du lieu.	NOMS écrits en arabe dans les planches de l'Atlas géographique	TRANSCRIPTION suivie dans les planches de l'Atlas géographique.	TRANSCRIPTION selon l'orthographe de l'ouvrage.
12.	20.	g.	ريفه	Rîféh.	Ryfeh.
12.	20.	g	النمس	El-Nemes.	El-Nems.
12.	21.	g.	باقور	Bâqoûr.	Bâqour.
12.	21.	î.	جزيرة اللوقه	G.ᵗ Loûqéh.	G.ᵗ el-Louqeh.
12.	21.	î.	نزلة اللوقه	N.ᵗ el-Loûqéh.	N.ᵗ el-Louqeh.
12.	21.	d.	دير عوانه	Déïr °Awânéh.	Deyr A'ouâneh.
12.	21.	d.	العوانه	El-°Awânéh.	El-A'ouâneh.
12.	21.	d.	نزلة زين عبد اللطيف.	Nazleï Zéïn °Abd-elletîf.	N.ᵗ Zeyn A'bd-el-Latyf.
12.	22.	d.	الخوالد	El-'Kawâled.	El-Khaouâled.
12.	21.	d.	المطمر	El-Matmar.	El-Matmar.
12.	21.	d.		*Gesr el-Matmar.*	*Gesr el-Matmar.* g.
12.	21.	g.	نزلة شيخ احمد	N.ᵗ chéïk °Ahmed.	N.ᵗ cheykh Ahmed.
12.	29.	g.	نزلة الجماسه	N.ᵗ el-Gamâçéh.	N.ᵗ el-Gamâseh.
12.	29.	g.	شطب	Chotb.	Chotb.
12.	28.	g.	دير ريفه	Déïr Rîféh.	Deyr Ryfeh.
12.	29.	d.	نتافه	Nataféh.	Natâfeh.
12.	29.	d.	الغريب	El-Goréïb.	El-Ghoreyb.
12.	29.	g.	المطيع	El-Matîâ.	El-Matya'.
12.	29.	g.	قرقارص	Qerqâres.	Qerqâres.
12.	29.	d.	شيخ ابو فروه	Chéïk Aboû Fa-roûéh.	Cheykh Abou-Fa-roueh.

N.° de la planche de l'Atlas géogr.	N.° du carreau.	Position du lieu.	NOMS écrits en arabe dans les planches de l'Atlas géographique	TRANSCRIPTION suivie dans les planches de l'Atlas géographique.	TRANSCRIPTION selon l'orthographe de l'ouvrage.
12.	29.	d.	ابو سرّه	Aboû Sorrah.	Abou-Sorrah.
12.	29.	g.	الشيخ جابر	El-chéïk Gâber.	El-cheykh Gâber.
12.	29.	g.	نزلة اولاد نمرس	N.^t Aoûlâd Nemres	N.^t Aoulâd Nemres
12.	29.	g.	نزلة على هيكل	N.^t ʿAlî Hîkel.	N.^t A'ly Hykel.
12.	29.	d.	نزلة ابو سرّه	N.^t Aboû Sorrah.	N.^t Abou-Sorrah. (Isiu.)
12.	29.	d.	دير ابو سرّه	Déïr Aboû Sorrah.	Deyr Abou-Sorrah.
12.	28.	g.	شطب	Chouṭb.	Chouṭb. (Hypselis.)
12.	28.	g.	درنكه	Drinkah.	Drinkah.
12.	28.	g.	شيخ بكرى	Chéïk Békrî.	Cheykh Bekry.
12.	28.	g.	شيخ شاوى	Chéïk Châwî.	Cheykh Châouy.
12.	29.	g.	اولاد ابراهيم	Aoûlâd Ibrahîm.	Aoulâd Ibrâhym.
12.	27.	g.	كفر	Kafr.	Kafr.
12.	28.	g.	اسيوط	Açîoûṭ ou Sîoûṭ.	Asyout ou Syout. (Lycopolis.)
12.	28.	g.	الحمره	El-Hamrah.	El-Hamrah.
12.	28.	g.	نزلة الحمره	N.^t el-Hamrah.	N.^t el-Hamrah.
12.	28.	d.	الوسطه	El-Oûsṭah.	El-Oustah.
12.	28.	d.	سبخه	Sabaʾkah.	Sabakhah.
12.	29.	d.	اولاد رايق	Aoûlâd Râïq.	Aoulâd Râyq.
12.	29.	d.	رايق	Râïq.	Râyq.
12.	29.	d.	جماسه	Gemâçéh.	Gemâseh.
12.	29.	d.	اعراب كلابه	ʿArâb Kélâbéh.	A'râb Kelâbeh.
12.	36.	g.	اولاديه	Aoûlâdîéh.	Aoulâdyeh.

N.° de la planche de l'Atlas géogr.	N.° du carreau.	Position du lieu.	NOMS écrits en arabe dans les planches de l'Atlas géographique	TRANSCRIPTION suivie dans les planches de l'Atlas géographique.	TRANSCRIPTION selon l'orthographe de l'ouvrage.
12.	36.	d.	المسرع	El-Masrah.	El-Masrah.
12.	36.	d.	اولاد سيراج	Aoûlâd Sîrâg.	Aoulâd Syrâg.
12.	37.	d.	شيخ سويف	Chéïk Soûîf.	Cheykh Souyf.
12.	36.	d.	غسر	Ġasr.	Ghasr.
12.	36.	d.	الفهمه	El-Feĥéméh.	El-Fehemeh.
12.	36.	d.	نزلة العبيد	N.ᵗ el-'Abîd.	N.ᵗ el-A'byd.
12.	36.	d.	حمره	Ħamréh.	Hamreh.
12.	36.	d.	الحوته	El-Ħaoûtah.	El-Haoutah.
12.	36.	d.	كوم بادره	Koûm Bâdréh.	Koum Bâdreh.
12.	36.	d.	بنى مرّ	Bénî-Mour.	Beny-Morr.
12.	36.	î.	جزيرة اولاديه	G.ᵗ Aoûlâdîéh.	G.ᵗ Aoulâdyeh.
12.	36.	d.	الامراج	El-Amrâg.	El-Amrâg.
12.	35.	g.	منقباد	Menqabâd.	Menqabâd.
12.	35.	î.	جزيرة منقباد	G.ᵗ Menqabâd.	G.ᵗ Menqabâd.
12.	35.	g.	علوين	'Aloûîn.	A'louyn.
12.	26.	g.	الهديه	El-Hadîéh.	El-Hadyeh.
12.	26.	g.	اعراب عزاى	'Arâb 'Azâî.	A'râb A'zây.
12.	35.	g.	كفر الاخضر	K. el-A'kđar.	Kafr el-Akhdar.
12.	35.	d.	الطوابيه	El-Ŧowâbîéh.	El-Touâbyeh.
12.	36.	d.	بنى سند	Bénî-Send.	Beny-Send.
12.	36.	d.	كوم الاحمر	Koûm el-Aħmar.	(HIERACON.) *Koum el-Ahmar.*
12.	36.	d.	كوم ابو خليل	Koûm Aboû 'Kalîl.	Koum Abou-Khalyl

NOMS DE LIEUX DE L'ÉGYPTE.

N.º de la planche de l'Atlas géogr.	N.º du carreau.	Position du lieu.	NOMS écrits en arabe dans les planches de l'Atlas géographique.	TRANSCRIPTION suivie dans les planches de l'Atlas géographique.	TRANSCRIPTION selon l'orthographe de l'ouvrage.
12.	36.	d.	اعراب الاتوالى	ʿArâb el-Atoûâlî.	A'râb el-Atouâly.
12.	36.	d.	بنى غالب	Bénî-Gâleb.	Beny-Ghâleb.
12.	36.	d.	شيخ عبّاد	Chéïk ʿAbbâd.	Cheykh A'bbâd.
12.	36.	d.		Gesr Hâgg ʿAlî.	Gesr Hâgg A'ly. g.
12.	36.	d.	اعراب هاتم	ʿArâb Hâtem.	A'râb Hâtem.
12.	35.	g.	نزلة محمّد	N.ᵗ Mohammed.	N.ᵗ Mohammed.
12.	36.	g.	نزلة الدمراى	N.ᵗ el-Damrâïe.	N.ᵗ el-Damrâye.
12.	35.	g.	سلام	Salâm.	Salâm.
12.	35.	g.	نزلة باجاجنا	N.ᵗ Bâgâganâ.	N.ᵗ Bâgâganâ.
12.	35.	g.	العدار	El-ʿOdâr.	El-O'dâr.
12.	35.	g.	بنى كلب	Bénî-Kelb.	Beny-Kelb.
12.	35.	g.	بنى حسين	Bénî-Hoçéïn.	Beny-Hoseyn.
12.	35.	g.	الحصويه	El-Hessawîéh.	El-Hessaouyeh.
12.	35.	g.	اولاد رايق	Aoûlâd Râïq.	Aoulâd Râyq.
12.	34.	g.	الوقدى	El-Waqdî.	El-Ouaqdy.
12.	34.	g.	بنى خلّاى	Bénî-Kallâïe.	Beny-Khallâye.
12.	34.	g.	الوجاق	El-Wagâq.	El-Ouagâq.
12.	33.	g.	العزيه	El-ʿAzîéh.	El-A'zyeh.
12.	34.	g.	نزلة بصّه	N.ᵗ Bassah.	N.ᵗ Bassah.
12.	35.	g.	نجع الكبير	Nagaʿ el-Kebîr.	Naga' el-Kebyr.
12.	35.	g.	ابو لبوه	Aboû-Laboûéh.	Abou-Laboueh.
12.	35.	î.	جزيرة بنى كلب	G.ᵗ Bénî-Kelb.	G.ᵗ Beny-Kelb.

PROVINCE DE SYOUT.

N.º de la planche de l'Atlas géogr.	N.º du carreau.	Position du lieu.	NOMS écrits en arabe dans les planches de l'Atlas géographique	TRANSCRIPTION suivie dans les planches de l'Atlas géographique.	TRANSCRIPTION selon l'orthographe de l'ouvrage.
12.	35.	d.	باقر	Bâqir.	Bâqir.
12.	35.	d.	نزلة باقر	N.ᵗ Bâqir.	N.ᵗ Bâqir.
12.	36.	d.	ابنوب	Abnoûb.	Abnoub.
12.	35.	î.	جزيرة باقر	G.ᵗ Bâqir.	G.ᵗ Bâqir.
12.	35.	g.	نزلة حسين	N.ᵗ Hoçéïn.	N.ᵗ Hoseyn.
12.	34.	g.	الجوالى	El-Gawâlî.	El-Gaouâly.
12.	34.	g.	شيخ والى	Chéïk Oûâlî.	Cheykh Ouâly.
12.	34.	g.	بنى سند	Bénî-Send.	Beny-Send.
12.	33.	g.	بنى عدين	BÉNÎ-ᵒADÎN.	BENY-A'DYN.
12.	34.	g.	الحواتكه	El-Ḥawâtkéh.	El-Haouâtkah.
12.	35.	d.	بنى محمّد	Bénî-Moḥammed.	Beny-Mohammed.
12.	34.	g.	سغرى الجوالى	Sogarä el-Gawâlî.	Soghará el-Gaouâly
12.	38.	d.	وادى السيوط	Wâdî el-Sioût.	Ouâdy el-Syout; O. [vallée de Syout.]
13.	4.	g.	المندره	El-Mendarah.	El-Mendarah.
13.	5.	d.	بنى محمّد	Bénî-Moḥammed.	Beny-Mohammed.
13.	5.	d.	سوالم	Sawâlem.	Saouâlem.
13.	5.	d.	بنى ابراهيم	Bénî-Ibrâhîm.	Beny-Ibrâhym.
13.	4.	d.	الشقلقيل	El-Cheqelqîl.	El-Cheqelqyl.
13.	4.	d.	المعابد	El-Maâbdéh.	El-Ma'âbdeh.
13.	4.	g.	جمريس	Gemrîs.	Gemrys.
13.	4.	g.	منفلوط	MANFALOÛT.	MANFALOUT.

N.° de la planche de l'Atlas géogr.	N.° du carreau.	Position du lieu.	NOMS écrits en arabe dans les planches de l'Atlas géographique	TRANSCRIPTION suivie dans les planches de l'Atlas géographique.	TRANSCRIPTION selon l'orthographe de l'ouvrage.
13.	4.	g.		*Gesr Bénî-Kelb.*	*Gesr Beny-Kelb.* g.
13.	3.	g.	بنى كلب	Bénî-Kelb.	Beny Kelb.
13.	3.	g.	العتامنه	El-°Atâmnéh.	El-A'tâmneh.
13.	2.	g.	نامير	Nâmîr.	Nâmyr.
13.	4.	g.	نزلة حمايه	N.[t] Hemâïéh.	N.[t] Hemâhyeh.
13.	3.	g.	نزلة رمكه	N.[t] Ramkah.	N.[t] Ramkah.
13.	3.	g.	نزّه	Nezzéh.	Nezzeh.
13.	3.	g.	التيتليه	El-Téïtlîéh.	El-Teytlyeh.
13.	2.	g.	بنى شرقان	Bénî-Choraqân.	Beny-Choraqân.
13.	3.	g.	الصهريج	El-Saharîg.	El-Saharyg.
13.	4.	g.	بنى شقير	Bénî-Cheqîr.	Beny-Cheqyr.
13.	4.	g.	دمنهور	Damanhoûr.	Damanhour.
13.	4.	d.		Chéïk Aboû-Horidî.	Cheykh Abou-Horydy.
13.	3.	g.	كوم	Koûm.	Koum.
13.	3.	g.	كفر	Kafr.	Kafr.
13.	11.	g.	بلّوط	Balloût.	Ballout.
13.	11.	g.	امّ القصور	Omm el-Kouçoûr.	Omm el-Kousour.
13.	10.	g.	المنشيه	El-Menchîéh.	El-Menchyeh.
13.	10.	g.	دير المحراج	Déïr el-Maharâg.	Deyr el-Maharâg.
13.	11.	g.	بنى كوره	Bénî-Koûrah.	Beny-Kourah.
13.	11.	i.	جزيرة ادراس	G.[t] Adrâs.	G.[t] Adrâs.

PROVINCE DE SYOUT.

N.º de la planche de l'Atlas géogr.	N.º du carreau.	Position du lieu.	NOMS écrits en arabe dans les planches de l'Atlas géographique	TRANSCRIPTION suivie dans les planches de l'Atlas géographique.	TRANSCRIPTION selon l'orthographe de l'ouvrage.
13.	11.	î.	ادراس	Adrâs.	Adrâs.
13.	11.	d.	نزلة ادراس	N.ᵗ Adrâs.	N.ᵗ Adrâs.
13.	10.	g.	التمساحيه	El-Temsâhîéh.	El-Temsâhyeh.
13.	11.	g.	بوق	Boûq.	Bouq.
13.	11.	g.	بنى زيد	Bénî-Zéïd.	Beny-Zeyd.
13.	11.	g.	نزلة بنى زيد	N.ᵗ Bénî-Zéïd.	N.ᵗ Beny-Zeyd.
13.	14.	d.	وادى بنى ابراهيم	Wâdî Bénî-Ibrâhîm.	Ouâdy Beny-Ibrâhym. O.
13.	11.	d.	نزلة قصير	N.ᵗ Qoséïr.	N.ᵗ Qoseyr.
13.	11.	î.	جزيرة قصير	G.ᵗ Qoséïr.	G.ᵗ Qoseyr.
13.	11.	d.	قصير	Qoséïr.	Qoseyr.
13.	14.	d.	المقلّد دير الجبراوى	El-Maqallad Déïr el-Gebrâwî.	El-Maqallad Deyr el-Gebrâouy.
13.	19.	d.	الدير	El-Déïr.	El-Deyr. (PESLA, vel PESCLA.)
13.	19.	d.	شيخ منصور	Chéïk Mansoûr.	Cheykh Mansour.
13.	23.	d.	وادى حمرانى الصغير	Wâdî Hâmrânî el-sogaïr.	Ouâdy Hamrâny el-Soghayr. O.
13.	19.	d.	شيخ عطيه	Chéïk ʿAtîéh.	Cheykh A'tyeh.
13.	19.	d.	وادى رمخ	Wâdî Ram'k.	Ouâdy Ramkh. O.
13.	31.	d.	وادى حمرانى الكبير	Wâdî Hamrânî el-kebîr.	Ouâdy Hamrâny el-Kebyr. O.

PROVINCE DE MINYEH.

N.º de la planche de l'Atlas géogr.	N.º du carreau.	Position du lieu.	NOMS écrits en arabe dans les planches de l'Atlas géographique	TRANSCRIPTION suivie dans les planches de l'Atlas géographique.	TRANSCRIPTION selon l'orthographe de l'ouvrage.
13.	10.	g.	منشيه	Menchîéh.	Menchyeh.
13.	10.	g.		Gesr Maḥarrag.	Gesr Maharrag. g.
13.	10.	g.	شيخ الحرب	Chéïk el-Ḥarb.	Cheykh el-Harb.
13.	10.	g.	عون الله	ʿOûn Allah.	O'un Allah.
13.	11.	g.		Toraʰ el-ʿAsal.	Tora'h el-A'sal. T.
13.	10.	g.	الانصار	El-Ansâr.	El-Ansâr.
13.	10.	g.		Toraʰ el-Sawâqîéh.	Tora'h el-Saouâ-qyeh. T.
13.	10.	g.	السراجنه	El-Sarâgnéh.	El-Sarâgneh.
13.	10.	g.	الحرادنه	El-Harâdnéh.	El-Harâdneh.
13.	10.	g.		Gesr el-Qoûsîéh.	Gesr el-Qousyeh. g.
13.	10.	g.	نزلة الانصار	N.ᵗ el-Ansâr.	N.ᵗ el-Ensâr.
13.	10.	g.	نزلة حبلس	N.ᵗ Hablas.	N.ᵗ Hablas.
13.	10.	g.	نزلة القوصيه	N.ᵗ el-Qoûsîéh.	N.ᵗ el-Qousyeh.
13.	10.	g.	القوصيه	El-Qoûsîéh.	El-Qousyeh. (Cusæ.)
13.	10.	g.	نزلة الزرابي	N.ᵗ el-Zarâbî.	N.ᵗ el-Zarâby.
13.	11.	g.	نزلة الكوته	N.ᵗ el-Kaoûtah.	N.ᵗ el-Kaoutah.
13.	10.	g.	شيخ داود	Chéïk Dâoûd.	Cheykh Dâoud.
13.	10.	g.	تناغه	Tanâgah.	Tenâghah.
13.	10.	g.	نزلة ابو جانوب	N.ᵗ Aboû Gânoûb.	N.ᵗ Abou-Gânoub.

PROVINCE DE MINYEH.

N.º de la planche de l'Atlas géogr.	N.º du carreau.	Position du lieu.	NOMS écrits en arabe dans les planches de l'Atlas géographique	TRANSCRIPTION suivie dans les planches de l'Atlas géographique.	TRANSCRIPTION selon l'orthographe de l'ouvrage.
13.	10.	g.	منشات بنى ادريس	Menchât Bénî-Adrîs.	Menchât Beny-Edrys.
13.	10.	g.	مسير	Méïr.	Meyr.
13.	10.	g.		Torà el-Qoûsîéh.	T. el-Qousyeh. T.
13.	10.	g.	بنى صالح	Bénî-Sâléh.	Beny-Sâleh.
13.	10.	g.	بنى ادريس	Bénî-Adrîs.	Beny-Edrys (1).
13.	11.	g.		Torà el-Asal.	Tora'h el-A'sal. T.
13.	11.	d.	جبل ابو فضا	Gebel Aboû-Fedâh.	Gebel Abou-Fedâ. G. (Catacombes.)
13.	10.	g.	شيخ معانه	Chéïk Maâneh.	Cheykh Ma'âneh.
13.	18.	g.	نزلة كليب	N.ᵗ Keléïb.	N.ᵗ Keleyb.
13.	18.	g.		Gesr N.ᵗ Keléïb.	G.ʳ nazlet Keleyb. g.
13.	18.	g.	الصبح	El-Sabah.	El-Sabahah.
13.	18.	g.		Torà Aboû-Chânab.	Tora'h Abou-Châ-nab. T.
13.	10.	g.		Torà el-Melk.	Tora'h el-Melk. T.
13.	19.	g.		Chéïk el-Saïdî.	Cheykh el-Sa'ydy.
13.	18.	g.	فزاره	Fezârah.	Fazârah.
13.	18.	g.		Gesr Fezârah.	Gesr Fazârah. g.
13.	18.	g.		Torà Misarah.	Tora'h Misârah. T.
13.	18.	g.	دير تاودروس	Déïr Tâoûdoroûs.	Deyr Tâoudorous.

(1) Village ruiné et sans habitans.

N.° de la planche de l'Atlas géogr.	N.° du carreau.	Position du lieu.	NOMS écrits en arabe dans les planches de l'Atlas géographique	TRANSCRIPTION suivie dans les planches de l'Atlas géographique.	TRANSCRIPTION selon l'orthographe de l'ouvrage.
13.	18.	g.	المناشى	El-Menâchî.	El-Menâchy.
13.	18.	g.	نزلة صبح وشيخ مسعد	N.[t] Sabah *et* Chéïk Mesåd.	Nazlet Sabahah *et* Cheykh Mesa'd.
13.	18.	g.	صنابو	SANÂBOÛ.	SANABOU.
13.	18.	g.	الناحيه والعراميه	El-Nâhîéh *et* el-Ârâ-mîéh.	El-Nâhâyeh *et* el-A'râmyeh.
13.	18.	g.	العواجه	El-Awâgéh.	A'ouâgeh.
13.	18.	g.		*Gesr el-Bëïdah.*	*Gesr el-Beydah.* g.
13.	18.	g.	دير مارى مينه	*Dëïr Mârî Mëïnah*	*Deyr Mary Meynah*
13.	18.	g.		*Gesr Mandarah.*	*Gesr Mandarah.* g.
13.	19.	g.	ميصارة	Mîsârah.	Misârah.
13.	18.	g.		*Gesr Mîsarah.*	*Gesr Misårah.* g.
13.	19.	î.	جزيرة ميصاره	G.[t] Mîsârah.	G.[t] Misârah.
13.	18.	g.	حاج امبارك	N.[t] Hâgg Ombârk.	N.[t] Hâgg Ombârek
13.	19.	g.	امبوه	Anboûha.	Kafr Ambouah.
13.	18.	g.	كفر الخرفه	K. el-Karféh.	Kafr el-Kharfeh.
13.	18.	g.		*Torå Qasîm bey.*	*Tora'h Qasym bey.* T.
13.	19.	g.	قلانش	Qalânech.	Qalahnech.
13.	19.	g.	شيخ محمّد	*Chéïk Mohammed.*	*Cheykh Mohammed*
13.	19.	g.	قصر حيدر	Qasr Haïdar.	Qasr Heydar.
13.	18.	g.	الحواتميه	N.[t] el-Hawâtmîéh.	N.[t] el-Haouâtmyeh
13.	18.	g.	نزلة الحاج منصور	N.[t] el-Hâgg Mansoûr	N.[t] el-Hâgg Mansour

N.° de la planche de l'Atlas géogr.	N.° du carreau.	Position du lieu.	NOMS écrits en arabe dans les planches de l'Atlas géographique	TRANSCRIPTION suivie dans les planches de l'Atlas géographique.	TRANSCRIPTION selon l'orthographe de l'ouvrage.
13.	18.	g.	الكوديه	El-Koûdîéh.	El-Koudyeh.
13.	17.	g.	نزلة باويط	N.[t] Bâwît.	N.[t] Bâouyt.
13.	18.	g.	ببلاو	Beblâoû.	Beblâou.
13.	19.	g.	المندره	El-Mandarah.	El-Mandarah.
13.	19.	d.	ابو جنّه	*Aboû-Gennéh.*	*Abou-Genneh.* O.
13.	27.	d.	وادى ابو جنّه	*W. Aboû-Gennéh.*	*O. Abou-Genneh.* O.
13.	26.	g.	بانوب ظهر الجمل	Bânoûb Zahr el-Gemel.	Bânoub Dahar el-Gemel.
13.	26.	g.	كوم انجاشه	Koûm Angâchéh.	Koum Engâcheh.
13.	25.	g.	باويط	Bâwît.	Bâouyt.
13.	27.	g.	بنى يحيا	Bénî Iaḥiâ.	Beny-Yhyé.
13.	27.	g.	الجزيره	El-Gézîréh.	El-Gezyreh.
13.	26.	g.	سبيل الخزندار	*Sibîl el-Kazendâr.*	*Sibyl el-Khazendâr.* S.
13.	26.	g.	ساو الشرقيه	Sâoû el-Charqîéh.	Sâou el-Charqyeh.
13.	25.	g.	ساو الغربيه	Sâoû el-Garbîéh.	Sâou el-Gharbyeh.
13.	25.	g.	دشلوط	DACHLOÛT.	DACHLOUT.
13.	26.	g.	داروت الشريف	Dâroût el-Chérîf.	Dârout el-Cheryf. (THEBAÏCA PHYLACE.)
13.	26.	g.	داروت سرابام	Dâroût Sarâbâm.	Dârout Sarâbâm, *dépendance du village précédent.*
13.	26.	g.		*G.[r] Dâroût el-chérîf.*	*G.[r] Dârout el-chryf.* g.
13.	27.	d.	شيخ الاربعين	*Chéïk el-Arbâïn.*	*Cheykh el-Arba'yn.*
13.	27.	d.	وادى جاموس	*Wâdî Gâmoûs.*	*Ouâdy Gâmous.* O.

NOMS DE LIEUX DE L'ÉGYPTE.

N.º de la planche de l'Atlas géogr.	N.º du carreau.	Position du lieu.	NOMS écrits en arabe dans les planches de l'Atlas géographique	TRANSCRIPTION suivie dans les planches de l'Atlas géographique.	TRANSCRIPTION selon l'orthographe de l'ouvrage.
13.	27.	d.	درب ابو خشابه	Derb Aboû-'Kachâ-béh.	Derb Aboû-Kha-châbeh. O.
13.	27.	d.	شيخ عبد العميد	Chéï'k 'Abd el-'Amîd	Cheykh A'bd el-A'myd.
13.	27.	g.	جرف الحواطه	Garf el-Hawâtah.	Garf el-Haouatah.
13.	26.	g.	دير سرابام	Déïr Sarâbâm.	Deyr Sarâbâm.
13.	26.	g.	كوم الوزير	Koûm el-Wizîr.	Koum el-Ouizyr.
13.	26.	g.	الناصريه	El-Nâsrîéh.	El-Nâsryeh.
13.	26.	g.	نزلة عور	N.ᵗ 'Awer.	N.ᵗ el-A'ouer.
13.	26.	g.	شرقنا	Charqnâ.	Cherqné.
13.	26.	g.	بنى حرام	Bénî Harâm.	Beny-Harâm.
13.	26.	g.		Sibîl Hâgg 'Amr.	Sibyl Hâgg A'mr. S.
13.	26.	g.		Tor'a el-Amchoûl.	T. el-Amchoul. T.
13.	26.	g.	امشول	Amchoûl.	Emchoul.
13.	26.	g.	زاوية ابو هارون	Zâwiet Aboû-Hâroûn.	Zâouyet Abou-Haroun.
13.	26.	g.	ابو الهدر	Aboû-el-Heder.	Abou-el-Hedr.
13.	26.	g.	كوم ركاب	Koûm Rekâb.	Koum Rekâb.
13.	25.	g.		Tor'a Aboû-el-Roûdah	Tor'ah Abou-el-Roudah. T
13.	26.	g.	بحر يوسف	Bahar 'Ioûçef.	Bahr Yousef. T. (CANAL DE JOSEPH.)
23.	25.	g.	كوم الخربه	Koûm el-'Kerbéh.	Koum el-Kherbeh, butte de ruines.
13.	26.	g.	اسمو	Esmoû.	Esmoû.

PROVINCE DE MINYEH.

N.° de la planche de l'Atlas géogr.	N.° du carreau.	Position du lieu.	NOMS écrits en arabe dans les planches de l'Atlas géographique	TRANSCRIPTION suivie dans les planches de l'Atlas géographique.	TRANSCRIPTION selon l'orthographe de l'ouvrage.
13.	26.	g.		Chéïk ʿAlî Gendî.	Cheykh A'ly Gendy
13.	26.	g.	شيخ يوسف	Chéïk Ioûçef.	Cheykh Yousef.
13.	26.	g.		Gesr el-Nasrîéh.	Gesr el-Nasryeh. g.
13.	26.	g.		Toraʿ Tânoûf.	Tora'h Tânouf. T.
13.	27.	g.	جرف سرحان	Garf Sarhân.	Garf Sarhân.
13.	27.	d.	الحواطه	El-Hawâtah.	El-Haouatah.
13.	27.	d.	شيخ ابو خشابه	Chéik Aboû-Kachâbéh	Cheykh Abou-Khachâbeh.
13.	27.	d.	درب الكبير	Derb el-kebîr.	Derb el-Kebyr. O.
13.	27.	d.	نزلة الغطاينه	N.ᵗ el-Gataïnéh.	N.ᵗ el-Ghatayâneh.
13.	27.	d.	العميريه	El-ʿAmeïrîéh.	El-A'meyryeh.
13.	27.	d.	حاج قنديل	Hâgg Qandîl.	Hâggy Qandyl.
13.	27.	g.		Toraʿ el-Sangâq.	Tora'h el-Sangâq. T.
13.	27.	g.	نزلة العطايقه	N.ᵗ el-ʿAtâïqah.	N.ᵗ el-A'tâyqah.
13.	35.	g.	بنى عمران	Bénî-ʿAmrân.	Beny-A'mrân el-Gharbyeh (1).
13.	35.	g.	دير مواس	Déïr Mowâs.	Deyr Mouâs.
13.	35.	g.		Gesr Déïr Mowâs.	G.ʳ Deyr Mouâs. g.
13.	34.	g.		Gesr Tânoûf.	Gesr Tânouf. g.
13.	35.	g.	تانوف	Tânoûf.	Tânouf.

(1) Ce village et les huit dont les noms suivent, sont compris sous la dénomination commune d'*el-A'mârné* : el-Gezyreh, el-Haouatah, Garf el-Haouatah, Nazlet el-Ghatayâneh, el-A'meyryeh, el-Hâggy Qandyl, el-Tell, Nazlet el-Tell.

7.

NOMS DE LIEUX DE L'ÉGYPTE.

N.º de la planche de l'Atlas géogr.	N.º du carreau.	Position du lieu.	NOMS écrits en arabe dans les planches de l'Atlas géographique	TRANSCRIPTION suivie dans les planches de l'Atlas géographique.	TRANSCRIPTION selon l'orthographe de l'ouvrage.
13.	34.	g.	كوم الجرفه	Koûm el-Garféh.	Koum el-Garfeh.
13.	34.	g.		Gesr el-Qachâch.	Gesr el-Qachâch. g.
13.	26.	g.		Gesr benî-Harâm.	G.ʳ Beny-Harâm. g
13.	34.	g.		Ruines de N.ᵗ Aboû Kalâgah.	Ruines de N.ᵗ Abou-Khalagah.
13.	34.	g.		Ruines du village de Zabarah.	Ruines du village de Zabarah.
13.	33.	g.	دلجه	DALGÉH.	DALGEH.
13.	33.	g.	نزلة شيخ عبّاس	N.ᵗ chéïk ʿAbbâs.	N.ᵗ cheykh A'bbâs.
13.	34.	g.	نزلة محمود وهى نزلة السنجاق	N.ᵗ Mahmoud ou N.ᵗ el-Sangâq.	N.ᵗ Mahmoud ou N.ᵗ el-Sangâq.
13.	34.	g.		Torâ el-Gédîd.	Tora'h el-Gedyd. T.
13.	34.	g.	بدرمان	Badramân.	El-Badramân.
13.	34.	g.	كوم السهال	Koûm el-Sehâl.	Koum el-Sehâl.
13.	34.	g.		Gesr Badramân.	Gesr Badramân. g.
13.	34.	g.	كوم الوسطاني	Koûm el-Westânî.	Koum el-Ouestâny.
13.	35.	g.	خزام	Kozâm.	K. Khozâm.
13.	35.	g.	نزلة التل وهى نزلة السعيد	N.ᵗ el-Tell ou N.ᵗ el-Saïd.	Nazlet el-Tell ou N.ᵗ Sa'yd.
13.	35.	d.	التل	El-Tell.	El-Tell. (PSINAULA.)
13.	35.	d.	نزلة	Nezleï.	Nazlet.
13.	35.	î.	جزيرة التل	G.ᵗ el-Tell.	G.ᵗ el-Tell.

N.° de la planche de l'Atlas géogr.	N.° du carreau.	Position du lieu.	NOMS écrits en arabe dans les planches de l'Atlas géographique	TRANSCRIPTION suivie dans les planches de l'Atlas géographique.	TRANSCRIPTION selon l'orthographe de l'ouvrage.
13.	35.	g.		*Gesr 'Kozâm.*	*Gesr Khozâm.* g.
13.	35.	g.		*Tora el-°Asarâh.*	*T. el-A'sarâh.* T.
13.	34.	g.	كوم الاخضر	*Koûm el-A'kđar.*	*Koum el-Akhdar.*
13.	34.	g.	كوم العفريت	*Koûm el-°Afrît.*	*Koum el-A'fryt.*
13.	34.	g.	تنده	Tendéh.	Tendeh.
13.	34.	g.		*Tora el-Magnoûn.*	*T. el-Magnoun.* T.
13.	34.	g.		*Gesr Tendéh.*	*Gesr Tendeh.* g.
13.	34.	g.	طوخ	Toû'k.	Toukh.
13.	35.	g.	كوم عزب	*Koûm °Azeb.*	*Koum A'zeb.*
13.	35.	g.		*Tora Hoçëin Cherkes*	*Tora'h Hoseyn Cherkes.* T
13.	35.	d.	شيخ سعيد	*Chéï'k S°aïd.*	*Cheykh Sa'yd.*
13.	35.	d.	صطبل عنتر	St*abl °Antar.*	*Stabl A'ntar.*
13.	35.	d.	وادى زبيده	*Wâdî Zebëïdéh.*	*Ouâdy Zebeydeh.* O.
13.	35.	d.	وادى ابو النور	*Wâdî Aboû el-Noûr.*	*O. Abou-el-Nour.* O.
13.	35.	g.	كوم منيات	*Koûm Maniât.*	*Koum Manyât.*
13.	35.	g.	نزلة شيخ حسين	N.^t^ chéï'k Hoçéîn.	N.^t^ cheykh Hoseyn
13.	35.	g.	المعصره	El-Mâsarah.	El-Ma'sarah.
13.	34.	g.	سنجرج	Singerg.	Singerg.
13.	34.	g.		*Tora el-Dînîen.*	*Tora'h el-Dynyen.* T
13.	33.	g.	شيخ الشبيكه	*Chéïk el-Chebëïkah.*	*Cheykh el-Chebeykah.*
13.	34.	g.		*Tora Ombark.*	*Tora'h Ombârek.* T.
13.	34.	g.		*Tora el-'Kourfechéh*	*Tora'h el-Khourfecheh.* T.

NOMS DE LIEUX DE L'ÉGYPTE.

N.º de la planche de l'Atlas géogr.	N.º du carreau.	Position du lieu.	NOMS écrits en arabe dans les planches de l'Atlas géographique	TRANSCRIPTION suivie dans les planches de l'Atlas géographique.	TRANSCRIPTION selon l'orthographe de l'ouvrage.
13.	34.	g.	كوم القنطره	Koûm el-Qantarah.	Koum el-Qantarah.
13.	34.	g.	مقمّص	Moqommos.	Moqommous.
13.	34.	g.	سبيل الابيض	Sibîl el-Abîad.	Sibyl el-Abyad. s.
13.	35.	g.	ملاوى العريش	Melâwî el-Arîch.	Melâouy el-A'rych.
13.	35.	g.		Torå Haçân kâchef.	T. Hasan kâchef. T.
13.	35.	g.		Torå 'Amîéh.	Tora'h A'myeh. T.
13.	35.	d.	نزلة	Nezleï.	Nazlet.
13.	35.	d.	شيخ ابو النور	Chéïk Aboû-el-Noûr.	Cheykh Abou-el-Nour.
13.	35.	d.	نزلة	Nezleï.	Nazlet.
13.	35.	d.	البرشه	El-Berchéh.	El-Berché.
13.	35.	d.		Wâdi Gâmoûs.	Ouâdy Gâmous. o.
14.	6.	d.	نزلة البرشه	N.ᵗ el-Berchéh.	N.ᵗ el-Berché
14.	6.	g.		Torå el-Magnoûn.	T. el-Magnoun. T.
14.	6.	g.	كفر الرزمون	K. el-Reremoûn.	K. el-Reyremoun.
14.	6.	g.	الرزمون	El-Reremoûn.	El-Reyremoun.
14.	6.	g.		Chéïk.	Cheykh.
14.	6.	g.	قلبّه	Qoullobbah.	Qouloubbeh.
14.	5.	g.	المنشاه	El-Menchâh.	El-Menchâh ou Menchyeh.
14.	5.	g.	دروت اشمون و دروت ام النخله	Daroût Achmoûn ou Daroût Omm el-Nakléh.	Darout Achmoun ou Darout Omm el-Nakhleh. (Hermopolit. Phylace.)

N.° de la planche de l'Atlas géogr.	N.° du carreau.	Position du lieu.	NOMS écrits en arabe dans les planches de l'Atlas géographique	TRANSCRIPTION suivie dans les planches de l'Atlas géographique.	TRANSCRIPTION selon l'orthographe de l'ouvrage.
14.	5.	g.	البركه	El-Berkéh.	El-Berkeh.
14.	5.	g.	العرين القبلى	El-ʿArîn el-Qeblî.	El-A'ryn el-Qebly.
14.	5.	g.	السواهجه	El-Sawâhgéh.	El-Saouâhgeh.
14.	5.	g.	نفس الاشمونين	NEFS EL-ACHMOÛNÉÏN.	NEFS EL-ACHMOUNEYN (*HERMOPOLIS.*)
14.	6.	g.		*Chéïk ʿAbd el-Afer.*	*Cheykh A'bd el-Afer*
14.	6.	g.	سبيل	*Sibîl.*	*Sibyl.*
14.	6.	g.		*Déïr el-Nosârä.*	*Deyr el-Nosârä.*
14.	6.	d.	دير امباشاى	Déîr Ambâchâî.	Deyr Ambâbichây.
14.	6.	d.	دير النخله	Déïr el-Na'kléh.	Deyr el-Nakhleh.
14.	6.	g.	البياضيه	El-Béïâdîéh.	El-Bayâdyeh.
14.	5.	g.	العرين البحرى	El-ʿArîn el-Bahrî.	El-A'ryn el-Bahry.
14.	5.	g.	اتقا	Etqâ.	Etqâ.
14.	5.	g.	تونه	Toûnéh.	Touneh el-Gebel (*TANIS*).
14.	5.	g.		*Déïr.*	*Deyr, ruines.*
14.	5.	g.	شيخ	*Chéïk.*	*Cheykh.*
14.	5.	g.		*Torå el-Gerâdîéh.*	*T. el-Gerâdyeh.* T.
14.	5.	g.		*Gesr Soûltânî.*	*Gesr Soultâny.* g.
14.	6.	d.	الرشايده	El-Rechâïdéh.	El-Rechâeydeh.
14.	6.	d.	الدير ابو حنّيس	El-Déïr Aboû Hennîs	El-Deyr Abou-Hennis.
14.	6.	d.	شيخ عباده	Chéïk ʿAbâdéh.	Cheykh A'bâdeh. (*ANTINOÉ.*)
14.	6.	g.	الروضه	El-Roûdah.	El-Roudah.
14.	5.	g.	نواى الابغال	Nawâïe el-Abgâl.	Naouây el-Ibghâl.

N.º de la planche de l'Atlas géogr.	N.º du carreau.	Position du lieu.	NOMS écrits en arabe dans les planches de l'Atlas géographique	TRANSCRIPTION suivie dans les planches de l'Atlas géographique.	TRANSCRIPTION selon l'orthographe de l'ouvrage.
14.	5.	g.	ابو قلنته	Aboû-Qaltéh.	Abou-Qalteh.
14.	6.	g.	قلندول	Qalendoûl.	Qalendoul.
14.	6.	d.	نزلة شيخ عباده	N.ᵗ chéïk Abâdéh.	N.ᵗ cheykh A'bâdeh
14.	5.	g.	شيخ موافه	Chéïk Mowâféh.	Cheykh Mouâfeh.
14.	5.	g.	البراجيل	El-Barâgîl.	El-Barâgyl.
14.	13.	g.	ابشاده القبلى	Abchâdéh el-Qeblî.	Ebchâdeh el-Qeblyeh.
14.	13.	g.	المحرص	El-Mahras.	El-Mahras.
14.	14.	g.	شيخ ابراهيم	Chéïk Ibrâhîm.	Cheykh Ibrâhym.
14.	14.	d.	دير	Déïr.	Deyr, enceinte en briques.
14.	14.	î.	جزيرة كله	G.ᵗ Keléh.	G.ᵗ Keleh.
14.	14.	d.	دير	Déïr.	Deyr, ruines de briques
14.	13.	g.	كوم الاحمر	Koûm el-Ahmar.	Koum el-Ahmar.
14.	13.	g.	ابشاده البحرى	Abchâdéh el-Bahrî.	Ebchâdeh el-Bahryeh.
14.	13.	g.	بنى خالد	Bénî-'Kâled.	Beny-Khâled.
14.	13.	g.	بنى خالد القديم	Bénî-'Kâled el-Qadîm.	Beny-Khâled el-Qadym, ruines.
14.	13.	g.		Torâ Abchâdéh.	T. Ebchâdeh. T.
14.	13.	g.	شيخ عفيه	Chéïk A'fiéh.	Cheykh A'fyeh.
14.	14.	g.	نزلة ابو جامع	N.ᵗ Aboû-Gâmâ.	N.ᵗ Abou-Gâma.
14.	14.	d.	شيخ تماى	Chéïk Temâïe.	Cheykh Tmây.
14.	13.	g.	كوم الرحاله	Koûm el-Rahâléh.	Koum el-Rahâleh.

N.° de la planche de l'Atlas géogr.	N.° du carreau.	Position du lieu.	NOMS écrits en arabe dans les planches de l'Atlas géographique	TRANSCRIPTION suivie dans les planches de l'Atlas géographique.	TRANSCRIPTION selon l'orthographe de l'ouvrage.
14.	13.	g.	هور	Hoûr.	Hour.
14.	13.	g.	القيصر	El-Qasr.	El-Qasr.
14.	13.	g.		Chéïk Aboû-Alî.	Cheykh Abou-A'ly.
14.	12.	g.	دير ابو فانه	Déïr Aboû-Fânéh.	Deyr Abou-Fâneh.
14.	13.	g.	بنى عليان	*Bénî-Alîân.*	*Beny-A'leyân* (1).
14.	12.	g.	بنى حسان	*Bénî-Haçân.*	*Beny-Hasân* (2).
14.	13.	g.	ساقية موسى	Sâqîeï Moûçä.	Sâqyet Mousé.
14.	13.	g.	اتليدم	Atlîdem.	Etlidem.
14.	14.	î.	جزيرة زعفرانه	*G.ᵗ Zaâfrânéh.*	*G.ᵗ Za'farâneh.*
14.	14.	d.	نزلة جماصه	N.ᵗ Gamâséh.	N ᵗ el-Gamâseh.
14.	13.	d.	نزلة العطيات	N.ᵗ el-Ataîât.	N.ᵗ el-A'tayât.
14.	13.	î.	زعفرانه	Zaâfrânéh.	Za'farâneh (3).
14.	13.	g.	شيخ شروف	*Chéïk Charaf.*	*Cheykh Charaf.*
14.	13.	g.		*Gesr Atlîdem.*	*Gesr Etlidem.* g.
14.	13.	g.	نزلة الجهاشه	N.ᵗ el-Gîhâchéh.	N.ᵗ el-Gyhâcheh.
14.	12.	g.	كفر لبس	*K. Lebs.*	*K. Lebs.*
14.	12.	g.	غياضه ونزلة اشمنت	Gîâdah *et* N.ᵗ Echment.	Ghayâdah *et* Nazlet Echment.
14.	12.	g.	اشمنت	Echment.	Echment.

(1) Emplacement d'un ancien village, sans habitans, avec des terres sujettes à l'impôt et portant son nom.

(2) *Idem.*

(3) Village ruiné et sans habitans.

N.° de la planche de l'Atlas géogr.	N.° du carreau.	Position du lieu.	NOMS écrits en arabe dans les planches de l'Atlas géographique	TRANSCRIPTION suivie dans les planches de l'Atlas géographique.	TRANSCRIPTION selon l'orthographe de l'ouvrage.
14.	13.	g.		*Torâ el-Gouetah* ou *el-Sabbak.*	*Tora'h el-Ghouetah ou el-Sabbakh.* T.
14.	13.	g.		*Gesr Garrîs.*	*Gesr Garrys.* g.
14.	13.	g.	سفاى	Sefâïe.	Sefây.
14.	13.	g.	منشات دعبس	Minchât Dâbes.	Menchât Da'bes.
14.	14.	g.	كوم بنى يحيا	*Koûm Bénî-Iahîä.*	*Koum Beny-Yhyé.*
14.	21.	g.		*Torâ el-Maksar.*	*T. el-Maksar.* T.
14.	22.	d.	بنى حسان	Bénî-Haçân.	Beny-Hasan.
14.	22.	d.	بنى حسن القديم	Bénî-Haçân el-Qadîm.	(*Speos Artemidos.*) Beny-Hasan el-Qadym.
14.	22.	g.	بقرقاص	Boqorqâs.	Bouqorqâs.
14.	21.	g.		*Gesr Boqorqâs.*	*Gesr Bouqorqâs.* g.
14.	21.	g.		*El-Ambagéh.*	*El-Anbageh.* (*Theodosiopolis*)
14.	21.	g.	شيخ عثمان	*Chéïk °Etmân el-Ambagâouî.*	*Cheykh O'tmân el-Anbagâouy.*
14.	21.	g.	تياره	*Taïârah.*	*Tayârah, butte de ruines.*
14.	21.	g.	جريس	Garrîs.	Garrys.
14.	21.	g.	منتوت	Mentoût.	Mentout.
14.	21.	g.	الحسانيه	El-Haçânîéh.	El-Hasanyeh el-Ouaqf.
14.	21.	g.	كوم العدس	*Koûm el-°Ades.*	*Koum el-A'des.*
14.	20.	g.	بلانصوره	Belânsoûrah.	Belansourah.
14.	20.	g.	صنيم وكفر صنيم	Sannîm et K. Sannîm.	Sannym et K. Sannym.
14.	21.	g.	البربه	El-Berbéh.	El-Birbé.

PROVINCE DE MINYEH.

N.º de la planche de l'Atlas géogr.	N.º du carreau.	Position du lieu.	NOMS écrits en arabe dans les planches de l'Atlas géographique	TRANSCRIPTION suivie dans les planches de l'Atlas géographique.	TRANSCRIPTION selon l'orthographe de l'ouvrage.
14.	21.	g.	الخالة	El-Naḥâleï.	El-Nahâlet, ruiné.
14.	21.	g.	بنى عبيد	Bénî-ʿObéïd.	Beny-A'beyd.
14.	22.	g.	منهارى	Menhârî.	Menhary.
14.	22.	g.	كرم ابو عمر	Karm Aboû-ʿOmar	Karm Abou-O'mar.
14.	22.	g.	نزلة حمايه	N.ᵗ Hemâïéh.	N.ᵗ el-Hamâyeh.
14.	22.	d.		N.ᵗ Bénî-Haçân.	N.ᵗ Beny-Hasan (1), deux positions.
14.	21.	g.	شيخ كبس	Chéïk Kebech.	Cheykh Kebech.
14.	20.	g.	كوم مسمار	Koûm Mesmâr.	Koum Mousmâr.
14.	20.	g.	زاوية حاتم	Zâwîeï Hâtem.	Zâouyet Hâtem.
14.	20.	g.	شيخ على	Chéïk ʿAlî.	Cheykh A'ly.
14.	20.	g.	بنى خيار	Bénî-Kîâr.	Beny-Khyâr.
14.	21.	g.		Gesr Menhârî.	Gesr Menhary. g.
14.	21.	g.	ابيوها العجوز (2)	Abîoûhâ el-ʿAgoûz.	Abyouhâ el-A'gouz
14.	21.	g.	كوم بنى داود	Koûm Bénî-Dâoûd.	Koum Beny-Dâoud.
14.	22.	g.	شراره	Cherârah.	Charârah.
14.	22.	g.	نزلة شادى	N.ᵗ Châdî.	N.ᵗ Châdy.
14.	21.	g.	صحاله	Sahâlléh.	El-Sahâlleh.
14.	21.	g.		Gesr Abîoûhâ.	Gesr Abyouhâ. g.
14.	21.	g.	كوم الزهير	Koûm el-Zohéïr.	Koum el-Zoheyr.

(1) Villages ruinés, sans habitans.
(2) *Voyez* ce nom écrit *Abyouqah*, ابيوقه, *pag. 116* (pl. 16, carr. 14, g.).

N.° de la planche de l'Atlas géogr.	N.° du carreau.	Position du lieu.	NOMS écrits en arabe dans les planches de l'Atlas géographique	TRANSCRIPTION suivie dans les planches de l'Atlas géographique.	TRANSCRIPTION selon l'orthographe de l'ouvrage.
14.	21.	g.	ريحانه	Rîhânéh.	Reyhâneh.
14.	21.	g.	بنى موسى	Bénî-Moûçă.	Beny-Mousé.
14.	20.	g.	كوم مواجه	*Koûm Moûâgéh.*	*Koum Mouâgeh.*
14.	20.	g.	كوم الاحمر	*Koûm el-Ahmar.*	*Koum el-Ahmar.*
14.	20.	g.	ابو يعقوب	Aboû-Iăqoûb.	Abou-Ya'qoub.
14.	21.	g.	منسافس	Mensâfis.	Mensafys.
14.	29.	g.	ريده	Rîdéh.	Rydeh.
14.	29.	g.	منشات الترجمان	Menchât el-Tourgmân.	Menchât el-Tourkmân.
14.	28.	g.	دير عطيه	Déïr Atîéh.	Deyr A'tyeh.
14.	28.	g.	شيخ عبد الرازق	*Chéïk Abdel-Râzeq*	*Cheykh A'bd el-Râzeq*
14.	20.	g.	كوم الاحمر	*Koûm el-Ahmar.*	*Koum el-Ahmar.*
14.	28.	g.	دمشاو	Demchâoû.	Demchâou.
14.	29.	g.	طهنسا	Tahnasâ.	Tahnasé *ou* Tahnaché.
14.	29.	g.	الحواصليه	El-Hawâslîéh.	El-Haouâslyeh.
14.	29.	g.	بنى احمد المنصوره	Bénî-Ahmed el-Mansoûrah.	Beny-Ahmed *et* el-Mansourah (1).
14.	28.	g.		*Sibîl Haçân kâchef.*	*Sibyl Hasân kâchef.* s.
14.	28.	g.	صفط الخماره	Saft el-Kamârah.	Saft el-Khammâr.
14.	28.	g.	القبّه	*El-Qobbéh.*	*El-Qobbeh, ruiné.*
14.	29.	g.	شيخ مبارك	*Chéïk Mobârek.*	*Cheykh Mobârek.*
14.	29.	g.	ماقوسه	Mâqoûcéh.	Mâqouseh.

(1) Village ruiné, sans habitans.

PROVINCE DE MINYEH.

N.º de la planche de l'Atlas géogr.	N.º du carreau.	Position du lieu.	NOMS écrits en arabe dans les planches de l'Atlas géographique	TRANSCRIPTION suivie dans les planches de l'Atlas géographique.	TRANSCRIPTION selon l'orthographe de l'ouvrage.
14.	29.	g.		*Garf Sowâdéh.*	*Garf Saouâdeh* (1).
14.	29.	g.		*Gesr Soûltânî.*	*Gesr Soultâny.* g.
14.	28.	g.	تلّه	*Talléh.*	*Talleh.*
14.	28.	g.		*Gesr el-Tahnasâ.*	*Gesr el-Tahnasé.* g.
14.	28.	g.	شيخ نصير	*Chéïk Noséïr.*	*Cheykh Noseyr.*
14.	28.	g.	كوم الجوخيه	*Koûm el-Goûkiéh.*	*Koum el-Goukhyeh.*
14.	28.	g.		*Chéïk Négîm.*	*Cheykh Negym.*
14.	28.	g.	نزلة صفط	N.ᵗ Saft.	N.ᵗ Saft.
14.	28.	g.	طوه	*Toûéh.*	*Toueh.*
14.	37.	g.	منية ابن خصيم	MÉNÎEt IBN-'KA-SÎM.	MINYET EBN-KHA-SYM. (*IBEUM.*) !
14.	37.	g.	الاخصاص	El-A'ksâs.	*El-Ekhsâs* (2).
14.	36.	g.	بهدال	Behdâl.	Behdâl.
14.	36.	g.	طوخ الخيل	Toû'k el-'Kéïl.	Toukh el-Kheyl.
14.	36.	g.	نزلة طوخ الخيل	N.ᵗ Toû'k el-'Kéïl.	Nᵗ Toukh el-Kheyl.
14.	36.	g.		*Tora el-Sabba'k, ou Bâten.*	*Tora'h el-Sabbakh, ou Bâten.* T. (3)
14.	37.	g.	دمريس	Damrîs.	Damârys.
14.	36.	g.	ادمو	Admoû.	Edmoû.

(1) Nom d'une terre sans village.
(2) Village ruiné, sans habitans.
(3) Large canal irrégulier, bas fond au milieu de la vallée, où s'écoulent les eaux de l'inondation depuis l'origine du canal de Joseph.

N.° de la planche de l'Atlas géogr.	N.° du carreau.	Position du lieu.	NOMS écrits en arabe dans les planches de l'Atlas géographique	TRANSCRIPTION suivie dans les planches de l'Atlas géographique.	TRANSCRIPTION selon l'orthographe de l'ouvrage.
14.	36.	g.	دمشير	Demchîr.	Demchyr.
14.	36.	g.	برجايه	Borgâïéh.	El-Bourgâyeh.
14.	36.	g.	نزلة الشرافه	N.ᵗ el-Chorâféh.	N.ᵗ el-Chorafé.
14.	36.	g.	كوم الاحمر	*Koûm el-Aĥmar.*	*Koum el-Ahmar.*
14.	36.	g.	بنى سمرج	*Béní-Samrag.*	*Beny-Samrag* (1).
14.	36.	g.	بنى حسين الاشراف	*Béní-Hoçéïn el-Açhrâf.*	*Beny-Hasan el-Achrâf* (2).
14.	36.	g.		*Gesr el-Gorân.*	*Gesr el-Gorân.* g.
14.	36.	g.	شيخ العسكر	*Chéïk el-Askar.*	*Cheykh el-A'skar.*
14.	37.	î.	جزيرة زهره	*G.ᵗ Zohrah.*	*G.ᵗ Zohrah.* G.ᵗ
15.	4.	g.	زهره	Zohrah.	Zohrah.
15.	4.	g.	صفط اللبن	Saft el-Leben.	Saft el-Leben.
14.	4.	g.		*Torâ Hâgg Hoçêïn.*	*Tora'h Hâggy Hoseyn.* T.
14.	4.	g.		*Torâ el-Dafaâ.*	*Tora'h el-Dafa'.* T.
14.	4.	g.	طحا العمودين	Tahâ el-Amoûdéïn.	Tahâ el-A'moudeyn. (*Ibiu, vel Ibeum.*)
14.	4.	g.			
			بوجه	Boûgéh.	*Bougeh* (3).
15.	4.	g.	نزلة درابسه	N.ᵗ Darâbséh.	N.ᵗ el-Darâbseh.
15.	4.	g.	نزلة الشوادى	N.ᵗ el-Chowâdî.	N.ᵗ el-Chaouâdy.
15.	4.	g.	كوم العمودين	*Koûm el-Amoûdéïn.*	*Koum el-A'moudeyn.*

(1) *Voyez* la note (1), *pag. 105.* (2) *Idem.* (3) *Idem.*

PROVINCE DE BENY-SOUEYF.

N.º de la planche de l'Atlas géogr.	N.º du carreau.	Position du lieu.	NOMS écrits en arabe dans les planches de l'Atlas géographique	TRANSCRIPTION suivie dans les planches de l'Atlas géographique.	TRANSCRIPTION selon l'orthographe de l'ouvrage.
15.	4.	g.		Gesr el-Ṭahâ.	Gesr el-Tahâ. g.
15.	4.	g.	كوم الضبع	Koûm el-Ḍabʿa.	Koum el-Daba'.
15.	4.	g.	الحتاته	El-Hatâtéh.	El-Hatâhteh.
15.	4.	g.	شيخ مديان	Chéïk Madîân.	Cheykh Madyan.
15.	5.	g.	اطسا	Atsâ.	Etsâ.

PROVINCE DE BENY-SOUEYF.

15.	4.	g.	ابو عميره	Aboû-ʿAmîréh.	Abou-A'myreh.
15.	4.	g.	القمادير	El-Qamâdîr.	El-Qamâdyr.
15.	4.	g.	كوم الحمّام	Koûm el-Ḥammâm.	Koum el-Hammâm.
15.	4.	g.	كوم تحنه	Koûm Ṭahanéh.	Koum Tahaneh.
15.	4.	g.	بقرلنك	Baqarlink.	Baqarlink.
15.	4.	g.	بنى غنى	Bénî-Ġanî.	Beny-Ghany.
15.	4.	g.	العزبه	El-ʿEzbéh.	El-E'zbeh, village ruiné.
15.	4.	g.	كوم لوتى	Koûm Loûtî.	Koum Louty.
15.	4.	g.	بيهاو	Baïhâoû.	Bayhâou.
15.	4.	g.	الشرعينه	El-Charâînéh.	El-Chara'yneh.
15.	4.	g.	الشيخ عبد الله	El-chéïk ʿAbdallah.	El-cheykh A'bdallah.
15.	12.	g.	الويزيريه	El-Wîzîrîéh.	El-Ouyzyryeh.
15.	12.	g.	شوشه	Choûchéh.	Choucheh.
15.	12.	g.	سملّوت	SAMALLOÛT.	SAMALLOUT. (Co, vel CYNOPOLIS.)
15.	12.	g.	دير سملّوت	Déïr Samalloût.	Deyr Samallout.

112 NOMS DE LIEUX DE L'ÉGYPTE.

N.º de la planche de l'Atlas géogr.	N.º du carreau.	Position du lieu.	NOMS écrits en arabe dans les planches de l'Atlas géographique	TRANSCRIPTION suivie dans les planches de l'Atlas géographique.	TRANSCRIPTION selon l'orthographe de l'ouvrage.
15.	12.	g.	كفر	Kafr.	Kafr.
15.	12.	g.	لوازى	Lawâzî.	Laouâzy.
15.	12.	g.	المجره	El-Magerah.	El-Magerah.
15.	12.	g.	شمّهه	*Chemméh.*	*Chemmeh*, village ruiné.
15.	12.	g.	الحصه	El-Haçeh.	El-Haseh.
15.	12.	g.	منقطين	Mangatéïn.	El-Manqateyn.
15.	12.	g.	البهدال	El-Behdâl.	El-Behdâl.
15.	13.	g.	قلوصنه	Qaloûsnéh.	Qalousneh.
15.	13.	g.	ابو بقره	Aboû-Baqarah.	Abou-Baqarah.
15.	13.	g.	الاسلمين	El-Aslamîn.	El-Aslamyn.
15.	20.	g.	دملهى	Demelhî.	Demelhy.
15.	20.	g.	الزلط	El-Zalat.	El-Zalat.
15.	21.	g.	قلوصنه اوخلصان	Qalosanéh *ou* Kolsân.	Qalousneh *ou* Kholsân.
15.	21.	g.	كفر خلصان	K. Kolsân.	K. Kholsân.
15.	21.	g.		*Bahr Bâten.*	*Bahr Bâten.* T. (1)
15.	20.	g.	الصياد	El-Saïâd.	El-Sayâd.
15.	20.	g.	الشوشه	El-Choûchéh.	El-Choucheh.
15.	20.	g.	كفر	Kafr.	Kafr.
15.	20.	g.	كفر	Kafr.	Kafr.
15.	20.	g.	كفر زاني	K. Zânî.	K. Zâny.
15.	20.	g.	زاني	Zânî.	Zâny.

(1) *Voyez* la note (3), *pag. 109.*

N.° de la planche de l'Atlas géogr.	N.° du carreau.	Position du lieu.	NOMS écrits en arabe dans les planches de l'Atlas géographique	TRANSCRIPTION suivie dans les planches de l'Atlas géographique.	TRANSCRIPTION selon l'orthographe de l'ouvrage.
15.	20.	g.	الساقيه	El-Sâqîéh.	El-Sâqyeh.
15.	20.	g.	التاله	El-Tâléh.	El-Tâleh.
15.	21.	g.	بنى احمد	Bénî-Ahmed.	Beny-Ahmed.
15.	21.	g.	نزلة ابو عزبة او المنزله	N.[r] Aboû-Essebéh ou el-Menzeléh.	N.[t] Abou-E'zbeh ou el-Menzaleh.
15.	20.	g.	ناحية	Nâhîét.	Nâhyet.
15.	21.	g.	ناحية	Nâhîét.	Nâhyet.
15.	21.	g.	منبال	Menbâl.	Menbâl.
15.	21.	g.	———	*Gesr Menbâl.*	*Gesr Menbâl.* g.
15.	29.	g.	اهوه	Ahoûéh.	Ahoueh.
15.	30.	g.	المطيه	El-Mataïéh.	El-Matayeh.
15.	28.	g.	سنه	Sonnéh.	Sonneh.
15.	28.	g.	كفر	Kafr.	Kafr.
15.	28.	g.	بنى ام	Bénî-Åmm.	Beny-Amm.
15.	29.	g.	المرزوق	El-Marzoûq.	El-Marzouq.
15.	30.	g.	القيس	El-Qéïss.	El-Qeys.
15.	29.	g.	شيخ ابراهيم	Chéïk Ibrâhîm.	Cheykh Ibrâhym.
15.	29.	g.	كفر	Kafr.	Kafr.
15.	29.	g.	عدوه	Ådoûéh.	A'doueh.
15.	29.	g.	كفر	Kafr.	Kafr.
15.	30.	g.	البلاعزتين	El-Belâåztéïn.	El-Belâ'zteyn.
15.	29.	g.	نجع عدوه	Nagå Ådoûéh.	Naga' A'doueh.

N.º de la planche de l'Atlas géogr.	N.º du carreau.	Position du lieu.	NOMS écrits en arabe dans les planches de l'Atlas géographique	TRANSCRIPTION suivie dans les planches de l'Atlas géographique.	TRANSCRIPTION selon l'orthographe de l'ouvrage.
15.	29.	g.	———	*Gesr el-Honéh.*	Gesr el-Honeh. g.
15.	29.	g.	المنساكى	El-Mensâkî.	El-Mensâky.
15.	30.	g.	بنى مزر	Bénïmzar.	Benymzar.
15.	30.	g.	ابو جرجه	ABOÛ-GIRGÉH.	ABOU-GIRGEH.
15.	29.	g.	المقوسه	El-Maqoûçéh.	El-Maqouseh.
15.	37.	g.	شيخ حسين	Chéïk Hoçeïn.	Cheykh Hoseyn.
15.	37.	g.	الزاوره	El-Zâoûrah.	El-Zâourah.
15.	38.	g.	منشات ابو	Menchâï Aboû.	Menchât Abou.
15.	38.	g.	طمبدى	Tambadî.	Tambady.
15.	38.	g.	شيخ عبّاسه	Chéïk ʾAbbâçéh.	Cheykh A'bbâseh.
15.	38.	g.	الفداوى	El-Fadâwî.	El-Fadâouy.
15.	38.	g.	العبّاسه	El-ʾAbbâçéh.	El-A'bbâseh.
15.	37.	g.	بنى صنت	Sanet.	Beny-Sanet.
15.	37.	g.	شيخ يونس	Chéïk Ioûnes.	Cheykh Younes.
15.	36.	g.	الدير	El-Déïr.	El-Deyr.
15.	37.	g.	الابى	El-Abî.	El-Aby.
15.	38.	g.	قامه	Qâméh.	Qâmeh.
15.	38.	g.	بنى مزار	Bénî-Mazâr.	Beny-Mazâr.
15.	39.	g.	شيخ ابو الوقف	Chéik Aboû-el-Waqf.	Cheykh Abou-el-Ouaqf.
15.	38.	g.	شيخ على	Chéïk ʾAlî.	Cheykh A'ly.
15.	38.	g.	كفر شيخ على	Kafr chéïk ʾAlî.	Kafr cheykh A'ly.
15.	37.	g.	العجوبه	El-ʾAgoûbéh.	El-A'goubeh.

PROVINCE DE BENY-SOUEYF.

N.º de la planche de l'Atlas géogr.	N.º du carreau.	Position du lieu.	NOMS écrits en arabe dans les planches de l'Atlas géographique	TRANSCRIPTION suivie dans les planches de l'Atlas géographique.	TRANSCRIPTION selon l'orthographe de l'ouvrage.
15.	37.	g.	بهنسه	BAHNAÇÉH.	BEHNESÉ. (OXYRYNCHUS.)
15.	37.	g.	بنى حرام	Bénî-Harâm.	Beny-Harâm.
15.	39.	g.	ابو الوقف	Aboû-el-Waqf.	Abou-el-Ouaqf.
16.	6.	g.	بنى قيش	Bénî-Qéïch.	Beny-Qeych.
16.	6.	g.	ناحية	Nâhîeï.	Nâhyet.
16.	6.	g.	كفر	Kafr.	Kafr.
16.	5.	g.	السعر	El-Saòr.	El-Sa'or.
16.	5.	g.	بنى اغا	Bénî-âgâ.	Beny-Aghâ.
16.	6.	g.	النصارى	El-Nosârî.	El-Nosârä.
16.	7.	g.	الجنديه	El-Gendîéh.	El-Gendyeh.
16.	7.	g.	كفر جنديه	K. Gendîéh.	Kafr Gendyeh.
16.	6.	g.	نجع العبيد	Nagâ el-°Obéïd.	Naga' el-O'beyd.
16.	6.	g.	العبيد	El-°Obéïd.	El-O'beyd.
16.	6.	g.	شيخ المليح	Chéïk el-Melîh.	Cheykh el-Melyh.
16.	6.	g.	———	Gesr Choûbak.	Gesr Choubak, g.
16.	6.	g.	القزز	El-Qezez.	El-Qezaz.
16.	6.	g.	شيخ قزز	Chéïk Qezez.	Cheykh Qezaz.
16.	6.	g.	كفر المنادير	K. el-Menâdîr.	Kafr el-Menâdyr.
16.	5.	g.	المنع	El-Manâ.	El-Mana'.
16.	5.	g.	كوم العسال	Koûm el-°Assâl.	Koum el-A'ssâl.
16.	5.	g.	كفر برطباط	K. Bartabât.	Kafr Bartabât.
16.	5.	g.	برطباط	Bartabât.	Bartabât.

8.

N.° de la planche de l'Atlas géogr.	N.° du carreau.	Position du lieu.	NOMS écrits en arabe dans les planches de l'Atlas géographique	TRANSCRIPTION suivie dans les planches de l'Atlas géographique.	TRANSCRIPTION selon l'orthographe de l'ouvrage.
16.	13.	g.	كفر بلهاسه	K. Belhâçéh.	Kafr Belhâseh.
16.	13.	g.	بلهاسه	Belhâçéh.	Belhâŝeh.
16.	13.	g.	سلكه	Salakéh.	Salakeh.
16.	14.	g.	المنادير	El-Menâdîr.	El-Menâdyr.
16.	14.	g.	جمزى	Gemzî.	Gemzy.
16.	14.	g.	ابيوقه	Abîoûqah.	Abyouqah.
16.	13.	g.	شيخ خليل	Chéïk 'Kalîl.	Cheykh Khalyl.
16.	13.	g.	كفر	Kafr.	Kafr.
16.	13.	g.	كفر	Kafr.	Kafr.
16.	13.	g.	كفر قياه	K. Qîâh.	Kafr Qyâh.
16.	13.	g.	القياه	El-Qîâh.	El-Qyâh.
16.	14.	g.	البرج	El-Berg.	El-Berg.
16.	14.	g.	بنى عدى	Bénî-ʿAdî.	Beny-A'dy.
16.	14.	g.	كفر بنى عدى	K. Bénî-ʿAdî.	K. Beny-A'dy.
16.	15.	g.	كفر بنى عدى	K. Bénî-ʿAdî.	K. Beny-A'dy.
16.	14.	g.	نجع ابو بيشه	Nagå Aboû-Bîchéh	Naga'Abou-Bycheh
16.	14.	g.	ابو بيشه	Aboû-Bîchéh.	Abou-Bycheh.
16.	14.	g.	دمشور	Demchoûr.	Demchour.
16.	14.	g.	————	*Bahr Fîâd Bâten.*	*Bahr Fyâd Bâten.* T.
16.	14.	g.	مغاغه	Maġâġah.	Maghâghah.
16.	15.	g.	كفر الفنط	K. el-Fent.	Kafr el-Fent.
16.	15.	g.	الفنت	El-Fent.	El-Fent.

N.° de la planche de l'Atlas géogr.	N.° du carreau.	Position du lieu.	NOMS écrits en arabe dans les planches de l'Atlas géographique	TRANSCRIPTION suivie dans les planches de l'Atlas géographique.	TRANSCRIPTION selon l'orthographe de l'ouvrage.
16.	15.	g.	كفر	Kafr.	Kafr.
16.	14.	g.	العدوه	El-Ȧdouéh.	El-A'doueh.
16.	13.	g.	كفر	Kafr.	Kafr.
16.	13.	g.	كفر	Kafr.	Kafr.
16.	13.	g.	كفر برمين	K. Bermîn.	Kafr Bermyn.
16.	13.	g.	برمين	Bermîn.	Bermyn.
16.	13.	g.	كوم بور	Koûm Boûr.	Koum Bour.
16.	13.	g.	بنى احمد	Bénî-Aḣmed.	Beny-Ahmed.
16.	13.	g.	البرقه	El-Barqah.	El-Barqah.
16.	21.	g.	المصرع	El-Méçourȧ.	El-Mesoura'.
16.	14.	g.	اقفهس	Aqfahas.	Aqfahas.
16.	14.	g.	الصفط	El-Ṡaft.	El-Saft.
16.	15.	g.	نجع ابو صفط	Nagȧ Aboû-Ṡâft.	Naga' Abou-Saft.
16.	15.	g.	القضابى	K. el-Qaḋàbî.	Kafr el-Qadâby.
16.	15.	g.	محمود	Maḣmoûd.	Mahmoud.
16.	23.	g.	منازى	Menâzî.	Menâzy.
16.	23.	g.	ابو صفط	Aboû-Ṡaft.	Abou-Saft.
16.	22.	g.	بنى ورقان	Bénî-Warqân.	Beny-Ouarqân.
16.	22.	g.	شركا	Chorakâ.	Chorakâ.
16.	21.	g.	برمشا	Barmachâ.	Barmaché.
16.	21.	g.	كفر	Kafr.	Kafr.
16.	21.	g.	كفر	Kafr.	Kafr.

NOMS DE LIEUX DE L'ÉGYPTE.

N.º de la planche de l'Atlas géogr.	N.º du carreau.	Position du lieu.	NOMS écrits en arabe dans les planches de l'Atlas géographique	TRANSCRIPTION suivie dans les planches de l'Atlas géographique.	TRANSCRIPTION selon l'orthographe de l'ouvrage.
16.	21.	g.	كفر	Kafr.	Kafr.
16.	22.	g.	دهمرو	Dahmroû.	Dahmrou.
16.	22.	g.	نعناسيه	Nanâsîéh.	Na'nâsyeh.
16.	23.	g.	صفط سايم	Saft Sâïm.	Saft Sâym.
16.	23.	g.	فشن	Fechn.	Fechn. (Fenchi.)
16.	23.	g.	السعرج	El-Sårag.	El-Sa'rag.
16.	23.	g.	شنره	Chenréh.	Chenreh. (Tacona, vel Pseneros.)
16.	23.	g.	بنى صالح	Bénî-Sâléh.	Beny-Sâleh.
16.	22.	g.	صفط الغربيه	Saft el-Garbîéh.	Saft el-Gharbyeh.
16.	22.	g.	جمهور	Gemhoûr.	Gemhour.
16.	22.	g.	الخرسه	El-'Kerséh.	El-Kherseh.
16.	22.	g.	سفط الخرسه	Saft el-'Kerséh.	Saft el-Kherseh.
16.	23.	g.	البيدف	El-Bîdef.	El-Bydef.
16.	23.	g.	————	*Gesr el-Nouéréh.*	*Gesr el-Nouereh.* g.
16.	22.	g.	تلت	Talt.	Talt.
16.	31.	g.	حلفيه	Halfîéh.	Halfyeh.
16.	31.	g.	البيهو	El-Bîhoû.	El-Byhou.
16.	31.	g.	الهربشنت	El-Harabchent.	El-Harabchent.
16.	30.	g.	كوم بور	Koûm Boûr.	Koum Bour.
16.	30.	g.	البكى	El-Bekî.	El-Beky.
16.	31.	g.	الزاوه	El-Zâwéh.	El-Zâoueh.
16.	31.	g.	كوم الصعايد	Koûm el-Sââîdéh.	Koum el-Sa'âydeh.

N.° de la planche de l'Atlas géogr.	N.° du carreau.	Position du lieu.	NOMS écrits en arabe dans les planches de l'Atlas géographique	TRANSCRIPTION suivie dans les planches de l'Atlas géographique.	TRANSCRIPTION selon l'orthographe de l'ouvrage.
16.	31.	g.	تله	Talléh.	Talleh.
16.	32.	g.	الفقاعى	El-Foqâ°ï.	El-Foqâ'y.
16.	32.	g.	منقطين	Menqatîn.	Menqatyn.
16.	31.	g.	سدس	Seds.	Seds.
16.	31.	g.	ضباعنه	Đabâåneh.	Dabâ'neh.
16.	30.	g.	صفط رشين	Saft Rachîn.	Saft Rachyn.
16.	30.	g.	بنى ماضى	Bénî-Mâđî.	Beny-Mâdy.
16.	31.	g.	السكرى	El-Sakrî.	El-Sakry.
16.	31.	g.	بداوه	Bédâoûéh.	Bedâoueh.
16.	31.	g.	هليه	Hélîéh.	Helyeh.
16.	31.	g.	كلبى	Kelbî.	Kelby.
16.	31.	g.	————	*Gesr Saft Rachîn.*	*G.r Saft Rachyn.* g.
16.	32.	g.	بباه	Bébâh.	Bebâh.
16.	38.	g.	حماله	Hamâlah.	Hamâlah.
16.	39.	g.	طرشوب	Tarchoûb.	Tarchoub. (*Nilopolis.*)
16.	40.	g.	طحالبيشه	Taĥâlebîchéh.	Tahâlbycheh.
16.	39.	g.	ابو شربان	Aboû-Chorbân.	Abou-Chorbân.
16.	39.	g.	ننا	Nanâ.	Nanâ.
16.	40.	g.	بنى عظيم	Bénî-°Azîm.	Beny-A'zym.
16.	39.	g.	كفر ابو شربان	K. Aboû-Chorbân.	K. Abou-Chorbân.
16.	40.	g.	القيات	El-Qaïât.	El-Qayât.
16.	40.	g.	بنى ماضى	Bénî-Mâđî.	Beny-Mâdy.

N.° de la planche de l'Atlas géogr.	N.° du carreau.	Position du lieu.	NOMS écrits en arabe dans les planches de l'Atlas géographique	TRANSCRIPTION suivie dans les planches de l'Atlas géographique.	TRANSCRIPTION selon l'orthographe de l'ouvrage.
16.	40.	g.	البرانقه	El-Barânqah.	El-Barânqah.
16.	40.	g.	بوش	Boûch.	Bouch.
16.	39.	g.	كوم لشى	Koûm Lichî.	Koum Lichy.
16.	40.	g.	كفر	Kafr.	Kafr.
16.	40.	g.	البنغه	El-Benagah.	El-Benaghah.
16.	39.	g.	شيخ على	Chéïk ʿAlî.	Cheykh A'ly.
16.	39.	g.	الطوه	El-Ŧoûéh.	El-Toueh.
16.	40.	g.	الطحا	El-Ŧaĥâ.	El-Tahâ.
16.	40.	g.	ضباعنه	Đabâânéh.	Dabâ'neh.
16.	39.	g.	كفر	Kafr.	Kafr.
16.	40.	g.	كفر الحلبيه	K. el-Ħâlbîéh.	K. el-Hâlbyeh.
16.	40.	g.	طنسا	Ŧensâ.	Tensâ.
16.	40.	g.	———	*Gesr Safanîh.*	*Gesr Safanyh.* g.
16.	40.	g.	الحالبيه	El-Ħâlbîéh.	El-Hâlbyeh.
16.	39.	g.	القليعه	El-Qalîâh.	El-Qalya'h.
16.	39.	g.	قنبش	Qanbech.	Qanbech.
19.	7.	g.	المنهرى	El-Menherä.	El-Menherä.
19.	8.	g.	كفر ابشنه	K. Abchénéh.	Kafr Abcheneh.
19.	8.	g.	المتانيه او الملّوى	El-Matânîéh *ou* el-Mellawî.	El-Matânyeh *ou* el-Mellaouy.
19.	7.	g.	شوبك	Chawbak.	Chaoubak.
19.	7.	g.	اهوه	Ahoûéh.	Ahoueh.

N.° de la planche de l'Atlas géogr.	N.° du carreau.	Position du lieu.	NOMS écrits en arabe dans les planches de l'Atlas géographique	TRANSCRIPTION suivie dans les planches de l'Atlas géographique.	TRANSCRIPTION selon l'orthographe de l'ouvrage.
19.	7.	g.	طهه	Ŧahéh.	Taheh.
19.	7.	g.	اهناس	Ahnâs.	Ahnâs.
19.	7.	g.	كفر	Kafr.	Kafr.
19.	8.	g.	الباروت	El-Bâroût.	El-Bârout.
19.	8.	g.	تزمنت	Tezment.	Tezment.
19.	7.	g.	المعازة	El-M'eézî.	El-Me'ézeh.
19.	7.	g.	بحر يوسف	*Bañar Ioûçef.*	*Bahr Yousef.* T.
19.	8.	g.	دموشه	Demoûchéh.	Demoucheh.
19.	8.	g.	الدير	El-Déïr.	El-Deyr.
19.	8.	g.	بنى هرون	Bénî-Haroûn.	Beny-Haroun.
19.	7.	g.	المعازه	El-M'eézî.	El-Me'ézeh.
19.	8.	g.	الكوم الاحمر	El-Koûm el-Añmar	El-Koum el-Ahmar
19.	8.	g.	اهناس الخضرا	Ahnâs el-'Kađrâ.	Ahnâs el-Khodrâ.
19.	15.	g.	كوم الرمل	Koûm el-Raml.	Koum el-Raml.
19.	15.	g.	منشية اهناس	Menchïeï Ahnâs.	Menchyet Ahnâs.
19.	15.	g.	سدمنت الجبل	Sėdment el-Gebel.	Sedment el-Gebel.
19.	16.	g.	اهناس المدينه	Ahnâs el-Médîneï.	Ahnâs el-Medyneh. (*HERACLEOPOLIS MAGNA.*)
19.	16.	g.	بلفيه	Belefîéh.	Belefyeh.
19.	16.	g.	الدولته	El-Dawaltah.	El-Daoualtah.
19.	16.	g.	كفر دولته	K. Dawaltah.	Kafr Daoualtah.
19.	16.	g.	ابو حنه	Abeñenéh.	Abou-Heneh.
19.	16.	g.	بها	Bâhî.	Bahâ.

N.° de la planche de l'Atlas géogr.	N.° du carreau.	Position du lieu.	NOMS écrits en arabe dans les planches de l'Atlas géographique	TRANSCRIPTION suivie dans les planches de l'Atlas géographique.	TRANSCRIPTION selon l'orthographe de l'ouvrage.
19.	16.	g.	طحابوش	Ṭaḣâboûch.	Tahâbouch.
19.	15.	g.	زريبه	Zarîbéh.	Zarybeh.
19.	15.	g.	حاجر بنى سلمان	Ḣâger Bénî-Solimân.	Hâger Beny-Solimân
19.	16.	g.	دنديل	Dendîl.	Dendyl.
19.	15.	g.	قاى بنى زريبه	Qâïe Bénî-Zarîbéh.	Qây Beny-Zarybeh
19.	16.	g.	شيخ	*Santon, village ruiné*	*Santon et village ruiné.*
19.	16.	g.	حجل	Ḣaguel.	Hagel.
19.	16.	g.	البرج	El-Borqî.	El-Borg.
19.	16.	g.	بهبشين	Behabchîn.	Behabchyn.
19.	24.	g.	كوم ابو قطط	Koûm Aboû-Qaṭaṭ	Koum Abou-Qatat.
19.	24.	g.	برج	El-Berg.	Borg.
18.	1.	g.	بنى سويف	BÉNÎ-SOÛÎF.	BENY-SOUEYF. (*CÆNE.*)
18.	1.	g.	بنى قريش	Bénî-Qoréïch.	Beny-Qoreych.
18.	1.	g.	الشيخ على	*El-chéïk 'Alî.*	*El-cheykh A'ly.*
18.	9.	g.		*Torʿa Aboû-Sébah.*	*T. Abou-Sebah.* T.
18.	9.	g.	الشيخ اسماعيل	*El-chéïk Ismâ'îl.*	*El-cheykh Ismâ'yl.*
18.	9.	g.		*Torʿa Maḣmoûd.*	*T. Mahmoud.* T.
18.	9.	g.	الشنويه	El-Chenowîéh.	El-Chenoyeh.
18.	9.	g.	بوش	Boûch.	Bouch.
18.	9.	g.	شيخ خضير	*Chéïk 'Kodéïr.*	*Cheykh Khodeyr.*
18.	9.	g.	الزيتون	El-Zéïtoûn.	El-Zeytoun.
18.	9.	g.	دلّاص	Dallâs.	Dallâs.

N.° de la planche de l'Atlas géogr.	N.° du carreau.	Position du lieu.	NOMS écrits en arabe dans les planches de l'Atlas géographique	TRANSCRIPTION suivie dans les planches de l'Atlas géographique.	TRANSCRIPTION selon l'orthographe de l'ouvrage.
18.	10.	î.	جزيرة ابو صالح	G.[i] Aboû-Sâlĥ.	G.[i] Abou-Salh.
18.	17.	g.	نزلة اشمنت	N.[i] Achment.	N.[i] Echment.
18.	17.	g.	بحر بنى عدى	*Canal de Bénî-Adî.*	*Canal de Beny-A'dy.* T
18.	17.	g.	بنى عدى	Bénî-ᵒAdî.	Beny-A'dé.
18.	18.	g.	اشمنت العرب	Achment el-ᵒArab.	Echment el-A'rab.
18.	17.	g.	الحافر	El-Ħâfer.	El-Hâfer.
18.	18.	g.	كفر اشمنت	K. Achment.	Kafr Echment.
18.	17.	g.	طنسا الملق	Ŧansâ el-Malaq.	Tansâ el-Malaq.
18.	17.	g.	الجنينه	El-Genînéh.	El-Geneyneh.
18.	17.	g.	الميمون	El-Méïmoûn.	El-Meymoun.
18.	17.	g.	———	*Torå el-Gahârî.*	*T. el-Gahâry.* T.
18.	17.	g.	———	*Torå Aboû-Santon.*	———
18.	17.	g.	———	*Torå el-Oûkîl.*	*Tora'h el-Oukyl.* T.
18.	17.	g.	———	*Torå Sarb el-Hoûéh*	*Tora'h Sarb el-Houeh.* T.
18.	17.	g.	———	*Torå el-Qas.*	*Tora'h el-Qas.* T.
18.	17.	g.	ابوصير الملق	Aboûsîr el-Malaq.	Abousyr el-Malaq.
18.	18.	î.	بنى الدير	Bénî-el-Déïr.	Beny-el-Deyr.
18.	17.	g.	معصرة القتيل	Maåsarah el-Qatîl.	Ma'sarat el-Qatyl.
18.	17.	g.	كوم ادرجه	Koûm Adrigéh.	Koum Adrigeh *ou* Endrigeh.
18.	17.	g.		*Torå el-Maïet.*	*Tora'h el-Mayet.* T.

NOMS DE LIEUX DE L'ÉGYPTE.

N.º de la planche de l'Atlas géogr.	N.º du carreau.	Position du lieu.	NOMS écrits en arabe dans les planches de l'Atlas géographique	TRANSCRIPTION suivie dans les planches de l'Atlas géographique.	TRANSCRIPTION selon l'orthographe de l'ouvrage.
18.	25.	g.	ونا القيس	Wanâ el-Qéïs.	Ouanâ el-Qeys.
18.	25.	g.	بجيج	Begîg.	Begyg.
18.	25.	g.	منفسط	Menfast.	Menfast.
18.	25.	g.	قمن العروس	Qemen el-A̍roûs.	Qemen el-A'rous.
18.	25.	g.		Gesr el-Oukchéïchî.	G. el-Oukcheychy.g
18.	26.	g.	الزاويه	El-Zâwiéh.	El-Zâouyeh. (ISEUM, vel ISIU.)
18.	26.	g.	المصلوب	El-Masloûb.	El-Masloub.
18.	25.	g.	شيج	Santons.	———
18.	25.	g.	ابونبه	Aboûît.	Abounyet.
18.	26.	g.	الشيخ داود	El-chéïk Dâoûd.	El-cheykh Dâoud.
18.	25.	g.	كوم ابو راضى	Koûm Aboû-Râḍî.	Koum Abou-Râdy.
18.	26.	g.	الوسطه	El-Oûstah.	El-Oustah.
18.	25.	g.	العواونه	El-A̍wâwenéh.	El-A'ouâouneh.
18.	26.	g.	العواونه	El-A̍wâwenéh.	El-A'ouâouneh.
18.	25.	g.	الحومه	El-Ḥoûméh.	El-Houmeh.
18.	26.	g.	افوى	Afouéh.	Afoué.
18.	26.	g.	العظف	El-Lotf ou el-°Otf.	El-O'tf.
18.	26.	g.	الناصر	El-Nâṣer.	El-Nâser.
18.	25.	g.	هرم ميدونه	Pyramide de Méïdoûn.	Pyramide de Meydouneh.
18.	25.	g.	ميدونه	Méïdoûn.	Meydouneh.

PROVINCE DU FAYOUM.

N.º de la planche de l'Atlas geogr.	N.º du carreau.	Position du lieu.	NOMS écrits en arabe dans les planches de l'Atlas géographique.		TRANSCRIPTION suivie dans les planches de l'Atlas géographique.	TRANSCRIPTION selon l'orthographe de l'ouvrage.
18.	26.	g.	اطواب		Atowâb.	Atouâb.
18.	25.	g.	اهوى وصفط ميدوم		Ahoûéh *ou* Saft Méïdoûm.	Ahoueh *ou* Saft Meydoum.
18.	34.	g.	رقه الكبير		Reqqah el-kébîr.	Reqqah el-kebyr.
18.	33.	g.	كفر الهرم		K. el-Héram.	Kafr el-Heram.
18.	33.	g.	الهرم		El-Héram.	El-Heram.
18.	34.	g.	رقه الصغير		Reqqah el-sogaïr.	Reqqah el-soghayr.

PROVINCE DU FAYOUM.

19.	4.	g.	ريان الصغير		Raïân el-sogaïr.	Rayân el-soghayr.
19.	4.	g.	ريان الكبير		Raïân el-kébîr.	Rayân el-kebyr.
19.	4.	g.	بركة غرق		Birkeï Garah.	Birket el-Gharaq *ou* Garâh. B.
19.	13.	g.	دير زكاوه		Déïr Zaqkâwéh.	Deyr Zakâoueh.
19.	13.	g.	مدينة الغرق		Médîneï el-Garaq *ou* Garâh.	Medynet el-Gharaq *ou* Garâh. (Dionysias.)
19.	12.	g.	مدينة معدى		Médîneï Maadî.	Medynet Ma'dy.
19.	13.	g.	سنوريس		Sennawrîs.	Sennourys.
19.	15.	g.	اطنيه		Atnîéh.	Atnyeh.
19.	15.	g.	منهرى		Menharä.	Menharä.
19.	9.	g.	هرم.....الهجد		Héram Médaïé el-Hebgad.	Heram Medayeh el-Hebgad, butte.

N.º de la planche de l'Atlas géogr.	N.º du carreau.	Position du lieu.	NOMS écrits en arabe dans les planches de l'Atlas géographique	TRANSCRIPTION suivie dans les planches de l'Atlas géographique.	TRANSCRIPTION selon l'orthographe de l'ouvrage.
19.	15.	g.	منيه	Minîéh.	Minyeh.
19.	23.	g.	هـام	Hammâm.	Hammâm.
19.	20.	g.	ابو كندر	Aboû-Gandîr.	Abou-Kandyr ou Abou-Gandyr.
19.	21.	g.	سدمويه	Sedmoûéh.	Sedmouyeh.
19.	23.	g.	هواره الكبير	Howârah el-kébîr.	Haouârah el-kebyr.
19.	23.	g.	الاهون	Ellâhoûn.	El-Lâhoun. (PTOLEMAÏS ARSINOÏT.)
19.	21.	g.	المنيه	El-Ménîéh.	El-Minyeh.
19.	20.	g.	العرين	El-ʿArîn.	El-A'ryn.
19.	19.	g.	قصر قوابل	*Qasr Qoûbal.*	*Qasr Qoûbal* ou *Qasr Benât.*
19.	22.	g.	منشية ربيع	Menchât' Râbiât.	Menchyet Raby'.
19.	23.	d.	دمشقين	Demechqîn.	Demechqyn.
19.	22.	g.	الجعافره	El-Gââfréh.	El-Ga'âfreh.
19.	22.	g.	دفنو	Defennoû.	Defennou.
19.	22.	g.	عتمانه	ʿAtamnéh.	A'tmâneh.
19.	21.	g.	ابو دنجاش	Aboû-Dengâch.	Abou-Denqâch.
19.	21.	g.	بحر الوادى	*Bahar el-Wâdî.*	*Bahar el-Ouâdy*, T., bras du canal Joseph.
19.	22.	g.	اطسا	Atsâ.	Etsâ.
19.	21.	g.	اقطاع متناوله	Aqtââ Matoûl.	Aqtâ' Matâouleh.
19.	22.	g.	الحسبه	El-Hasbéh.	El-Hasbeh.

PROVINCE DU FAYOUM.

N.º de la planche de l'Atlas géogr.	N.º du carreau.	Position du lieu.	NOMS écrits en arabe dans les planches de l'Atlas géographique	TRANSCRIPTION suivie dans les planches de l'Atlas géographique.	TRANSCRIPTION selon l'orthographe de l'ouvrage.
19.	23.	g.	هرم الاهون	Pyramide d'Ellâhoûn	Pyramide d'el-Lâhoun
19.	24.	g.	حمّام الاهون	El-Hammâm Ellâhoûn.	El-Hammâm el-Lâhoun.
19.	24.	g.	النجارى	El-Nagârî.	El-Nagâry.
19.	20.	g.	نزلة	Nezléh.	Nazleh.
19.	18.	g.	قصر قارون	Qasr Qaroûn.	Qasr Qeroun, temple Égyptien.
19.	22.	g.	المعصره	El-Maâsarah.	El-Ma'sarah.
19.	23.	g.	هواره الصغير	Howârah el-sogaïr	Haouârah el-soghayr.
19.	23.	g.	———	———	Ruines, pyramide du Labyrinthe.
19.	22.	g.	ابوصير دفنور	Aboûsîr Defnoûr.	Abousyr Defnour.
19.	21.	g.	اهريت	Ahérît.	Aheryt.
19.	22.	g.	الصفاويه	El-Sowâfîéh.	El-Sofâouyeh.
19.	22.	g.	صنوفر	Senawfer.	Senaoufer.
19.	22.	g.	بجج	Begîg.	Begyg.
19.	22.	g.	العمود	El-ᵒAhmoûd.	El-A'moud. (Obélisque à Begyg.)
19.	22.	g.	ترعة مطول	Torâ el-Matoûl.	Tora'h Matoul. T.
19.	21.	g.	المناشى	El-Ménâchî.	El-Menâchy.
19.	21.	g.	دسيه	Deçîéh.	Desyeh.
19.	21.	g.		Torâ el-Deçîéh.	Tora'h el-Desyeh. T.
19.	21.	g.	جردو	Garadoû.	Garadou.

N.° de la planche de l'Atlas géogr.	N.° du carreau.	Position du lieu.	NOMS écrits en arabe dans les planches de l'Atlas géographique	TRANSCRIPTION suivie dans les planches de l'Atlas géographique.	TRANSCRIPTION selon l'orthographe de l'ouvrage.
19.	26.	g.	قصر كافور	Qasr Koufoûr.	*Qasr Kôfour, ruines.*
19.	30.	g.	قحافه	Qahâféh.	Qahâfeh.
19.	29.	g.	طبهار	Tabhâr.	Tabhâr.
19.	29.	g.	السنباط	El-Senbât.	El-Senbât.
19.	26.	g.	ترعة السنباط	*Torâ el-Senbât.*	*Tora'h el-Senbât.* T.
19.	26.	g.	ترعة التلات	*Torâ el-Talât.*	*Tora'h el-Talât.* T.
19.	26.	g.	ترعة العجميين	*Torâ el-Âgmîinéh.*	*T. el-A'gmyyn.* T.
19.	26.	g.	ترعة السينرو	*Torâ el-Sînerou.*	*T. el-Synerou.* T.
19.	26.	g.	ترعة السنهور	*Torâ el-Senhoûr.*	*T. el-Senhour.* T.
19.	29.	g.	تلات	Talât.	Talât.
19.	30.	g.	مدينة الفيوم	MÉDÎNET EL-FAÎOÛM.	MEDYNET EL-FAYOUM (1). (*CROCODILOPOLIS, vel ARSINOE.*)
19.	31.	g.	دموه	Demoû.	Demoueh.
19.	31.	g.	دهمرو	Dârâmât.	Dahmrou.
19.	29.	g.	العجميين	Âgmîinéh.	El-A'gmyyn.
19.	30.	g.	ترعة النقاليفه	*Torâ el-Naqâlîféh.*	*T. el-Naqâlyfeh.* T.
19.	30.	g.	ترعة الراويه	*Torâ el-Râwîéh.*	*T. el-Râouyeh.* T.
19.	30.	g.	ترعة السنهورس	*Torâ el-Sennaoûris.*	*T. el-Sennaoures.* T.
19.	30.	g.	ترعة المعصرة	*Torâ el-Mâsarah.*	*T. el-Ma'sarah.* T.
19.	30.	g.	ترعة الكعابى	*Torâ el-Kâabî.*	*T. el-Ka'âby.* T.
19.	30.	g.	ترعة المطرطارش	*T. el-Matartârech.*	*T. el-Matartârech.* T.

(1) Appelée aussi *Medynet el-Fâres.*

PROVINCE DU FAYOUM.

N.º de la planche de l'Atlas géogr.	N.º du carreau.	Position du lieu.	NOMS écrits en arabe dans les planches de l'Atlas géographique.	TRANSCRIPTION suivie dans les planches de l'Atlas géographique.	TRANSCRIPTION d'après l'orthographe de l'ouvrage.
19.	30.	g.	منشية عبد الله	Mînchât 'Abdallah.	Menchyat A'bdallah.
19.	28.	g.	ابو جنشو	Aboû-Genchoû.	Abou-Genchou.
19.	28.	g.	ابشاى الرمان	Abchoûâïe el-Rommân.	Abchây el-Rommân.
19.	31.	g.	العدوه	El-'Adoûéh.	El-A'doueh.
19.	30.	g.	الزاويه الكرانيه	El-Zâwîéh el-Kérânîéh.	El-Zâouyeh el-Kerânyeh.
19.	30.	g.	بنى مجنون	Bénî-Magnoûn.	Beny-Magnoun.
19.	29.	g.	سينرو	Sîneroû.	Synerou.
19.	30.	g.	الاعلام	El-'Alâm.	El-A'lâm.
19.	31.	g.	بحر بلاما	Bahr Belâmâ.	Bahr belâ-mâ, T., bras du canal Joseph.
19.	31.	g.	المصلوب	El-Masloûb.	El-Masloub.
19.	29.	g.	فدمين	Fidimîn.	Fidimyn.
19.	30.	g.	بيهمو	Bîhamoû.	Byhamou. (*Ruines de statues colossales.*)
19.	30.	g.	الكعابي الجديد	El-Kâ'âbî el-Gédîd.	El-Ka'âby el-Gedyd
19.	29.	g.	ابو كسا	Aboû-Keçéh.	Abou-Ksé.
19.	31.	g.	سيله	Sîléh.	Syleh.
19.	30.	g.	مطرطارش	Matartârech.	Matartârech.
19.	37.	g.	سنهور المدينه	Senhoûr el-Medîneh	Senhour el-Medyneh
19.	37.	g.	نقاليفه	Naqâlîféh.	Naqâlyfeh.
19.	38.	g.	الاخصاص	El-A'ksâs.	El-Ekhsâs.
19.	38.	g.	جبيله	Gebîléh.	Gebyleh.

É. M. XVIII. 3ᵉ Partie.

NOMS DE LIEUX DE L'EGYPTE.

N.º de la planche de l'Atlas géogr.	N.º du carreau.	Position du lieu.	NOMS écrits en arabe dans les planches de l'Atlas géographique	TRANSCRIPTION suivie dans les planches de l'Atlas géographique.	TRANSCRIPTION selon l'orthographe de l'ouvrage.
19.	38.	g.	سنورس	Sennawres.	Sennaoures.
19.	38.	g.	ترسا	Terséh.	Tersé.
19.	38.	g.	بهبيت الحجر	Béhébît el-Hagar.	Behbeyt el-Hagar.
19.	39.	g.	المقاتله	El-Moqâtéléh.	El-Moqâteleh.
19.	39.	g.	سرسنى	Sersenä.	Sersené.
19.	39.	g.	المعصره	Maåsarah.	El-Ma'sarah.
19.	39.	g.	كفر عميرا	K. 'Amîréh.	Kafr A'myré.
19.	39.	g.	الزرابى	El-Zerbî.	El-Zerâby.
19.	39.	g.	مرطس	Morqos *ou* Mortos.	Morqos *ou* Mortos.
19.	39.	g.	ربعة	Roubâiat.	Rouba't.
19.	39.	g.	الروضة	El-Rawďah.	El-Roudàh.
19.	35.	g	قصر تفشره ومدينة النمرود	Qasr Tefcharah et Medîneï Nemroûd, *ruines*.	Qasr Tefcharah et Medynet el-Nemroud, *ruines*. (BAN-CHIS.)
20.	4.	g.	بركة القارون	Birkeï el-Qâroûn.	Birket el-Qeroun. B. (LACUS MŒRIDIS.)
20.	6.7	g.	كفر طما	Kafr Tâmîéh.	Kafr Tamâ *ou* Tamyeh.
20.	7.	g.	طما	Tâmîéh.	Tamâ *ou* Tamyeh.
20.	11.		بريّه	Désert de Libye.	Berryeh.

PROVINCE D'ATFYEH. 131

N.° de la planche de l'Atlas géogr.	N.° du carreau.	Position du lieu.	NOMS écrits en arabe dans les planches de l'Atlas géographique	TRANSCRIPTION suivie dans les planches de l'Atlas géographique.	TRANSCRIPTION selon l'orthographe de l'ouvrage.
			PROVINCE D'ATFYEH.		
14.	22.	d.	———	*Village abandonné.*	———
14.	22.	d.	نزلة نوير	N.ẗ Nowéïr.	N.t Noueyr.
14.	22.	d.	نزلة	Nezleẗ.	Nazlet.
14.	22.	d.	نزلة	Nezleẗ.	Nazlet.
14.	30.	d.	نزلة مطاهاره	N.ẗ Matâhâréh.	N.t Matâhâreh.
14.	30.	d.	المجّار	El-Meḧaggâr.	El-Mahaggâr.
14.	30.	d.	المطاهاره	El-Matâhâréh.	El-Matâhâreh.
14.	29.	d.	نزلة	Nezleẗ.	Nazlet.
14.	30.	î.	جزيرة مطاهاره	*G.ẗ Matâhâréh.*	*G.t Matâhâreh.*
14.	30.	d.	كفر مطاهاره	K. Matâhâréh.	Kafr Matâhâreh.
14.	29.	d.	نزلة خلّف	N.ẗ Ḱallaf.	N.t Khallaf.
14.	29.	d.	نزلة مطاهاره	N.ẗ Matâhâréh.	N.t Matâhâreh.
14.	30.	d.	كفور مطاهاره	KoufourMatâhâréh	KoufourMatâhâreh
14.	29.	d.	نزلة مطاهاره	N.ẗ Matâhâréh.	N.t Matâhâreh.
14.	30.	d.	كوم الاحمر	*Koûm el-Aḧmar.*	*Koum el-Ahmar, grandes ruines.*
14.	29.	d.	نزلة مطاهاره	N.ẗ Matâhâréh.	N.t Matâhâreh.
14.	30.	d.	الزاوية الميتين	El-Zâwîet el-Méïtéïn.	El-Zâouyet el-Mayeteyn
14.	29.	d.	كوم الاخضر	*Koûm el-Aḱḋar.*	*Koum el-Akhdar, ruines.*
14.	30.	d.	نزلة القريه	N.ẗ el-Qarîéh	N.t el-Qaryeh, *ruines*

N.º de la planche de l'Atlas géogr.	N.º du carreau.	Position du lieu.	NOMS écrits en arabe dans les planches de l'Atlas géographique.	TRANSCRIPTION suivie dans les planches de l'Atlas géographique.	TRANSCRIPTION selon l'orthographe de l'ouvrage.
14.	29.	d.	نزلة السواده	N.ᵗ el-Sowâdéh.	N.ᵗ el-Saouâdeh.
14.	29.	d.	سواده	Sowâdéh.	Saouâdeh.
14.	37.	d.	الداوديه	El-Dâoûdîéh.	El-Dâoudyeh.
14.	37.	d.	العوارتي	El-ᵃAwârtî.	El-A'ouârty.
15.	5.	d.	الطحاحنه	El-Ṭaḥâḥnéh.	El-Tahâhneh ou Thneh. (ACORIS.)
15.	5.	î.	جزيرة وادى الطير	Gezîreï wâdî el-Ṭéïr.	Gezyret ouâdy el-Teyr.
15.	5.	d.	وادى الطير	Wâdî el-Ṭéïr.	Ouâdy el-Teyr.
15.	5.	d.	جبل الطير	Gebel el-Ṭéïr.	Gebel el-Teyr [montagne des oiseaux].
15.	13.	d.	دير البكره	Déïr el-Bakarah.	Deyr el-Bakarah [monastère de la poulie].
15.	13.	d.	كفر	Kafr.	Kafr.
15.	13.	d.	كفر	Kafr.	Kafr.
15.	13.	d.	بنى عاصم	Bénî-ᵃAṣem.	Beny-A'âsem.
15.	13.	d.	شرهى	Cherhî.	Cherhy.
15.	13.	d.	راس الكباش	Râs el-Kabâch [mont des piles].	Râs el-Kabâch. G.
15.	21.	d.	نزلة قصاص	N.ᵗ Qesâs.	N.ᵗ Qesâs.
15.	22.	d.	نزلة تشط	N.ᵗ Techt.	N.ᵗ Techt.
15.	22.	d.	كفر	Kafr.	Kafr.

N.° de la planche de l'Atlas géogr.	N.° du carreau.	Position du lieu.	NOMS écrits en arabe dans les planches de l'Atlas géographique	TRANSCRIPTION suivie dans les planches de l'Atlas géographique.	TRANSCRIPTION selon l'orthographe de l'ouvrage.
15.	30.	d.	كفر	Kafr.	Kafr.
15.	30.	d.	دهايله	Dehâïléh.	Dehâyleh.
15.	30.	d.	حلّه	Helléh.	Helleh.
15.	38.	î.	شيخ حلّه	Chéïk Helléh.	Cheykh Helleh.
15.	38.	î.	جزيرة زهره	*G.*ᵗ *Zohrah.*	*G.*ᵗ *Zohrah.*
15.	31.	d.	شيخ ابراهيم	Chéïk Ibrâhîm.	Cheykh Ibrâhym.
15.	31.	d.	ابراهيم	Ibrâhîm.	Ibrâhym.
15.	31.	d.	كفر ابراهيم	K. Ibrâhîm.	Kafr Ibrâhym.
15.	31.	d.	كفر	Kafr.	Kafr.
16.	6.	d.	شعرونه	Chåroûnéh.	Cha'rouneh.
16.	7.	d.	كفر	Kafr.	Kafr.
16.	7.	d.	ابو كرم	Aboû-Karm.	Abou-Karm.
16.	7.	d.	نجع كرم	Nagå Karm.	Naga' Karm.
16.	7.	d.	الكرم	El-Karm.	El-Karm.
16.	14.	d.	الساقيه	El-Sâqaïeh.	El-Sâqayeh.
16.	14.	d.	حرمشيت	Haramchît.	Haramchyt.
16.	14.	d.	كفر	Kafr.	Kafr.
16.	24.	d.	جبل الطير	*Gebel el-Téïr* [*montagne des oiseaux*].	*Gebel el-Teyr.*
16.	32.	d.	كفر	Kafr.	Kafr.
16.	32.	d.	كفر	Kafr.	Kafr.
16.	40.	d.	كفر	Kafr.	Kafr.

N.º de la planche de l'Atlas géogr.	N.º du carreau.	Position du lieu.	NOMS écrits en arabe dans les planches de l'Atlas géographique	TRANSCRIPTION suivie dans les planches de l'Atlas géographique.	TRANSCRIPTION selon l'orthographe de l'ouvrage.
17.	10-14.	d.	جبل جباى	Gebel Gebeï [montagne du réservoir].	Gebel Gebey. G.
18.	1.	d.	العصاره	El-A'ssârah.	El-A'ssârah.
18.	1.	d.	بياض	Baïâḍ.	Bayâd. (THIMONEPSI.)
18.	18.	d.	شيخ ابو النور	Chéïk Aboûlnoûr.	Cheykh Abou-l-nour.
18.	18.	d.	ديرمارى انطونيوس ابو الرهبان	Dëir Mârî Antoûnioûs Aboû-el-Rohbân [couvent de S.ᵗ-Antoine].	Deyr Mâry Antounyous Abou-l-Rohbân [couvent de Saint-Antoine].
18.	18.	d.	الكريهات	El-Kerîmât.	El-Kerymât.
18.	18.	d.	الديابيه الجديد	El Dîâbîéh el-Gedîd.	El-Dyâbyeh el-Gedyd.
18.	26.	d.	القرمان	El-Qormân.	El-Qormân.
18.	26.	d.	برنبال	Barounbâl ou Bernebâl.	Barounbâl ou Bernebâl.
18.	26.	d.	جزيرة بركات	G.ᵗ Baraqât.	G.ᵗ Barakât.
18.	26.	d.	المساعدة	El-Mécîd.	El-Mesâ'deh.
18.	26.	d.	صول	Sawl.	Sôl.
18.	26.	d.	فرقص	Farqas.	Farqas.
18.	34.	d.	اطفيح	Atfîh.	ATFYEH. (APHRODITOPOLIS.)
18.	34.	d.	——	Village.	
18.	35.	d.	وادى الرسراس	Wâdî el-Resrâs.	Ouâdy el-Resrâs. O.
18.	34.	d.	الصالحيه	El-Sâlhîéh.	El-Sâlhyeh.
18.	34.	d.	نزلة الجندى	N.ᵗ el-Gendî.	N.ᵗ el-Gendy.

PROVINCE D'ATFYEH.

N.º de la planche de l'Atlas géog.	N.º du carreau.	Position du lieu.	NOMS écrits en arabe dans les planches de l'Atlas géographique	TRANSCRIPTION suivie dans les planches de l'Atlas géographique.	TRANSCRIPTION selon l'orthographe de l'ouvrage.
18.	34.	d.	الوصلين	El-Wasléïn.	El-Ouasleyn.
18.	34.	d.	جبيبات	Gibîbât.	Gibeybât.
21.	2.	d.	الودى	Oûdî.	El-Oudy.
21.	2.	d.	اشكر	Eskor.	Echkor *ou* Eskor.
21.	2.	d.	خراب	Karâb, ruines.	Kharâb, ruines.
21.	2.	d.	الصف	El-Soff.	El-Soff.
21.	2.	d.	الفهمين	El-Féhémîïn.	El-Fehemyyn.
21.	2.	d.	اللات	El-Talt.	El-Talât.
21.	10.	d.	الاقواز	El-Aqowâz.	El-Aqouâz.
21.	10.	d.	المنشيه	El-Menchîéh.	El-Menchyeh.
21.	10.	d.	البهيدات	El-Béhédât.	El-Behhydât.
21.	10.	d.	كفر البهيدات	K. el-Béhédât.	Kafr el-Behhydât.
21.	10.	d.	الحى	El-Hâïe.	El-Haye.
21.	10.	d.	جميزه الصغرى	Gemmâzéh el-sogaïr.	Gemmâzeh el-sogharâ.
21.	18.	d.	خراب	Karâb, village ruiné	Kharâb, village ruiné.
21.	18.	d.	جميزه الكبير	Gemmâzéh el-kebîr	Gemmâzeh el-kebyr. (SCENÆ MANDRARUM.)
21.	18.	d.	الاخصاص	El-A'ksâs.	El-Akhsâs.
21.	18.	d.	شرفه	Choraféh.	Chorafeh.
21.	18.	d.	طها	Tahahéh.	Tahâ.
21.	18.	d.	منية البيت	Ménîeï el-Baéît.	Minyet el-Beyt.

N.° de la planche de l'Atlas géogr.	N.° du carreau.	Position du lieu.	NOMS écrits en arabe dans les planches de l'Atlas géographique	TRANSCRIPTION suivie dans les planches de l'Atlas géographique.	TRANSCRIPTION d'après l'orthographe de l'ouvrage.
21.	18.	d.	التبين	El-Tebéïn.	El-Tebeyn *ou* Tab-byn.
21.	18.	d.		*Torå el-Mellâ.*	*Tora'h el-Mellâ.* T.
21.	26.	d.	الطرفيه	Tarféh *ou* el-Tar-fâïéh.	Tarfeh *ou* el-Tar-fayeh.
21.	26.	d.	حلوان	Halowân.	Halowân.
21.	26.	d.		*Torå el-Amîéh.*	*Tora'h el-Amyeh.* T.
21.	26.	d.		*Torå el-kebîr.*	*Tora'h el-kebyr.* T.
21.	34.	d.	ديـر بـرسـوم العريان	*Déïr Barsûm el-Ariân.*	*Deyr Barsoum el-A'ryân.*
21.	34.	d.	المعصره	El-Maåsarah.	El-Ma'sarah.
21.	34.	d.		*Torå el-Qoblîéh.*	*Tora'h el-Qeblyeh.* T.
21.	34.	d.		*Torå el-Qebîn.*	*Tora'h el-Qebyn.* T.
21.	34.	d.	طرّح	Torrah, *et château.*	Torrah. (TROJA.)
21.	34.	d.	دير العدويه	*Déïr el-Adaoûïéh.*	*Deyr el-A'daouyeh.*
21.	34.	d.	وادى تيه	*Wâdî Tîéh.*	*Ouâdy Tyeh* [*vallée de l'Égarement*].
21.	34.	d.	البساتين	El-Baçâtîn.	El-Basâtyn.
24.	2.	d.	دير الطين	Déïr el-Tîn.	Deyr el-Tyn.
21.	37.	d.	جبل امّونه	*Gébel Ammoûnéh.*	*Gebel Ammouneh.* G.
21.	37.	d.	————	*Puits de Gandelî.*	*Gandely.* A'.
21.	30.	d.	خيبون	*Kéïboûn.*	*Kheyboun.*

PROVINCE DE GYZEH. 137

N.° de la planche de l'Atlas géogr.	N.° du carreau.	Position du lieu.	NOMS écrits en arabe dans les planches de l'Atlas géographique	TRANSCRIPTION suivie dans les planches de l'Atlas géographique.	TRANSCRIPTION selon l'orthographe de l'ouvrage.
22.	17.	d.	رمليه	*Ramlîéh.*	*Ramlyeh.* G.
22.	20.	d.	طواهه	*Ŧawâhéh.*	*Taouâheh.* A'.
22.	23.	d.	راس صالح	*Râs Sâlħ*, cap.	*Râs Sâlh.*
22.	28.	d.	جبل الطاقا	*Gebel el-Ŧâqâ.*	*Gebel el-Tâqâ.* G.
22.	29.	d.	راس الطاقا	*Râs el-Ŧâqâ.*	*Râs el-Tâqâ*, cap.
22.	30.	d.	راس الموسى	*Râs el-Moûçä.*	*Râs el-Mousä*, cap.
22.	31.	d.	عين موسى	*Fontaines de Moïse.*	*Fontaines de Moïse.* A'
22.	38.	d.	سويس	SOÛÉÏS *ou* SUEZ.	(CLYSMA.) ? SOUEYS *ou* SUEZ.
22.	38.	d.	معديه	*Maådîéh.*	(ARSINOE.) *Ma'dyeh, passage.*
22.	39.	d.		*Source d'Herqédéh.*	*Source d'Herqedeh.*
23.	6.	d.		*Bîr Soûéïs.*	*Byr Soueys.* A'.
23.	3.	d.	جبل التيها	*Gebel el-Taîhâ.*	*Gebel el-Tayhâ.* G.

PROVINCE DE GYZEH.

18.	34.	g.	كفر......	Kafr G.^{t} ṡoġaïréh.	Kafr G.^{t} soghayreh.
18.	34.	g.	جزيرة الاقواز	G^{t} el-Awéh *ou* el-Aqoûâz	G.^{t} el-Aqouâz.
18.	34.	g.	القطورى	El-Qattoûrî.	El-Qattoury.
18.	34.	g.	غزالة	Ġazâléh.	Ghazâleh.
18.	33.	g.	المحرقه	El-Maårqah.	El-Mahraqah.
18.	34.	g.	النزله	El-Nezléh.	El-Nazleh.
18.	34.	g.	نزلة حسن	N.^{t} Haçan.	N.^{t} Hasan.
18.	33.	g.	جزيرة الاسل	Guezer el-Azel.	Gezer el-Asel.

138 NOMS DE LIEUX DE L'ÉGYPTE.

N.° de la planche de l'Atlas géogr.	N.° du carreau.	Position du lieu.	NOMS écrits en arabe dans les planches de l'Atlas géographique	TRANSCRIPTION suivie dans les planches de l'Atlas géographique,	TRANSCRIPTION selon l'orthographe de l'ouvrage.
18.	34.	g.	ابوفار	Aboûfâr.	Aboufâr.
18.	33.	g.	ترعة الاسرع	*Canal d'el-Asarah.*	*Tora'h el-Asara'*, ou *canal occidental.* T.
18.	31.	g.	كفر المنية	K. el-Menîeï.	Kafr el-Minyet.
21.	2.	g.	كفور اسل	Kofoûr Asel.	Kofour Asel.
21.	2.	g.	جزيه	Gezaîéh.	Gezayeh.
21.	2.	g.	منية القايد	Ménîeï el-Qâïd.	Minyet el-Qâyd.
21.	2.	g.	مكتفيه المنية	*Maqaïtfîéh el-Ménîeï, ruines.*	*Maktafyeh el-Minyet, ruines.*
21.	2.	g.	مكتفيه	Makatfiéh.	Maktafyeh.
21.	1.	g.	ابو العبّاس	Aboû-el-Abbâs.	Abou'l-A'bbâs.
21.	2.	g.	محرب	Maharreb.	Maharreb.
21.	1.	g.	المحرق	El-Maharraq.	El-Maharraq.
21.	2.	g.	كفر الجماله	K. el-Gémâléh.	Kafr el-Gemâleh.
21.	1.	g.	كفر لشت	K. Licht.	Kafr Licht.
21.	2.	g.	المتانيه	El-Matânîéh.	El-Metânyeh.
21.	1.	g.	———	———	*Pyramides de Metânyeh.*
21.	10.	g.	كفر الشحاته	K. el-Chahâtéh.	Kafr el-Chahâteh.
21.	9.	g.	بمها	Bemhâ.	Bemhâ (1). (*Peme.*)
21.	10.	g.	كفر العياط	K. el-Aïât.	Kafr el-A'yât.
21.	9.	g.	طهما	Tahméh, Atâmnéh.	Tahmé *ou* Atâmneh

(1) On lit بمبا *Bembâ* dans un autre catalogue des villages de l'Égypte.

PROVINCE DE GYZEH. 139

N.º de la planche de l'Atlas géogr.	N.º du carreau.	Position du lieu.	NOMS écrits en arabe dans les planches de l'Atlas géographique	TRANSCRIPTION suivie dans les planches de l'Atlas géographique.	TRANSCRIPTION selon l'orthographe de l'ouvrage.
21.	10.	g.	المسانده	El-Meçândéh.	El-Mesândeh.
21.	10.	g.	بهبيت	Béhbît.	Behbeyt.
21.	10.	g.	كفر العطف	K. el-°Atf.	Kafr el-A'tf.
21.	9.	g.	بديف	Bidéïf.	Bideyf.
21.	9.	g.	أبو رويش	Aboû-Roûîch.	Abou-Rouych.
21.	10.	g	بليده أو البليد	Belîdéh *ou* el-Beléï-déh.	El-Beleydeh.
21.	9.	g.	أبو صابى	Aboû-Sâbbî.	Abou-Sâbby.
21.	9-10.	g.	بدسه	Bedséh.	Bedseh.
21.	9.	g.	كفر برنشت	K. Barnacht.	Kafr Barnacht.
21.	18.	g.		*Village ruiné.*	
21.	18.	g.	كفر الدبه	K. el-Dabaï, *ruines.*	K. el-Dabeh, *ruines.*
21.	17.	g.	كفر حمايد	K. Hamâïed.	Kafr Hamâyed.
21.	18.	g.	برنشت	Barnacht.	Barnacht.
21.	17.	g.	كفر الدناويه	K. el-Danâwîéh.	K. el-Danâouyeh.
21.	17.	g.	زاوية دهشور	Zâwîeï Dahchoûr.	Zâouyet Dahchour.
21.	17.	g.	دهشور	Dahchoûr.	Dahchour.(ACANTHUS.)
21.	17.	g.	هرم دهشور	———	*Pyramide de Dahchour.*
21.	18.	g.	مجدونه	Mesroûm Megdoûnéh.	Mesroum Megdouneh.
21.	18.	g.	الشوبك	El-Chowbak.	El-Choubak.
21.	18.	g.	رجوان	Aboû-Rogowân.	Abou-Rogouân.
21.	17.	g.	منشية دهشور	Menchîat Dahchoûr.	Menchyet Dahchour.

N.º de la planche de l'Atlas géogr.	N.º du carreau.	Position du lieu.	NOMS écrits en arabe dans les planches de l'Atlas géographique	TRANSCRIPTION suivie dans les planches de l'Atlas géographique.	TRANSCRIPTION selon l'orthographe de l'ouvrage.
21.	18.	g.	كفر ابو رجوان	K. aboû-Rogowân.	K. Abou-Rogouân.
21.	26.	g.	كفر الظهران	K. el-Zaharân.	Kafr el-Zaharân.
21.	26.	g.	كفر عطيه	K. ʿAṭîéh.	Kafr A'tyeh.
21.	26.	g.	كفر القلعه	K. el-Qalaȧh.	Kafr el-Qala'h.
21.	25.	g.	هرم الكبير	Héram el-kébyr.	Heram el-kebyr, grande pyramide de Dahchour.
21.	26.	g.	دراج	Darâgli.	Darâg.
21.	26.	g.	الشنباب	El-Chinbâb.	El-Chinbâb.
21.	26.	g.		Bedrâchéïn.	Bedricheyn.
21.	26.	g.		Chéïk Chîmi.	Cheykh Chimi.
21.	25.	g.	هرم صقاره	Pyramides de Saqqârah.	Pyramides de Saqqârah.
21.	25.	g.	صقّاره	Saqqârah.	Saqqârah. (MEMPHIS.)
21.	26.	g.	ميت رهينه	Mît Rahînéh.	Myt Rahyneh.
21.	25.	g.	مصطبة فرعون	Mastâbeï Farȧoûn.	Mastabet Fara'oun.
21.	26.	g.	كفر العزيزيه	K. el-ʿAzîzîéh.	K. el-A'zyzyeh.
21.	33.	g.	ابوصير	Aboûsîr.	Abousyr. (BUSIRIS.)
21.	33.	g.		————	Pyramides d'Abousyr.
21.	34.	g.	الحوامديه	El-Hawâmdîéh.	El-Haouâmdyeh.
21.	34.	g.	منا الامير	Monâ el-Emîr.	Monâ el-Emyr.
21.	34.	g.	شيخ عثمان	Chéïk ʿOtmân.	Cheykh O'tmân.
21.	34.	g.	امّ خنان	Ommoʿknân.	Ommokhnân.
21.	34.	g.	ميت دونه	Mît Doûnéh.	Myt Douneh.

N.° de la planche de l'Atlas géogr.	N.° du carreau.	Position du lieu.	NOMS écrits en arabe dans les planches de l'Atlas géographique	TRANSCRIPTION suivie dans les planches de l'Atlas géographique.	TRANSCRIPTION selon l'orthographe de l'ouvrage.
21.	34.	g.	ميت قادوس	Mît Qâdoûs.	Myt Qâdous.
21.	34.	g.	المناوات	El-Manâwât.	El-Manâouât.
21.	34.	g.	ميت شماس	Mît Chammâs.	Myt Chammâs.
21.	33.	g.	زاوية شبرامنت	Zâoûïet Chobrâment	ZâouyetChobrâment
21.	34.	g.	طهما	Ŧahmâ.	Tahmâ.
21.	33.	g.	شبرامنت	Chobrâment.	Chobrâment.
21.	34.	g.	ابو سيفنى	*Aboû-Séïfenî.*	*Abou-Seyfeny, couvent.*
21.	33.	g.	الحرانيه	El-Ħarânîéh.	El-Harânyeh.
21.	33.	g.	ابو نمروس	Aboû-Nemroûs.	Abou-Nemrous.
21.	33.	g.	بنى يوسف	Benî-Ioûçef.	Beny-Yousef.
21.	34.	g.	منيل شيه	Ménîel Chîh.	Manyal Chyh.
21.	33.	g.	ترسه	Terséh.	Terseh.
21.	33.	g.	طلبيه	Ŧalbîéh.	Talbyeh.
21.	33.	g.	نزلة الاقتع	N.ᵗ el-Aqtaâ.	N.ᵗ el-Aqta'.
21.	33.	g.	كوم الاسود	Koûm el-Açowed.	Koum el-Esoued.
24-25.	8.	g.	هرام جيزه	*Pyramides de Gîzéh ou de Memphis.*	*Pyramides de Gyzeh, ou* GRANDES PYRAMIDES DE MEMPHIS.
24.	33.	g.	———	———	LE SPHINX.
24.	1.	g.	كنيسه	Kounéïsséh.	Kouneyseh.
24.	1.	g.	جزيزة الذهب	G.ᵗ el-Deheb.	G.ᵗ el-Dahab. (*VENUS AUREA.*)
24.	1.	g.	بركة الخيام	Birkeï el-Ќîâm.	Birket el-Khyâm.

NOMS DE LIEUX DE L'ÉGYPTE.

N.º de la planche de l'Atlas géogr.	N.º du carreau.	Position du lieu.	NOMS écrits en arabe dans les planches de l'Atlas géographique	TRANSCRIPTION suivie dans les planches de l'Atlas géographique.	TRANSCRIPTION selon l'orthographe de l'ouvrage.
24.	1.	g.	ساقيه مكّه	Sâquîeï Mekkéh.	Sâqyet Mekkeh.
24.	1.	g.	كفر طهرمس	K. Tahormes.	Kafr Tahermes.
24.	1.	g.	جيزة	GÎZÉH.	GYZEH.
24.	1.	g.	منشات بكارى	Menchât Bakârî.	Menchât Bakâry.
24.	1.	g.	زنين	Zenîn.	Zenyn.
24.	1.	g.	صفط اللبن	Saft el-Lében.	Saft el-Leben.
24.	1.	g.	جنينه	Genîneh.	Geneyneh.
24.	1.	g.	نهيا	Nehîâ.	Nehyâ.
24.	1.	g.	الدقّه	El-Deqqéh.	El-Deqqeh.
24.	1.	g.	بولاق دكرور	Boûlâq Dakroûr.	Boulâq Dakrour.
24.	1.	g.	المعتمديه	El-Maâtemdîéh.	El-Ma'tamdyeh.
24.	1.	g.	ميت عقبه	Mît °Oqbéh.	Myt O'qbeh.
24.	9.	g.	امبابه	Embâbéh.	Embâbeh.
24.	9.	g.	ابو راضى	Aboû-Râdî.	Abou-Râdy.
24.	9.	g.	بشتيل	Bechtîl.	Bechtyl.
24.	9.	g.	السفينه	El-Sofeïnéh.	El-Sofeyneh.
24.	9.	g.	كفر ورق العرب	K. Waraq el-°Arab.	K. Ouaraq el-A'rab
24.	9.	g.	زنين	Zénéîn.	Zeneyn.
24.	9.	g.	ورق الحضر	Waraq el-Hader.	Ouaraq el-Hader.
25.	9.	g.	كفر ورق الحضر	K. Waraq el-Hader.	K. Ouaraq el-Hader
24.	9.	g.	الكوم الاحمر	El-Koûm el-Ahmar	El-Koum el-Ahmar (*Letopolis*).

N.° de la planche de l'Atlas géogr.	N.° du carreau.	Position du lieu.	NOMS écrits en arabe dans les planches de l'Atlas géographique	TRANSCRIPTION suivie dans les planches de l'Atlas géographique.	TRANSCRIPTION selon l'orthographe de l'ouvrage.
24.	9.	g.	منصوريه	Mansoûrîéh.	Mansouryeh.
24.	9.	g.	جريرة محمّد	G.ᵗ Mohammed.	G.ᵗ Mohammed.
24.	9.	g.	شنبارى	Chenbârî.	Chenbâry.
24.	9.	g.	اوسيم	Awçîm.	Aousym.
24.	9.	g.	طنّاش	Tannâch.	Tannâch.
24.	9.	g.	سقيل	Seqîl.	Seqyl.
24.	9.	g.	برطس	Bortos.	Bortos.
24.	9.	g.	القريطين	El-Qoreïtaïn.	El-Qoreyteyn.
25.	8.	g.	كرداسه	Kerdâçéh.	Kerdâseh.
25.	8.	g.	بنى مجدول	Bénî-Magdoûl.	Beny-Magdoul.
25.	8.	g.	براجيل	Barâgîl.	Barâgyl.
25.	16.	g.	كوم بره	Koûm Beréh.	Koum Bereh.
25.	16.	g.	كفر حكيم	K. Hakîm.	Kafr Hakym.
25.	16.	g.	المنصوريه	El-Mansoûrîéh.	El-Mansouryeh.
25.	24.	g.	ذات الكوم	Dât el-Koûm.	Dât el-Koum.
25.	24.	g.	بهرمس	Behermes.	Behermes.
25.	24.	g.	بركاش	Berkâch.	Berkâch.
25.	24.	g.	الماشى	El-Mâchî.	El-Mâchy.
25.	24.	g.	كفر الجلاتمه	K. el-Galâtméh.	K. el-Galâtmeh.
25.	24.	g.	حسنين	Haçaneïn.	Hasaneyn.
25.	24.	g.	نكله	Nikléh.	Nikleh.
25.	24.	g.	جزاى	Gézâïe.	Gezâye.

NOMS DE LIEUX DE L'ÉGYPTE.

N.º de la planche de l'Atlas géogr.	N.º du carreau.	Position du lieu.	NOMS écrits en arabe dans les planches de l'Atlas géographique	TRANSCRIPTION suivie dans les planches de l'Atlas géographique.	TRANSCRIPTION selon l'orthographe de l'ouvrage.
25.	24.	î.	شلقان	Chalaqân.	Chalaqân.
25.	24.	g.	الرهاوى	El-Rahâwî.	El-Rahâouy.
25.	24.	g.	الاخصاص	El-A'ksas.	El-Ekhsâs.
25.	24.	g.	ام دينار	Omm Dînâr.	Omm Dynâr.
25.	24.	î.	جزيرة شلقان	G.ᵗ Chalaqân.	G.ᵗ Chalaqân.
25.	23.	g.	القطاه	El-Qatâh.	El-Qatâh.
25.	31.	g.	كفر ابو عوالى	K. Aboû-'Awâlî.	K. Abou-A'ouâly.
25.	30.	g.	واردان	Wârdân.	Ouârdân.
25.	38.	g.	اتريس	Atrîs.	Atrys.
25.	30.	g.	ميت سلامه	Mît Salâméh.	Myt Salâmeh.
25.	38.	g.	ابو نشابه	Aboû-Nochâbéh.	Abou-Nochâbeh.
25.	38.	g.	كفر اخمس	K. A'kmas.	Kafr Akhmas.
29.	6.	g.	طرابه	Terrânéh.	Terrâneh. (TERENU-THIS.)
29.	6.	g.	داود	Dâoûd.	Dâoud.
29.	5.	g.	كوم طويل	Koûm Tawîl.	Koum Taouyl. (MENELAI URBS.)
29.	6.	g.	الشيخ جياد	El-Chéïk Gîâd.	El-cheykh Gyâd.
29.	14.	g.	دمشلى	Dimîchlî.	Dimichly.
29.	13.	g.	علقام	'Alqâm.	A'lqâm, *ruines*.
29.	13.	g.	كفر خراب	K. Karâb.	Kafr Kharâb.
29.	13.	g.	ابو الخاوى	Aboû-el-'Kâwî.	Abou-el-Khâouy.

PROVINCE DE QELYOUB. 145

PROVINCE DE QELYOUB.

N.° de la planche de l'Atlas géogr.	N.° du carreau.	Position du lieu.	NOMS écrits en arabe dans les planches de l'Atlas géographique	TRANSCRIPTION suivie dans les planches de l'Atlas géographique.	TRANSCRIPTION selon l'orthographe de l'ouvrage.
24.	1.	d.	اثار النبي	Attâr el-Nebî.	Atâr el-Neby.
24.	1.	d.	مصر العتيقة	MASR EL-ATÎQAH, *ou* LE VIEUX KAIRE.	MASR EL-A'TYQAH, *ou* LE VIEUX KAIRE. (*BABYLONE.*)
24.	2.	d.	جبل جيوشي	*Gebel Gioûchî.*	*Gebel Gyouchy.* G.
24.	2.	d.	مصر القاهرة	MASR EL-QÂHÎRAH, *ou* LE KAIRE.	MASR EL-QÂHYRAH.
24.	2.	d.	تربة قايتباى	*Tombeaux de Qâïtbâï.*	*Tombeaux de Qâydbây.*
24.	2.	d.	جبل مقطم	*Gebel Moqattam.*	*Gebel Moqattam.* G
24.	2.	d.	جبل الاحمر	*Gebel el-Ahmar,* ou *montagne rouge.*	*Gebel el-Ahmar.* G.
24.	2.	î.	جزيرة روضه	*G.*ᵗ *Roûdah.*	*G.*ᵗ *Roudah.*
24.	1.	d.	كفر قرطيه	K. Qoratïéh.	Kafr Qoratyeh.
24.	1.	d.	بولاق	BOÛLÂQ.	BOULÂQ.
24.	1.	î.	جزيرة بولاق	*G.*ᵗ *Boûlâq.*	*G.*ᵗ *Boulâq.*
24.	10.	d.	قبة العزب	Qobbeï el-Azeb.	Qobbet el-A'zeb.
24.	10.	d.	جزيرة بدران	G.ᵗ Bedrân.	G.ᵗ Badrân.
24.	10.	d.	زاوية	Zâwîeï.	Zâouyet.
24.	10.	d.	جنينة مماشى	Génîneï Mamâchî.	Geneynet Mamâchy.
24.	10.	d.	كفر زانيه	K. Zânîéh.	Kafr Zânyeh.
24.	10.	d.	الاميريه	El-Emîrîéh.	El-Emyryeh.

N.° de la planche de l'Atlas géogr.	N.° du carreau.	Position du lieu.	NOMS écrits en arabe dans les planches de l'Atlas géographique	TRANSCRIPTION suivie dans les planches de l'Atlas géographique.	TRANSCRIPTION selon l'orthographe de l'ouvrage.
24.	10.	d.	منية السريج	Miniet el-Sirig.	Minyet el-Siryg.
24.	10.	d.		*Canal du Kaire.*	*Canal du Kaire ou du prince des fidèles.* T.
24.	10.	d.	الاويليه	El-Awîlîéh.	El-Aouylyeh.
24.	10.	d.	————	*Village ruiné.*	————
24.	10.	d.	سبيل الحمّ	*Sibîl el-Ham.*	*Sibyl el-Hamm.* S.
24.	10.	d.	القلج	El-Qalag.	El-Qalag.
24.	10.	d.	شبرى الخيمه	Chobrä el-Kîméh.	Chobrä el-Kheymeh.
24.	10.	d.	المطريه	El-Matarîéh.	El-Mataryeh. (HELIOPOLIS.)
24.	10.	d.	دمنهور شبرى	Damanhoûr Chobraï	Damanhour Chobrä.
24.	10.	d.	بهتيم	Behtîm.	Bahtym.
24.	9.	d.	بسوس	Beçoûs.	Beysous. (DELTA.)
24.	10.	d.	مية صارد	Mîï Sâred.	Myt Sâred.
24.	10.	d.	مية نما	Mîï Namâ.	Myt Namé.
24.	11.	d.	الجاموس	K. el-Gâmoûs.	Kafr el-Gâmous.
24.	11.	d.	سبيل الموره	*Sibîl el-Mourah.*	*Sibyl el-Mourah.* S.
24.	10.	d.	منطاى	Mentâïe.	Mentâye.
24.	9.	d.	بجام	Begâm.	Begâm.
24.	9.	d.	ابو الغيط	Aboû-el-Geït.	Abou-el-Gheyt.
24.	9-	d.	مية حلفه	Mîï Halféh.	Myt Halfeh.
24.	10. 9.	î.	جزيرة ابو الغيط	*G.ᵉ Aboû-el-Géït.*	*G.ᵉ Abou-el-Gheyt.*
24.	10.	d.	الخصوص	El-Kousoûs.	El-Khousous.

N.° de la planche de l'Atlas géogr.	N.° du carreau.	Position du lieu.	NOMS écrits en arabe dans les planches de l'Atlas géographique	TRANSCRIPTION suivie dans les planches de l'Atlas géographique.	TRANSCRIPTION selon l'orthographe de l'ouvrage.
24.	17.	d.	الخراقانيه وختاعنه	El-'Karâqânîéh *et* 'Katâånéh.	El-Kharâqânyeh *et* Khatâ'neh.
24.	19.	d.	المرج	El-Merg.	El-Merg.
24.	19.	d.	بركة الحاجي	*Birkeï el-Hâggî*, ou *lac des Pélerins.*	*Birket el-Hâggy*, B.
24.	19.	d.	بركة الحاجي	Birket el-Hâggî *et fort.*	Birket el-Hâggy.
24.	19.	d.	ابوصير	Aboûsîr.	Abousyr.
24.	17.	d.	قليوب	QELÎOÛB.	QELYOUB.
24.	18.	d.	المنايل	El-Menâïl.	El-Menâyl.
24.	18.	d.	بلقس	Belaqs.	Belaqs.
24.	18.	d.	كوم اجفين	Koûm Agféïn.	Koum Agfeyn.
24.	18.	d.	زاوية نجّار	Zâwîeï Naggâr.	Zâouyet Naggâr.
24.	19.	d.	القلج	El-Qalag.	El-Qalag.
24.	19.	d.	الزيات	El-Zaïât.	El-Zayât.
24.	18.	d.	سرياقوس	Serîâqoûs.	Seryâqous.
24.	18.	d.	السليمانيه	El-Selîmânîéh.	El-Selymânyeh.
24.	18.	d.	ناى	Nâï.	Nây.
24.	18-26.	d.	خليج ابو منجّى	*'Kalîg Aboû-Meneggéh.*	*Khalyg Abou-Meneggeh*, T., BRANCHE PÉLUSIAQUE.
24.	17.	d.	حلابه	Halâbéh.	Halâbeh.
24.	17.	d.	كفر ابو جامع	K. âboû-Gâmå.	K. abou-Gâma'.
24.	18.	d.	كوم الهوه	Koûm el-Hawéh.	Koum el-Haoueh.

NOMS DE LIEUX DE L'ÉGYPTE.

N.º de la planche de l'Atlas géogr.	N.º du carreau.	Position du lieu.	NOMS écrits en arabe dans les planches de l'Atlas géographique.	TRANSCRIPTION suivie dans les planches de l'Atlas géographique.	TRANSCRIPTION selon l'orthographe de l'ouvrage.
24.	18.	d.	كوم السمن	Koûm el-Semn.	Koum el-Semn.
24.	19.	d.	الخانقه	El-'Kânqah.	El-Khânqeh.
24.	17.	d.	رماده	Ramâdéh.	Ramâdeh.
24.	17.	d.	قلمه	Qalaméh.	Qalameh.
24.	17.	d.	صنافير	Sanâfîr.	Sanafyr.
24.	17.	d.	الصباح	El-Sabâh.	El-Sabâh.
24.	17.	d.	الشرافه	El-Chorâféh.	El-Chorâfeh.
24.	20.	d.	جبل دمشق	Gébel Damâ.	Gebel Damachq. G.
24.	18.	d.	الحسانيه	El-Haçânîéh.	El-Hasânyeh.
24.	18.	d.	نوى	Noûâïe.	Naouây.
24.	18.	d.	كفر سندوه	K. Sendoûéh.	Kafr Sendoueh.
24.	18.	d.	الخزان	El-'Kazân.	El-Khazân.
24.	18.	d.	القشيش	El-Qachîch.	El-Qachých.
24.	17.	d.	البراده	El-Barâdéh.	El-Barâdeh.
24.	17.	d.	سندبيس	Sendebîs.	Sendibys.
24.	18.	d.	طنان	Tanân.	Tanân.
24.	17.	d	سنديون	Sendîoûn.	Sendyoun.
24.	21.	d.	الزياد	El-Ziâd.	El-Zyâd. A'.
24.	22.	d.	البول	El-Bowel.	El-Bouel.
24.	16.	d.	بير البطر	Bîr el-Batar.	Byr el-Batar. A'.
23.	12.	d.	قلعة وبير اجرود	Château et puits d'Ageroûd.	Qala'h et Byr Ageroud. A'.

N.° de la planche de l'Atlas géogr.	N.° du carreau.	Position du lieu.	NOMS écrits en arabe dans les planches de l'Atlas géographique	TRANSCRIPTION suivie dans les planches de l'Atlas géographique.	TRANSCRIPTION selon l'orthographe de l'ouvrage.
23.	14.	d.	———	*Anc.n canal de Suez.*	*Canal de Soueys.*
23.	7.	d.	———	*Ruines.*	*Ruines.* (HEROOPOLIS, *ante* AVARIS.)
24.	18.	d.	سندوه	Sendoûéh.	Sendoueh.
24.	18.	d.	القطّاره	El-Qattârah.	El-Qattârah.
24.	18.	d.	كفر الهمزه	K. el-Hamzéh.	Kafr el-Hamzeh.
24.	18.	d.	ابو زعبل	Aboû-Zaåbel.	Abou-Za'bal.
24.	25.	d.	اجهور الصغرى	Aghoûr el-Sogrä.	Aghour el-Soghrä.
24.	26.	d.	نوب	Noûb.	Noub.
24.	26.	d.	———	*Village ruiné.*	———
24.	26.	d.	الزّاوين	Ezzâwîen.	El-Zâouyen.
24.	26.	d.	السدّ	El-Sedd.	El-Sedd.
24.	25.	d.	قها	Qahâ.	Qahâ.
24.	25.	d.	قرنفيل	Qaranfîl.	Qaranfyl.
24.	26.	d.	كفر طحانوب	K. Tahânoûb.	Kafr Tahâ-noub.
24.	26.	d.	طحانوب	Tahânoûb.	Tahâ-noub.
24.	26.	d.	لاعمطه	Lâåmtah.	Lâ'mtah.
24.	25.	d.	الحسانيه	El-Haçânîéh.	El-Hasânyeh.
24.	25.	d.	دقدانه	Deqdânéh.	Deqdâneh.
24.	26.	d.	كوم الاحمار	Koûm el-Ahmâr.	Koum el-Ahmâr.
24.	26.	d.	المريج	El-Mérîg.	El-Meryg.
24.	26.	d.	سنهرة	Senheréh.	Senhereh.
24.	25	d.	ترسه	Terséh.	Terseh *ou* Tersé.

NOMS DE LIEUX DE L'ÉGYPTE.

N.º de la planche de l'Atlas géogr.	N.º du carreau.	Position du lieu.	NOMS écrits en arabe dans les planches de l'Atlas géographique.	TRANSCRIPTION suivie dans les planches de l'Atlas géographique.	TRANSCRIPTION selon l'orthographe de l'ouvrage.
24.	26.	d.	تلّ يهوديه	Tell Ihoûdîéh.	Tell Yhoudyeh. (ONION.)
24.	26.	d.			Ruines très-étendues. (CASTRA JUDÆORUM.)
24.	26.	d.	كفر شوبك	K. Choûbak.	Kafr Choubak.
24.	26.	d.	كفر شيبين	K. Chîbîn.	Kafr Chybyn.
24.	26.	d.	نامول	Nâmoûl.	Nâmoul.
24.	26.	d.	كفر الحصافه	K. el-Hosâféh.	Kafr el-Hosâfeh.
24.	25.	d.	شبرى هارس	Chobrä Hâres.	Chobrä Hâres.
24.	25.	d.	قرقشنده	Qarqachandéh.	Qarqachandeh.
24.	25.	d.	الحصافه	El-Hosâféh.	El-Hosâfeh.
24.	26.	d.	زاوية زناد	Zâwîet Zenâd.	Zâouyet Zenâd.
24.	25.	d.	اجهور الكبرى	Aghoûr el-Kobrä.	Ag-hour el-Koubarä
24.	25.	d.	الخراوله	El-'Karâouelêh.	El-Kharâoueleh.
24.	25.	d.	كفر الحصافه	K. el-Hosâféh.	Kafr el-Hosâfeh.
24.	26.	d.	الشويبك	El-Choûbak.	El-Choubak.
24.	26.	d.	شيبين القناطر	Chîbîn el-Qanâter.	(SCENÆ VETERANORUM.) Chybyn el-Qanâter.
24.	26.	d.	كفر الدير	K. eddéïr.	Kafr el-Deyr.
24.	25.	d.	كوم بوطين	Koûm Boûtîn.	Koum Boutyn, village ruiné.
24.	26.	d.	منية شيبين	Minïet Chîbîn.	Minyet Chybyn.
24.	26.	d.	زفية مشنول	Zefîet Mechtoûl.	Zefyet ou Ziffeyt Mechtoul.
24.	25.	d.	الحمار	El-Ahmâr.	El-Hamâr.

N.° de la planche de l'Atlas géogr.	N.° du carreau.	Position du lieu.	NOMS écrits en arabe dans les planches de l'Atlas géographique	TRANSCRIPTION suivie dans les planches de l'Atlas géographique.	TRANSCRIPTION selon l'orthographe de l'ouvrage.
24.	26.	d.	تلّ بنى تميم	Tell Bénî Temîm.	Tell Beny-Temym.
24.	26.	d.	الاحراز	El-Ahharâz.	El-Ahrâz.
24.	25.	d.	كفر الاحمار	K. el-Ahhmâr.	Kafr el-Ahmâr.
24.	25.	d.	كفر النخله	K. el-Na'kléh.	Kafr el-Nakhleh.
24.	25.	d.	منصوره	Mansoûrah.	Mansourah.
24.	25-26.	d.	كفر نفّه	K. Nefféh.	Kafr Neffeh.
24.	25.	d.	كفر منصور	K. Mansoûr.	Kafr Mansour.
24.	26-34.	d.	كفر طحوريه	K. Tahoûrîéh.	Kafr Tahouryeh.
24.	25-33.	d.	المنزاله	El-Menzâléh.	El-Menzâleh.
24.	34.	d.	الدير	El-Déïr.	El-Deyr.
24.	34.	d.	طحوريه	Tahoûrîéh.	Tahouryeh.
24.	33.	d.	كوم الاطرون	Koûm el-Atroûn.	Koum el-Atroun.
24.	33.	d.	كفر العبادله	K. el-°Abâdléh.	Kafr el-A'bâdleh.
24.	33.	d.	طوخ الملق	Toû'k el-Maleq.	Toukh el-Malaq.
24.	33.	d.	مجتهور	Megtehoûr *ou* Mechtehoûr.	Megtehour *ou* Mechtehour.
24.	33.	d.	الحدّادين	El-Haddâdîn.	El-Haddâdyn.
24.	33.	d.	كفر علوان	K. °Aloûân.	Kafr A'louân.
24.	33.	d.	الميای	El-Mîaïe.	El-Myây.
24.	34.	d.	بنى مرزوق	Bénî-Marzoûq.	Beny-Marzouq.
24.	33.	d.	الحصّه	El-Hesséh.	El-Hesseh.
24.	34.	d.	ميت كنان	Mîi Kenân.	Myt Kenân.

N.° de la planche de l'Atlas géogr.	N.° du carreau.	Position du lieu.	NOMS écrits en arabe dans les planches de l'Atlas géographique	TRANSCRIPTION suivie dans les planches de l'Atlas géographique.	TRANSCRIPTION selon l'orthographe de l'ouvrage.
24.	33.	d.	السفاينه	El-Safâïnéh.	El-Safâyneh.
24.	33.	d.	كفر حصّه	K. Hesséh.	Kafr Hesseh.
24.	33.	d.	كفر طحله	K. Tahléh.	Kafr Tahleh.
24.	33.	d.	ترعة فلفل	*Tora Filfel.*	*Tora'h Filfil* ou *Felfel*, T., *grand canal.*
24.	33.	d.	زاوية بلتان	Zâwîet Beltân.	Zâouyet Beltân.
24.	33.	d.	فرسيس	Farsîs.	Farsys.
24.	33.	d.	بلتان	Beltân.	Beltân.
24.	33.	d.	مجول	Megoûl.	Megoul.
24.	33.	d.	طحله	Tahléh.	Tahleh.
24.	33.	d.	كفر فرسيس	K. Farsîs.	Kafr Farsys.
24.	33.	d.	مرصافه	Marsâféh.	Marsâfeh.
24.	33.	d.	سندنهور	Sendenhoûr.	Sendanhour.
24.	33.	d.	كفر شيخ ابراهيم	Kafr Chéik Ibrâhîm.	Kafr Cheykh Ibrâhym.
24.	33.	d.	الشوموت	El-Choûmoût.	El-Choumout.
24.	33.	d.	كفر الشوموت	K. el-Choûmoût.	K. el-Choumout.
30.	1.	d.	كفر رمله	K. Ramléh.	Kafr Ramleh.
30.	1.	d.	ميت العطّار	Mît el-Âttâr.	Myt el-A'ttâr.
30.	1.	d.	ميت عاصم	Mît Âsem.	Myt A'âsem.
30.	1.	d.	بنها العسل	Benhâ el-Âçel.	Benhâ el-A'sel.
30.	1.	d.	كفر بنها	K. Benhâ.	Kafr Benhâ.

PROVINCE DE QELYOUB.

N.º de la planche de l'Atlas géogr.	N.º du carreau.	Position du lieu.	NOMS écrits en arabe dans les planches de l'Atlas géographique	TRANSCRIPTION suivie dans les planches de l'Atlas géographique.	TRANSCRIPTION selon l'orthographe de l'ouvrage.
25.	24.	d.		El-Akmin.	El-Akhmin.
25.	24.	d.	كفر شرافه	K. Chorâféh.	Kafr Chorâfeh.
25.	24.	d.	زفتة شلقان	Zefteï Chalaqân.	Zefyet Chalaqân.
25.	32.	d.	سيبيل	Sibyl.	Sibyl. s.
25.	32.	d.	اجهور الكبرة	Aghoûr el-Kobarah	Aghour el-Koubarah.
25.	32.	d.	شبرا شهاب	Chobrâ Chahâb.	Chobrâ Chahâb.
25.	32.	d.	كفر الحواله	K. el-Hawâléh.	K. el-Haouâleh.
25.	32.	d.	كفر صالحيه	K. Sâlhîéh.	Kafr Sâlhyeh.
25.	32.	d.	كفر سيافه	K. Sîâféh.	Kafr Syâfeh.
25.	32.	d.	الفقها	El-Foqahâ.	El-Foqahâ.
25.	32.	d.	برشوم الصغرى	Berchoûm el-sogarä.	Berchoum el-soghayra.
25.	32.	d.	برشوم الكبرى	Berchoûm el-kobarä.	Berchoum el-koubarah.
25.	32.	d.	كفر برشوم	K. Berchoûm.	Kafr Berchoum.
25.	32.	d.	العراب	El-ʾArâb.	El-A'râb.
25.	40.	d.	اكياد	Akîâd.	Ekyâd.
25.	40.	d.	دجوه	Dagoûéh.	Dagoueh.
25.	40.	d.	كفر دجوه	K. Dagoûéh.	Kafr Dagoueh.

NOMS DE LIEUX DE L'ÉGYPTE.

N.º de la planche de l'Atlas géogr.	N.º du carreau.	Position du lieu.	NOMS écrits en arabe dans les planches de l'Atlas géographique	TRANSCRIPTION suivie dans les planches de l'Atlas géographique.	TRANSCRIPTION selon l'orthographe de l'ouvrage.
			PROVINCE DE CHARQYEH. (1)		
24.	27.	d.	المناير	El-Menâïr.	El-Menâyr.
24.	27.	d.	العحافه	El-Sahâféh.	El-Sahâfeh.
24.	27.	d.	الخشه	El-'Kachéh.	El-Khacheh.
24.	27.	d.	شيخ ابو زيت	*Chéï'k Aboû-Zéït.*	Cheykh Abou-Zeyt.
24.	34.	d.	بيبنه	Bîtah.	Bytah.
24.	35.	d.	مشنول	Mechtoûl.	Mechtoul.
24.	35.	d.	الغفاريه	El-Gafârîéh.	El-Ghafâryeh.
24.	35.	d.	الزوامل	El-Zawâmel.	El-Zaouâmel.
24.	35.	d.	شيخ	Chéï'k.	Cheykh.
24.	34.	d.	نبتيت	Nebtît.	Nebtyt.
24.	35.	d.	السلامون	El-Salâmoûn.	El-Salâmoun.
24.	35.	d.	المنيه	El-Minîéh.	El-Minyeh.
24.	35.	d.	شوليه	Choûlîéh.	Choulyeh.
24.	35.	d.	الانشاص	El-Anchâs.	El-Anchâs.
24.	35.	d.	تلّ الجراد	*Tell el-Gerâd.*	Tell el-Gerâd.
24.	35.	d.	كفر ابراش	K. Abrâch.	Kafr Abrâch.
24.	34.	d.	الخشه	El-'Kachéh.	El-Khacheh.
24.	35.	d.	ميت معلا	Mît Maâlâ.	Myt Ma'lâ.

(1) On a compris dans cette circonscription les lieux situés à l'E. et au N. E. de la province, et dans l'isthme de Soueys, jusqu'aux frontières de la Syrie.

PROVINCE DE CHARQYEH. 155

N.° de la planche de l'Atlas géogr.	N.° du carreau.	Position du lieu.	NOMS écrits en arabe dans les planches de l'Atlas géographique	TRANSCRIPTION suivie dans les planches de l'Atlas géographique.	TRANSCRIPTION selon l'orthographe de l'ouvrage.
24.	35.	d.	بنى عمّاره	Bénî-Ammârah.	Beny-A'mmârah.
24.	36.	d.	غيته	Ġeïtéh.	Gheyteh.
24.	35.	d.	ابراش	Abrâch.	Abrâch.
24.	35.	d.	دهمشا	Dahmachâ.	Dahmachâ.
24.	35.	d.	العبسى	El-Absî.	El-A'bsy.
24.	35.	d.	اسنيت	Esnît.	Esnyt.
24.	36.	d.	————	————	*Grandes ruines.* (VICUS JUDÆORUM.)
24.	36.	d.	حاجّى يوسف	Hâggî Ioûçef.	Hâggy-Yousef.
24.	36.	d.	كفر الزريبه	K. el-Zérîbéh.	Kafr el-Zerybeh.
24.	35.	d.	كفر سهيل	K. Séhîl.	Kafr Sehyl.
24.	35.	d.	ميت سهيل	Mît Séhîl.	Myt Sehyl.
24.	35.	d.	غيته	Ġéîtéh.	Gheyteh.
24.	34.	d.	بتنده	Bétendéh.	Betendeh.
24.	36.	d.	بلبيس	BELBÉÏS.	BELBEYS. (PHELBÈS.)
24.	35.	d.	قرمله	Qarameléh.	Qarameleh.
24.	34.	d.	سنهوه	Sanahoûéh.	Sanahoueh.
24.	36.	d.		Mît Amel.	Myt Amel.
24.	34.	d.	ظهرشرب	Zaharcharb.	Zaharcharb.
24.	35.	d.	البلاشون	El-Balâchoûn.	El-Balâchoun.
24.	35.	d.	شبرا النخله	Chobrâ el-Na'kléh.	Chobrâ el-Nakhleh.
24.	34.	d.	كفر الشعاوره	K. el-Chââweréh.	K. el-Cha'âoureh.
30.	3.	d.	كفر	Kafr.	Kafr.

N.° de la planche de l'Atlas géogr.	N.° du carreau.	Position du lieu.	NOMS écrits en arabe dans les planches de l'Atlas géographique	TRANSCRIPTION suivie dans les planches de l'Atlas géographique.	TRANSCRIPTION selon l'orthographe de l'ouvrage.
30.	2.	d.	سنّهوه	Sennahoûéh.	Sennahoueh.
30.	2.	d.	شبرا العنب	Chobrâ èl-Âneb.	Chobrâ el-A'neb.
30.	3.	d.	ميت حبيب.	Mîï Habîb.	Myt Habyb.
30.	3.	d.	شبرا نخله	Chobrâ Na'kléh.	Chobrâ Nakhleh.
30.	4.	d.	ميت ربيعه	Mîï Rabîâh.	Myt Raby'ah.
30.	4.	d.	بدلاهه فدت	Bedlâhéh Fadat.	Bedlâheh Fadat.
30.	2.	d.	السنفين	El-Sanaféïn.	El-Sanafeyn.
30.	4.	d.	مشد	Meched.	Meched.
30.	3.	d.	تلّ منية حبيب	*Tell Miniet Habîb.*	*Tell Minyet Habyb, camp Romain.*
30.	1.	d.	مية الخنازير	Mîï el-Kanâzîr.	Myt el-Khanâzyr.
30.	1.	d.	نقباس	Noqbâs.	Noqbâs.
30.	3.	d.	السعدين	El-Saâdéïn.	El-Sa'deyn.
30.	2.	d.	سنهوت	Senhoût.	Senhout.
30.	3.	d.	النعمة	El-Naâméh.	El-Na'meh.
30.	3.	d.	كفر اكياد	K. Akîâd.	Kafr Ekyâd.
30.	3.	d.	بنى هلال	Bénî-Hélâl.	Beny-Helâl.
30.	5.	d.	شبير	Chabîr.	Chabyr.
30.	5.	d.	قراقه	Qarâqéh.	Qarâqeh.
30.	5.	d.	كفور سنات	Koufoûr Sanât.	Koufour Sanât.
30.	3.	d.	كفر	Kafr.	Kafr.
30.	2.	d.	قمرونه	Qamroûnéh.	Qamrouneh.

N.° de la planche de l'Atlas géogr.	N.° du carreau.	Position du lieu.	NOMS écrits en arabe dans les planches de l'Atlas géographique	TRANSCRIPTION suivie dans les planches de l'Atlas géographique.	TRANSCRIPTION selon l'orthographe de l'ouvrage.
30.	3.	d.	ابو العيال	Aboû-el-°Aïâl.	Abou-el-A'yâl.
30.	3.	d.	ميت جابر	Mîï Gâber.	Myt Gâber.
30.	4.	d.	مية امير	Mîï Emîr.	Myt Emyr.
30.	4.	d.	تلّ شنيك	Tell Chnîk.	Tell Chnyk.
30.	5.	d.	سنات	Sanât.	Sanât.
30.	2.	d.	شبلنجه	Cheblengéh.	Cheblengeh.
30.	1.	d.	اتريب	Atrîb.	Atryb. (*Athribis.*)
30.	2.	d.	طيفه	Ṭaïféh.	Tayfeh.
30.	2.	d.	كفر الغنيمه	K. el-Ġonéïméh.	K. el-Ghoneymeh.
30.	2.	î.	الاعراس	El-°Ärâs.	El-A'râs.
30.	4.	d.	اولاد سيف	Aoûlâd Séïf.	Aoulâd Seyf.
30.	2.	d.	مية الست	Mîï el-Sitt.	Myt el-Sitt.
30.	3-4	d.	سندنهور	Sendenhoûr.	Ṣendanhour.
30.	4.	d.	دهشنه	Dahachnéh.	Dahachneh.
30.	5.	d.	اولاد مهنا	Aoûlâd Mehénâ.	Aoulâd Mehenâ.
30.	3.	d.	ابن هلال	Ebn-Hélâl.	Ebn-Helâl.
30.	3.	d.	شلشلمون	Chalchalamoûn.	Chalchalamoun.
30.	3.	d.	خليج شلشلمون	*Kalîg Chalchala-moûn.*	*Khalyg Chalchala-moun.* T.
30.	2.	d.	كفر بدران	K. Bedrân.	Kafr Bedrân.
30.	2.	d.	عزيزيه	°Azîzîéh.	A'zyzyeh.
30.	2.	d.	برقاته	Barqâtéh.	Barqâteh.

NOMS DE LIEUX DE L'ÉGYPTE.

N.º de la planche de l'Atlas géogr.	N.º du carreau.	Position du lieu.	NOMS écrits en arabe dans les planches de l'Atlas géographique	TRANSCRIPTION suivie dans les planches de l'Atlas géographique.	TRANSCRIPTION selon l'orthographe de l'ouvrage.
30.	3.	d.	كفر شلشلمون	K. Chalchalamoûn.	K. Chalchalamoun.
30.	4.	d.	كفر عبّاسه	K. 'Abbâçéh.	Kafr A'bbâseh.
30.	1.	d.	كفر ميّة راضي	K. Mît Râḍî.	Kafr Myt Râdy.
30.	4.	d.	نوبه	Noûbéh.	Noubeh.
30.	1.	d.	جمجرة	Gemgeréh.	Gemgereh.
30.	5.	d.	بعطيط	Baàtît.	Ba'tyt.
30.	5.	d.	بحر سعودى	Baḥr So'oûdî.	Bahr So'oudy. T.
30.	5.	d.	بحر البقر	Baḥr el-Baqar.	Bahr el-Baqar. T.
30.	5.	d.	———	Baḥr el-Tarboûch.	Bahr el-Tarbouch. T.
30.	3.	d.	تلبانه	Telbânéh.	Telbâneh.
30.	5.	d.	راورنى	Râoûrnî.	Râourny.
30.	3.	d.	ميت بشار	Mît Bachâr.	Myt Bachâr.
30.	5.	d.	تلّ ابو سليمان	Tell Aboû-Solîmân.	Tell Abou-Solymân, ruines.
30.	5.	d.	بحر ابو احمد	Baḥr Aboû-Aḥmed.	Bahr Abou-Ahmed. T.
30.	5.	d.	قرا قره	Qorâ Qeréh.	Qorâ Qereh.
30.	4.	d.	انشاص بصاله	Enchâs Basâléh.	Enchâs Basâleh.
30.	5.	d.	الستيكة	El-Senîkah.	El-Senykah.
30.	4.	d.	بردنوها	Berdenoûha.	Berdenouhâ.
30.	1.	d.	كفر منصورة	K. Mansoûrah.	Kafr Mansourah.
30.	2.	d.	شكر	Chokr.	Chokr.
30.	2.	d.	ملامس	Melâmes.	Melâmes.

PROVINCE DE CHARQYEH.

N.º de la planche de l'Atlas géogr.	N.º du carreau.	Position du lieu.	NOMS écrits en arabe dans les planches de l'Atlas géographique	TRANSCRIPTION suivie dans les planches de l'Atlas géographique.	TRANSCRIPTION selon l'orthographe de l'ouvrage.
30.	4.	d.	صفيطه	Soféïtah.	Sofeytah.
30.	2.	d.	الولجه	El-Walgéh.	El-Oualgeh.
30.	3.	d.	شبرا قمص	Chobrâ Qomos.	Chobrâ Qomos.
30.	3.	d.	الخرس	El-'Kers.	El-Khers.
30.	1.	d.	مشايخ	Mochâï'k.	Mochâykh.
30.	5.	d.	مسد	Meçed.	Mesed.
30.	3.	d.	جدايد	Gedâïdéh.	Gedaydeh.
30.	5.	d.	السريجه	El-Serîgéh.	El-Serygeh.
30.	3.	d.	نشوه	Néchouéh.	Nechoueh.
30.	3.	d.	منا القمح	Monâ el-Qamah.	Monâ el-Qamah.
30.	4.	d.	طهله	Ṭahḷéh.	Tahleh.
30.	4.	d	كفر دنوهيا	K. Denoûhîâ.	Kafr Denouhyâ.
30.	5.	d.	ابو احمد	Aboû-Aḥmed.	Abou-Ahmed.
30.	5.	d.	———	Gesr el-Soltânîéh.	G.ʳ el-Soultânyeh. g
30.	6.	d.	عبّاسه	ʿAbbâçéh.	A'bbâseh. (*THOU, vel THOUM.*)
30.	6.	d.	بركة السريجه	Birkeï el-Serîgéh.	Birket el-Serygeh. B.
30.	6.	d.	بحر ابو صير	Baḥr Aboû-Sîr.	Bahr Abou-Syr. T.
30.	7.	d.	ابو الشيب	Aboû-Nechabéh ou Aboû-el-Chéïb.	Abou-Nechabeh ou Abou-el-Cheyb, santon.
30.	5.	d.	شنباره	Chenbârah.	Chenbârah.
30.	5.	d.	عمريط	ʿAmrît.	A'mryt.

N.° de la planche de l'Atlas géogr.	N.° du carreau.	Position du lieu.	NOMS écrits en arabe dans les planches de l'Atlas géographique	TRANSCRIPTION suivie dans les planches de l'Atlas géographique.	TRANSCRIPTION d'après l'orthographe de l'ouvrage.
30.	5.	d.	كرديديه	Kardîdîéh.	Kardydyeh.
30.	2.	d.	جزيرة الصوه	*Gézîreï el-Soûéh.*	*Gezyret el-Soueh, butte.*
30.	3.	d.	مية ربعه الدلاله	Mît Rabîâh el-Delâléh.	Myt Rabya'h el-Delâleh.
30.	2-10	d.	ملامس	Melâmes.	Melâmes.
30.	4-12	d.	طاهر حميده	Ŧâher Hamîdéh.	Tâher Hamydeh.
30.	5-13	d.	جرايه	Gerâïéh.	Gerâyeh.
30.	13.	d.	برهرى	Berhérî.	Berhery.
30.	11.	d.	المسعد	El-Meçaed.	El-Mesa'ed.
30.	10.	d.	اسنيت	Asnît.	Asnyt.
30.	10.	d.	بكارشى	Bakârchî.	Bakârchy.
30.	9.	d.	السنيطه	El-Senîtâh.	El-Senytah.
30.	12.	d.	عسلوجى	°Asloûgî.	A'slougy.
30.	10.	d.	كفر ولجه	K. Walgéh.	Kafr Oualgeh.
30.	11.	d.	طلينه	Ŧelleînéh.	Telleyneh.
30.	11.	d.	طاروت	Ŧâroût.	Târout.
30.	12.	d.	مبت ابو على	Mît Aboû-°Alî.	Myt Abou-A'ly.
30.	10.	d.	تلّ بلاده	*Tell Belâdéh.*	*Tell Belâdeh.*
30.	10.	d.	كفر قراقره	K. Qarâqeréh.	Kafr Qarâqereh.
30.	12.	d.	منيت ركاب	Minîeï Rekâb.	Minyet Rekâb.
30.	13.	d.	الصوه كشت	El-Soûéh Kecht.	El-Soueh Kecht.

N.° de la planche de l'Atlas géogr.	N.° du carreau.	Position du lieu.	NOMS écrits en arabe dans les planches de l'Atlas géographique	TRANSCRIPTION suivie dans les planches de l'Atlas géographique.	TRANSCRIPTION selon l'orthographe de l'ouvrage.
30.	13.	d.	القطاويه	El-Qatâwîéh.	El-Qatâouyeh.
30.	13.	d.	شيخ ناصر	Chéïk Nâser.	Cheykh Nâser.
30.	14.	d.	تلّ الكبير	Tell el-Kebîr.	Tell el-Kebyr.
30.	15.	d.	حاج نعتره	Hâgg Néâtréh.	Hagg Nea'treh.
30.	15.	d.	مطرضات	Matarđât.	Matardât.
30.	15.	d.	سلسلموط	Salsalamoût.	Salsalamout.
30.	13.	d.	الحيس	El-Hîs.	El-Hys.
30.	12.	d.	الغار	El-Gâr.	El-Ghâr.
30.	10.	d.	كرديده	Kerdîdéh.	Kerdydeh.
30.	11.	d.	ابو طوالى	Aboû-Towâlî.	Abou-Touâly.
30.	11.	d.	بندف	Benadf.	Benadf.
30.	11.	d.	كفر جناديد	K. Genâdîd.	Kafr Genâdyd.
30.	14.	d.	شيخ الدارى	*Chéïk el-Dârî.*	*Cheykh el-Dâry.*
30.	14.	d.	تملات الشريف	Tomalât el-Chérîf.	Tomlât el-Cheryf.
30.	10.	d.	شيبة قشه	Chîbeï Qechéh.	Chybet Qecheh.
30.	10.	d.	شوك	Choûk.	Chouk.
30.	13.	d.	صفط الحنه	Saft el-Hennéh.	Saft el-Henneh.
30.	11.	d.	الزنكالون	El-Zankâloûn.	El-Zankâloun.
30.	12.	d.	هريه	Herîéh.	Heryeh.
30.	12.	d.	غزاله	Gazâléh.	Ghazâleh.
30.	16.	d.	راس الوادى	Râs el-Wâdî.	Râs el-Ouâdy. (PHACRORIOPOLIS.)

N.° de la planche de l'Atlas géogr.	N.° du carreau.	Position du lieu.	NOMS écrits en arabe dans les planches de l'Atlas géographique	TRANSCRIPTION suivie dans les planches de l'Atlas géographique.	TRANSCRIPTION selon l'orthographe de l'ouvrage.
30.	16.	d.	بير راس الوادى	*Bîr Râs el-Wâdî.*	*Plusieurs puits.*
30.	12.	d.	طاهرة العوره	Tâhareï el-Aoûrah.	Tâharet el-A'ourah.
30.	13.	d.	شيخ موسى	Chéïk Moûçä.	Cheykh Mousä.
30.	12.	d.	تل بسطه	Tell Bastah.	Tell Bastah. (BUBASTUS)
30.	12.	d.	شوبك بسطه	Chawbak Bastah.	Choubak Bastah.
30.	12.	d.	———	BRANCHE PÉLUSIAQUE.	(FLUVIUS BUBASTICUS.)
30.	13.	d.	شبنات	Chabanât.	Chabanât.
30.	11.	d.	العقده	El-Oqdéh.	El-O'qdeh.
30.	11.	d.	المامون	El-Mâmoûn.	El-Mâmoun.
30.	13.	d.	بنى حراه	Bénî-Garrâh.	Beny-Garrâh.
30.	11.	d.	شرويده	Cherowîdéh.	Cherouydeh.
30.	11.	d.	تل حوين	Tell Hawîn.	Tell Haouyn.
30.	13.	d.	توبجر	Toubger.	Toubger.
30.	11.	d.	بنى شبلنجا	Bénî-Cheblengâ.	Beny-Cheblengâ.
30.	12.	d.	بنى عامر	Bénî-Amer.	Beny-A'mer.
30.	11.	d.	كفر شيبه	K. Chîbéh.	Kafr Chybeh.
30.	11.	d.	كفر نكاريه	K. Nakârîéh.	Kafr Nakâryeh.
30.	11.	d.	نكاريه	Nakârîéh.	Nakâryeh.
30.	13.	d.	مية جيش	Mît Gehîch.	Myt Gehych.
30.	13.	d.	مية رديني	Mît Redînî.	Myt Redyny.
30.	11.	d.	تل مسمار	Tell Mesmâr.	Tell Mosmâr.
30.	12.	d.	كفر زجرى	K. Zagri.	Kafr Zagry.

N.° de la planche de l'Atlas géogr.	N.° du carreau.	Position du lieu.	NOMS écrits en arabe dans les planches de l'Atlas géographique	TRANSCRIPTION suivie dans les planches de l'Atlas géographique.	TRANSCRIPTION selon l'orthographe de l'ouvrage.
30.	11.	d.	حوض طرفه	Haûd Tarféh.	Hôd Tarfeh.
30.	12.	d.	الريش	El-Rîch.	El-Rych.
30.	11.	d.	كفر جرايه	K. Gérâïéh.	Kafr Gerâyeh.
30.	11.	d.	نبقس	Nabqas.	Nabqas.
30.	12.	d.	الزاويه	El-Zâwîéh.	El-Zâouyeh.
30.	14.	d.	كرايم	Karâïm.	Korâym.
30.	10-11.	d.	الحمّام	El-Hamâm.	El-Hammâm.
30.	12.	d.	كفر الحمّام	K. el-Hamâm.	Kafr el-Hammâm.
30.	11.	d.	القنيات	El-Qanîât.	El-Qanyât.
30.	11.	d.	———	ILE DE QANYÂT.	*Ile de Qanyât.* (INSULA *MYECPHORIS.*)
30.	13.	d.	العلاقمه	El-Alâqméh.	El-A'lâqmeh.
30.	11.	d.	امّ رماد	Omm Româd.	Omm Româd.
30.	12.	d.	مشتول القاضى	Mechtoûl el-Qâdî.	Mechtoul el-Qâdy.
30.	12.	d.	العدوه	El-Adouéh.	El-A'doueh.
30.	12-20.	d.	كفر مية ظافر	K. Mît Zâfer.	Kafr Myt Zâfer.
30.	12.	d.	مشتول	Mechtoûl.	Mechtoul.
30.	14.	d.	الاسديه	El-Esdîéh.	El-Esdyeh.
30.	13.	d.	كفر الاشقر	K. el-Achqar.	Kafr el-Achqar.
30.	19.	d.	الطيبه	El-Tîbéh.	El-Tybeh.
30.	20.	d.	بشيت قايد	Bechît Qâîd.	Bechyt Qâyd.
30.	20.	d.	خليج القنيعة	*Kalîg el-Qanî'at.*	*Khalyg el-Qany'at.* T.

NOMS DE LIEUX DE L'ÉGYPTE.

N.º de la planche de l'Atlas géogr.	N.º du carreau.	Position du lieu.	NOMS écrits en arabe dans les planches de l'Atlas géographique	TRANSCRIPTION suivie dans les planches de l'Atlas géographique.	TRANSCRIPTION selon l'orthographe de l'ouvrage.
30.	20.	d.	الزرزمون	El-Zerzemoûn.	El-Zerzemoun.
30.	21.	d.	تلّ عبراش	Tell 'Abrâch.	Tell A'brâch. (Sinuati.)
30.	20.	d.	صبيح	Sobîḥ.	Sobyh.
30.	22.	d.	السالامون	El-Sâlâmoûn.	El-Sâlâmoun.
30.	19.	d.	تلّ حام	Tell Ḥamâm.	Tell Hammâm.
30.	19.	d.	فسوكه	Fassoûkah.	Fassoukah.
30.	20.	d.	شبراوين	Chobrâwîn.	Chobrâouyn.
30.	19.	d.	دنابيش	Danâbîch.	Danâbych.
30.	21.	d.	مسيد	Méçîd.	Mesyd.
30.	21.	d.	حوض نجيح	Hawḍ Nagîḥ.	Hôd Nagyh.
30.	22.	d.	طويله	Ṭawîléh.	Taouyleh.
30.	20.	d.	بيشه	Bîchéh.	Bycheh.
30.	20.	d.	ههيه	Héhiéh.	Hehyeh.
30.	20.	d.	كفر مهديه	K. Mahdiéh.	Kafr Mahdyeh.
30.	20.	d.	مهديه	Mahdîéh.	Mahdyeh.
30.	21.	d.	القراموص	El-Qarâmoûs.	El-Qarâmous.
30.	22.	d.	الخضر	El-Kodar.	El-Khodar.
30.	22.	d.	خطاطير	Katâtîr.	Khatâtyr.
30.	20.	d.	فرسيس	Farsîs.	Farsys.
30.	21.	d.	تلّ الاحمر	Tell el-Aḥmar.	Tell el-Ahmar. (Senphu.)
30.	21.	d.	شرشيمه	Cherchîméh.	Cherchymeh.
30.	22.	d.	الهسميه	El-Hesmîéh.	El-Hesmyeh.

N.° de la planche de l'Atlas géogr.	N.° du carreau.	Position du lieu.	NOMS écrits en arabe dans les planches de l'Atlas géographique	TRANSCRIPTION suivie dans les planches de l'Atlas géographique.	TRANSCRIPTION selon l'orthographe de l'ouvrage.
30.	20.	d.	منزل الحيان	Menzel el-Haîân.	Menzal el-Hayân.
30.	22.	d.	منزل نعيم	Menzel Nåïm.	Menzal Na'ym.
30.	22-23.	d.	حاجر	Hâger.	Hâger.
30.	22.	d.	كفر دهتمون	K. Dahtamoûn.	Kafr Dahtamoun.
30.	20.	d.	مجفف	Megefef.	Megefef.
30.	22.	d.	فرّاشه	Farrâchéh.	Farrâcheh.
30.	23.	d.	كفر حوان	K. Hawân.	Kafr Haouân.
30.	21.	d.	طوخ	Toûk.	Toukh.
30.	20.	d.	الاحراز	El-Ahrâz.	El-Ahrâz.
30.	22.	d.	الصوالحه	El-Sawâlhah.	El-Saouâlhah.
30.	22.	d.	دهتمون	Dehtamoûn.	Dahtamoun.
30.	22.	d.	كفر الاخمين	K. el-A'kmîn.	Kafr el-Akhmyn.
30.	29.	d.	كفر ابو ياسين	K. Aboû-Iâçîn.	Kafr Abou-Yasyn.
30.	28.	d.	شرقية مباشر	Charqîeï Mobâcher	Charqyet Mobâcher
30.	28-29.	d.	الهاريه	El-Hârîéh.	El-Hâryeh.
30.	29.	d.	كفر شرافة	K. Charâféh.	Kafr Charâfeh.
30.	31.	d.	زيدين	Zéïdîn.	Zeydyn.
30.	28.	d.	كفر شرافه	K. Charâféh.	Kafr Charâfeh.
30.	29.	d.	شرافه	Charâféh.	Charâfeh.
30.	29.	d.	كفر هربيت	K. Horbéït.	Kafr Horbeyt.
30.	29.	d.	هربيت	*Ruines de* Horbéït.	*Ruines*, (PHARBÆTUS.)
30.	30.	d.	دميين	Damîïn.	Damyyn.

N.° de la planche de l'Atlas géogr.	N.° du carreau.	Position du lieu.	NOMS écrits en arabe dans les planches de l'Atlas géographique	TRANSCRIPTION suivie dans les planches de l'Atlas géographique.	TRANSCRIPTION, selon l'orthographe de l'ouvrage.
30.	28.	d.	تل محمّد	Tell Mohammed.	Tell Mohammed.
30.	31.	d.	كفر حمادين	K. Hamâdîn.	Kafr Hamâdyn.
30.	30.	d.	نمروط	Nemroût.	Nemrout.
30.	30.	d.	شلّلو	Challaloû.	Challalou.
30.	29.	d.	ابوكبير	Aboû-Kébîr.	Abou-Kebyr.
30.	29.	d.	بنى عياط	Bénî-ʿAyât.	Beny-A'yât.
30.	28.	d.	كفور نجوم	Koufoûr Negoûm.	Koufour Negoum.
30.	30.	d.	سنترس	Sentiris.	Sentiris.
30.	30.	d.	كفر سواقيه	K. Sowâqîéh.	Kafr Souâqyeh.
30.	28.	d.	نجوم	Negoûm.	Negoum.
30.	30.	d.	منية المكرّم	Méniet el-Mokerrem.	Menyet el-Mokerrem
30.	30.	d.	جزيرة الشيخ	G.^{t} el-Chéïk.	G.^{t} el-Cheykh.
30.	31.	d.	دوار جهينه	Dowwâr Gehînéh.	Douâr Gehyneh.
30.	31.	d.	الابنه	El-Ebnéh.	El-Ebneh.
30.	30.	d.	كفر الشيخ	K. el-Chéïk.	Kafr el-Cheykh.
30.	28.	d.	الرباى	El-Rabâï.	El-Rabây.
30.	28.	d.	سوسى	Soweçî.	Souesy.
30.	29.	d.	كفر شيخ على	K. Chéïk ʿAlî.	Kafr Cheykh A'ly.
30.	30.	d.	مية العزّ	Mîï el-ʿEzz.	Myt el-E'zz.
30.	31.	d.	شوان	Chowân.	Chouân.
30.	29.	d.	نزلة حسب الله	N.^{t} Hasb Allah.	N.^{t} Hasb Allah.
30.	30.	d.	فدّانه	Faddânéh.	Faddâneh.

PROVINCE DE CHARQYEH.

N.º de la planche de l'Atlas géogr.	N.º du carreau.	Position du lieu.	NOMS écrits en arabe dans les planches de l'Atlas géographique	TRANSCRIPTION suivie dans les planches de l'Atlas géographique.	TRANSCRIPTION selon l'orthographe de l'ouvrage.
30.	31.	d.	كفر حاجّي عمر	K. Hâggî 'Omar.	K. Hâggy O'mar.
30.	28.	d.	الحجارسه	El-Hagârséh.	El-Hagârseh.
30.	30-31.	d.	فاقوس	Fâqoûs.	Fâqous, ruines. (PHACUSA.)
30.	30.	d.	حمدان	Hamadân.	Hamadân.
30.	29.	d.	البوها	El-Boûhâ.	El-Bouhâ.
30.	30.	d.	مجمّل	Mogemmel.	Mogemmel.
30.	30.	d.	تلّ مندر	Tell Mender.	Tell Mender.
30.	30.	d.	البيروم	El-Beïroûm.	El-Beyroum.
30.	31.	d.	اكياد غتاووه	Akîâd Gatâoûréh.	Ekyâd Ghatâoureh.
30.	30.	d.	العرين	El-'Arîn.	El-A'ryn.
30.	29.	d.	ابو العيال	Aboû-el-'Aïâl.	Abou el-A'yâl.
30.	28.	d.	كفر شيخ	K. Chéïk.	Kafr Cheykh.
30.	30.	d.	بني سورف	Bénî-Soûref.	Beny-Souref.
30.	30.	d.	دهدمون	Dahdamoûn.	Dahdamoun.
30.	30.	d.	الصوة	Al-S'oûéh.	El-S'oueh.
30.	28.	d.	شنيط	Chenît.	Chenyt.
30.	32.	d.	الحرام	El-Harâm.	El-Harâm.
30.	29.	d.	منشية ومنزلة رضوان	Menchîeï et Menzeleï Roďoûân.	Menchyet et Menzalet Roďouân.
30.	29.	d.	كفر ناطوره	K. Nâtoûrah.	Kafr Nâtourah.
30.	30.	d.	قصع	Qasaå.	Qasa'.
30.	31.	d.	الحمادين	El-Hamâdin.	El-Hamâdyn.

N.° de la planche de l'Atlas géogr.	N.° du carreau.	Position du lieu.	NOMS écrits en arabe dans les planches de l'Atlas géographique	TRANSCRIPTION suivie dans les planches de l'Atlas géographique.	TRANSCRIPTION selon l'orthographe de l'ouvrage.
30.	29-37.	d.	شرقاوى	Cherqâwî.	Cherqâouy.
30.	36.	d.	فرّاين	Ferrâïn.	Ferrâyn.
30.	38.	d.	بنى يوسف	Bénî-Ioûçef.	Beny-Yousef.
30.	37.	d.	ابو سبت	Aboû-Sebet.	Abou-Sebet.
30.	37.	d.	كفر شنيت	K. Chenît.	Kafr Chenyt.
30.	39.	d.	قنطير	Qantîr.	Qantyr.
30.	40.	d.	صالحيه	SALHÎEH.	SÂLHEYEH. (TACASARTA.)
30.	37.	d.	ناطورة	Nâtoûrah.	Nâtourah.
30.	38.	d.	طنجير قاطوه	Tengîr Qâtawéh.	Tengyr Qâtoueh.
30.	40.	d.	الاخوه	El-A'kowéh.	El-Akhoueh.
30.	40.	d.	سماكين	Samâkîn.	Samâkyn.
30.	39.	d.	سمّانى	Sammânî.	Sammâny.
30.	37.	d.	كفر البتيون	K. el-Bétîoûn.	Kafr el-Betyoun.
30.	38.	d.	كسور	Keçoûr.	Kesour.
30.	38.	d.	كفر المشايخ	K. el-Mechâïk.	Kafr el-Mechâykh.
30.	2-20.	d.	خليج مويس	Kalîg *Moûîs*.	*Khalyg Moueys*. T. (FLUVIUS TANITICUS.)
30.	38.	d.	غزالى	Gazâlî.	Ghazâly.
30.	40.	d.	تلّ الحمّام	*Tell el-Hamâm.*	*Tell el-Hammâm.*
30.	36.	d.	ابو شقوق	Aboû-Cheqoûq.	Abou-Cheqouq.
30.	38.	d.	صوره	Soûrah.	Sourah.
30.	38.	d.	بكارشى	Békârchî.	Bekârchy.

PROVINCE DE CHARQYEH.

N.º de la planche de l'Atlas géogr.	N.º du carreau.	Position du lieu.	NOMS écrits en arabe dans les planches de l'Atlas géographique.	TRANSCRIPTION suivie dans les planches de l'Atlas géographique.	TRANSCRIPTION selon l'orthographe de l'ouvrage.
30.	37.	d.	كفر عبد الله	K. 'Abdallah.	Kafr A'bdallah.
30.	37.	d.	سنجاها	Singâhâ.	Singâhâ.
30.	38.	d.	السنيطه	El-Seneïtah.	El-Seneytah. (PSENE-TAI.)
30.	40.	d.	مناجات حسين	Menâgât Hasseïn.	Menâgât Hosseyn.
30.	38.	d.	زهره	Zaharah.	Zaharah.
30.	37.	d.	كفر شين	K. Chîn.	Kafr Chyn.
30.	40.	d.	شيخ ميخايل	Chéïk Mîkâïl.	Cheykh Mykhâyl.
30.	40.	d.	مناجية عبسى	Monâgîeï 'Absî.	Monâgyet A'bsy.
30.	40.	d.	مناجية الجزايه	Monâgîeï el-Gezâïéh.	Monâgyet el-Gezâyeh.
30.	37.	d.	عبد الله	'Abdallah.	A'bdallah.
30.	37.	d.	كفر	Kafr.	Kafr.
30.	37.	d.	سفر	Safar.	Safar.
30.	37.	d.	زيدين	Zéïdîn.	Zeydyn.
30.	39.	d.	ابو قهر	Aboù-Qâhar.	Abou-Qahar, butte.
30.	39.	d.		Canal de Sâlhîéh.	Canal de Sâlehyeh, T.
30.	40.	d.	العيون	El-Oûioûn.	El-Ouyoun.
30.	37.	d.	كفر جنات	K. Genât.	Kafr Genât.
30.	37.	d.	حانوت	Hânoût.	Hânout.
30.	37.	d.	كفر الجراد	K. el-Gérâd.	Kafr el-Gerâd.
30.	37.	d.	تل راك الغربي	Tell Râk el-Garbî.	Tell Râk el-Gharby
30.	37.	d.	لبايده	Lebâïdéh.	Lebâydeh.

NOMS DE LIEUX DE L'ÉGYPTE.

N.º de la planche de l'Atlas géogr.	N.º du carreau.	Position du lieu.	NOMS écrits en arabe dans les planches de l'Atlas géographique	TRANSCRIPTION suivie dans les planches de l'Atlas géographique.	TRANSCRIPTION selon l'orthographe de l'ouvrage.
30.	37.	d.	كفر	Kafr.	Kafr.
30.	40.	d.	تلّ الزنين	Tell el-Zénîn.	Tell el-Zenyn.
35.	5.	d.	تلّ راك الشرقي	Tell Râk el-Charqî.	Tell Râk el-Charqy.
35.	5.	d.	اللبايده	El-Lebâîdéh.	El-Lebâydeh.
35.	7.	d.	————	Mahalleï el-Ga-nam.	Mehallet el-Ganam, butte de ruines.
35.	6.	d.	اتريف	Atrîf.	Atryf.
35.	8.	d.	امّ معفين	Omm Maàfîn.	Omm Ma'fyn.
35.	8.	d.	سبع بنات	Sebaà Benât.	Seba' Benât.
35.	8.	d.	————	Tell Elatîéh.	Tell Elâtyeh.
35.	7.	d.	————	Zâwâtîn.	Zâouâtyn, butte.
35.	6.	d.	————	Aboû-Seräïe.	Abou-Seraye.
35.	7.	d.	كفر زنين	K. Zeneïn.	Kafr Zeneyn.
35.	8.	d.	تلّ الدقيق	Tell el-Deqîq.	Tell el-Deqyq.
35.	16.	d.	المماليك	El-Mamâlîk.	El-Mamâlyk.
35.	15.	d.	صان	Ruines de Tanis ou Sân.	Sân, ruines. (TANIS.)
35.	15.	d.	الولد زهيري	El-Waled Zehéîréh.	El-Oualed Zeheyreh.
35.	15.	d.	كفر تلّ منجيه	K. Tell Mennegïéh.	K. Tell Menegyeh.
35.	15.	d.	كفر المالكين	K. el-Mâlikîn.	Kafr el-Mâlikyn.
35.	15.	?.	————	Aoûlâd 'Amlît.	Aoulâd A'mlyt.
35.	16.	d.	تلّ الاب	Tell el-Ab.	Tell el-Ab.

PROVINCE DE CHARQYEH.

N.º de la planche de l'Atlas géogr.	N.º du carreau.	Position du lieu.	NOMS écrits en arabe dans les planches de l'Atlas géographique.	TRANSCRIPTION suivie dans les planches de l'Atlas géographique.	TRANSCRIPTION selon l'orthographe de l'ouvrage.
35.	16.	d.	ابقو	Ruines d'Ebqoû.	Ebqou, ruiné.
35.	16.	d.	راس الولد	Râs-el-Weled.	Râs el-Oualed.
35.	16.	d.	المالكين	El-Mâlikîn.	El-Mâlikyn.
23.	10.	d.	اوتاد	Aoûtâd.	Aoutâd. G.
23.	20-21- 27.	d.	جبل احمد طاهر	Montagnes d'Ah-med Tâher.	Gebâl Ahmed Tâher. G.
23.	28.	d.	———	Bassin des Lacs amers.	Lacs amers. (LACUS AMARI.)
31.	3.	d.	———	Ruines de Sérapeum.	Ruines. (SERAPEUM.)
31.	3.	d.	شيخ الندى	Chéïk el-Nedî.	Cheykh el-Nedy.
31.	12.	d.	بير مره	Bîr Morrah.	Byr Morrah, puits.
31.	11.	d.	———	Ruines.	Ruines. (THAUBASTO.)
31.	10.	d.	بير مناييش	Bîr Menâïech.	Byr Menâyech, puits.
31.	9.	d.	تربة يهودي	Torbet Ihoûdî.	Torbet Yhoudy, tourelle.
31.	9.	d.	العيش	El-'Ich.	El-Y'ch, puits.
31.	9.	d.	دوار ابو سهريج	Dowâr Aboû-Sah-rîg.	Douâr Abou-Sah-ryg.
31.	9.	d.	ابو خشب	Ruines d'Aboû-Ka-chab ou Aboû-Kéïchéïd.	Abou-Khachab ou Abou-Keycheyd. (HERO.)
31.	9.	d.	سوالح	Sawâlh.	Saouâlh.
31.	10.	d.	جبل الخير	Gebel-el-Kéïr.	Gebel el-Kheyr. G.

N.° de la planche de l'Atlas géogr.	N.° du carreau.	Position du lieu.	NOMS écrits en arabe dans les planches de l'Atlas géographique	TRANSCRIPTION suivie dans les planches de l'Atlas géographique.	TRANSCRIPTION selon l'orthographe de l'ouvrage.
31.	10.	d.	سبع بيار	*Sabbaå Bîâr.*	*Saba' Byâr* [les sept puits].
31.	10.	d.	مية خمر	Mîî Kamar.	Myt Khamar.
31.	10.	d.	موكل	Mouqfar *ou* Maw-qel.	*Mouqfar* ou *Maou-kel, ruines.*
31.	11.	d.	بركة تمساح	*Lac Temsaĥ.*	*Birket Temsâh.* B.
31.	12.	d.	بير تيهه	*Bîr Tîhéh.*	*Byr Tyheh*, puits.
31.	10.	d.	بير ابو صغير	*Bîr Aboû-Sogaïr.*	*Byr Abou-Soghayr*, puits.
31.	19.	d.	كراش	*Karâch, marais salans*	*Karâch.*
31.	21.	d.	بير مخدل	*Bîr Makdal.*	*Byr Makhdal*, puits.
31.	20.	d.	بير ابو روق	*Bîr Aboû-Roûq.*	*Byr Abou-Rouq*, puits
31.	27.	d.	بلّاح	*Ballâĥ.*	*Birket Ballâh.* B.
31.	27.	d.	راس البلّاح	*Râs el-Ballâĥ.*	*Râs el-Ballâh; partie de l'étang.*
31.	27.	d.	————	*Ruines.*	*Ruines.* (Selæ.)
31.	25.	d.	بير الابن طفاله	*Bîr el-ebn-Ŧofâléh.*	*Byr el-ebn-Tofâleh*, puits.
31.	35.	d.	جسر القناطير	*Pont du Trésor, ou* El-Qanâtîr.	*Gesr el-Qanâtyr.*
31.	38.	d.	العراس	*El-Ărâs.*	*El-A'râs*, puits.
31.	33.	d.	عين الطرف	*Ăîn el-Ŧarf.*	*A'yn el-Tarf.* A'.
31.	34.	d.	عين الحمّام	*Ăîn el-Ħamâm.*	*A'yn el-Hammâm.* A'.

N.° de la planche de l'Atlas géogr.	N.° du carreau.	Position du lieu.	NOMS écrits en arabe dans les planches de l'Atlas géographique	TRANSCRIPTION suivie dans les planches de l'Atlas géographique.	TRANSCRIPTION selon l'orthographe de l'ouvrage.
31.	33.	d.	تلّ دبوان	*Tell Debowân, ruines*	*Tell Debouân, ruines.*
31.	34.	d.	تلّ دفينه	*Tell Deféïnéh, ruines.*	*Tell Defeyneh, ruines.* (DAPHNÆ.)
31.	34.	d.	القلعه	*El-Qalaäh.*	*El-Qala'h.*
31.	34.	d.	بحر منصوره	*Bahar Mansoûrah.*	*Bahr Mansourah.* T
31.	33.	d.	مشره حصّه	*Mechrah Hesséh.*	*Mechrah Hesseh.* T
31.	33.	d.	راس العديم	*Râs el-Adîm.*	*Râs el-A'dym.*
31.	33.	d.	تلّ شونه	*Tell Choûnéh.*	*Tell Chouneh.*
31.	33.	d.	——	*Village ruiné.*	——
31.	33.	d.	تلّ شوه	*Tell Chowéh.*	*Tell Choueh.*
32.	18.	d.	بير مسوديه	*Bîr Meçoûdîâh.*	*Byr Mesoudyah,* puits.
32.	18.	d.	العريش	El-Ârîch.	El-A'rych. (*RHINOCORURA.*)
32.	20.	d.	خرّوب	*Karroûb.*	*Kharroub,* puits.
32.	30.	d.	——	*Étang d'eau saumâtre*	——
32.	11.	d.	وادى العريش	*Wâdî el-Ârîch.*	*Ouâdy el-A'rych.* (*TORRENS ÆGYPTI.*)
32.	30.	d.	زاوى	Zâwî, *village sous terre.*	Zâouy.
32.	40.	d.	ريفه	RÉFAH.	REYFAH. (*RAPHIA.*)
33.	2.	d.	بحيره	*Béhéïréh.*	*Beheyreh,* puits.
33.	10.	d.	بير العبد	*Bîr el-Abdoû* [*puits de l'esclave*].	*Byr el-A'bd.*

N.º de la planche de l'Atlas géogr.	N.º du carreau.	Position du lieu.	NOMS écrits en arabe dans les planches de l'Atlas géographique	TRANSCRIPTION suivie dans les planches de l'Atlas géographique.	TRANSCRIPTION selon l'orthographe de l'ouvrage.
33.	9-10.	d.	جبال الجلس	Montagnes de Gels.	Gebâl el-Gels. G.
33.	14.	d.	بركة عيش	Ruines de Berkeï 'Aïch.	Birket A'ych, ruines
33.	20.	d.	صبخة بردوال	Sabakat Bardowâl, ou lac de Baudouin.	Sabakhat Bardôuâl. (LACUS SIRBONIS.)
33.	19.	d.	راس الكسرون	Râs el-Kaçaroûn.	Râs el-Kasaroun, cap. (MONS CASIUS et CASSIO.)
33.	30.	d.	راس ستراكى	Râs Strakî.	Râs Straky, cap et ruines. (OSTRACENA.)
34.	4.	d.	———	Ruines.	Ruines. (MAGDOLUM.)
34.	5.	d.	بير الدودار	Bîr el-Dowédâr.	Byr el-Douedâr, puits.
34.	8.	d.	قطيه	Qatîéh.	QATYEH. (PENTA-SCHŒNON.)
34.	8.	d.	اقتاحيه	Oqtâhiéh.	Oqtâhyeh, puits.
34.	14.	d.	رمّانه	Rommânéh.	Rommâneh.
34.	15.	d.	عنب دياب	'Anb Dîâb, ruines.	A'nb Dyâb. (GERRHA.)
34.	14.	d.	فارمه	Ruines de Faramah	Fâramah. (CHABRIÆ CHARAX.)
34.	5.	d.	تلّ الهر	Tell el-Her.	Tell el-Her. (LYCHNOS?)
34.	10.	d.	تلّ السهريج	Tell el-Seherîg, ruines de Sethrum.	Tell el-Seheryg, ruines (SETHRUM vel HERACLEUM.)
34.	9.	d.	الحمرين	El-Hamrîn, ruines.	El-Hamryn, ruines.
34.	9.	d.	البلبزه	El-Beléïzéh.	El-Beleyzeh.

PROVINCE DE MANSOURAH. 175

N.° de la planche de l'Atlas géogr.	N.° du carreau.	Position du lieu.	NOMS écrits en arabe dans les planches de l'Atlas géographique	TRANSCRIPTION suivie dans les planches de l'Atlas géographique.	TRANSCRIPTION selon l'orthographe de l'ouvrage.
34.	9.	d.	زهره	*Zaheréh.*	*Zahereh.*
34.	22.	d.	فم الطينه	*Bouche de* Tînéh.	*Fomm el-Tyneh.* (PELUSIACUM OSTIUM.)
34.	21.	d.	قلع الطينه	*Château de* Tînéh, *ruiné.*	*Ruines.*
34.	13.	î.	————	*Ruines de Peluse.*	*Tyneh.* (PELUSIUM.)
34.	18.	î.	الوات	*Alouât.*	*Alouât.*
34.	17.	î.	راس	*Râs.*	*Râs.*
34.	17.	î.	راس الراجيه	*Râs el-Râgîéh.*	*Râs el-Râgyeh,* cap.
34.	18.	î.	المقبة	*El-Maqbeï.*	*El-Maqbet.*
34.	21.	d.	فم الامّ فارج	*Bouche d'*Om Fâreg.	*Fom el-Omm Fâreg.* (TANITICUM OSTIUM.)

PROVINCE DE MANSOURAH.

30.	10.	d.	طصفه	Tasféh.	Tasfeh.
30.	10.	d.	منشيه	Menchîéh.	Menchyeh.
30.	10.	d.	كفر منشيه	K. Menchîéh.	Kafr Menchyeh.
30.	10.	d.	الزمرونيه	El-Zamroûnîéh.	El-Zamrounyeh.
30.	10.	d.	كفر رجب	K. Rageb.	Kafr Rageb.
30.	10.	d.	صفين	Saféïn.	Safeyn.
30.	10.	d.	القيطون	El-Qeïtoûn.	El-Qeytoun.
30.	10.	d.	كفر ابو زيد	K. Aboû-Zéïd.	Kafr Abou-Zeyd.

NOMS DE LIEUX DE L'ÉGYPTE.

N.º de la planche de l'Atlas géogr.	N.º du carreau.	Position du lieu.	NOMS écrits en arabe dans les planches de l'Atlas géographique	TRANSCRIPTION suivie dans les planches de l'Atlas géographique.	TRANSCRIPTION selon l'orthographe de l'ouvrage.
30.	10.	d.	هلّه	Halléh.	Halleh.
30.	10.	d.	العتميه	El-ʿAtmîéh.	El-A'tmyeh.
30.	10.	d.	مية العزّ	Mît el-ʿEzz.	Myt el-E'zz.
30.	10.	d.	مسنه	Meçenéh.	Meseneh.
30.	10.	d.	شنبارت	Chanbâret.	Chanbâret.
30.	18.	d.	ديشبس	Dîchîs.	Dychys.
30.	18.	d.	مية يعيش	Mît Iaîch.	Myt Ya'ych.
30.	19.	d.	دويد	Dowîdéh.	Douydeh.
30.	18.	d.	برون	Beroûn.	Beroun.
30.	18.	d.	صهرجت	Sahragt.	Sahragt. (*NATHO.*)
30.	18-19.	d.	بنى عباد	Bénî-ʿAbâd.	Beny-A'bâd.
30.	18.	d.	مية معصره	Mît Maâsarah.	Myt Ma'sarah.
30.	18.	d.	مية ناجى	Mît Nâgî.	Myt Nâgy.
30.	19.	d.	تهفنت	Téhéfent.	Tehefent.
30.	19.	d.	كفر مخدم	K. Moʿkdem.	Kafr Mokhdem.
30.	19.	d.	تلّ مخدم	*Tell Moʿkdem.*	*Tell Mokhdem.* (CYNO-POLIS.)
30.	18.	d.	كفر ابو جامع	K. Aboû-Gâmâ.	Kafr Abou-Gâma'.
30.	18.	d.	كفر مية ناجى	K. Mît Nâgî.	Kafr Myt Nâgy.
30.	18.	d.	كوم النور	Koûm el-Noûr.	Koum el-Nour.'
30.	18.	d.	دنديط	Dondéït.	Dondeyt.
30.	18.	d.	ميت الفاتك	Mît el-Fâtek.	Myt el-Fâtek.
30.	18.	d.	سنتناى	Sentinâî.	Sentinây.

PROVINCE DE MANSOURAH.

N.º de la planche de l'Atlas géog.	N.º du carreau.	Position du lieu.	NOMS écrits en arabe dans les planches de l'Atlas géographique	TRANSCRIPTION suivie dans les planches de l'Atlas géographique.	TRANSCRIPTION selon l'orthographe de l'ouvrage.
30.	18.	d.	ميت غمر	Mît Ġamar.	Myt Ghamar.
30.	18.	d.	بشلوس	Bachaloûs.	Bachalous.
30.	26.	d.	دقدوس	Daqadoûs.	Daqadous.
30.	26.	d.	كوم النور	Koûm el-Noûr.	Koum el-Nour.
30.	27.	d.	كفر	*Village.*	Kafr.
30.	27.	d.	حسان	Ḥaçân.	Hasân.
30	26	d.	منصوره	Manṣoûrah.	Mansourah.
30.	28.	d.	الطواحين	El-Ṭawâḥîn.	El-Taouâhyn.
30.	26.	d.	كفر ابو لبن	K. Aboû-Laben.	Kafr Abou-Laben.
30.	27.	d.	شبرا صوره	Chobrâ Ṣoûrah.	Chobrâ Sourah.
30.	26.	d.	كفر سرنجه	K. Sarnagéh.	Kafr Sarnagéh
30.	26.	d.	جوهري	Gawharî.	Gaouhary.
30.	28.	d.	كفر عبدوه	K. ʿAbdoûéh.	Kafr A'bdoueh.
30.	26.	d.	بشلى	Bechlî.	Bechly.
30.	27.	d.	الهوابه	El-Hawâber.	El-Haouâber. (Busiris.)
30.	25.	d.	كفر نعمان	K. Naåmân.	Kafr Na'mân.
30.	26.	d.	دماص	Damâṣ.	Damâs.
30.	26.	d.	كفر تله	K. Teléh.	Kafr Teleh.
30.	25.	d.	مينة اشنه	Mît Echnéh.	Myt Echneh.
30.	26.	d.	بهيده	Behîdéh.	Behydeh.
30.	36.	d.	جميزه	Geméïzéh.	Gemeyzeh.
30.	34.	d.	فيشه	Fîchéh.	Fycheh.

É. M. XVIII. 3ᵉ Partie.

N.° de la planche de l'Atlas géogr.	N.° du carreau.	Position du lieu.	NOMS écrits en arabe dans les planches de l'Atlas géographique	TRANSCRIPTION suivie dans les planches de l'Atlas géographique.	TRANSCRIPTION selon l'orthographe de l'ouvrage.
30.	35.	d.	برمتوش	Beremtoûch.	Beremtouch.
30.	36.	d.	كفر سلمه	K. Salaméh.	Kafr Salameh.
30.	33.	d.	ميت دمسيس	Mîï Demsîs.	Myt Demsys.
30.	34.	d.	كفر طنّامل	K. Ŧonnâmel.	Kafr Tonnâmel.
30.	34.	d.	طنّامل	Ŧonnâmel.	Tonnâmel.
30.	34.	d.	المنداره	El-Mandârah.	El-Mandârah.
30.	36.	d.	ابو قرامية	Aboû-Qarâmîï.	Abou-Qarâmyt.
30.	35.	d.	الزراقى	El-Zarâqî.	El-Zarâqy.
30.	34.	d.	كفر منداره	K. Mandârah.	Kafr Mandârah.
30.	34.	d.	المنداره	Mandârah.	El-Mandârah.
30.	35.	d.	كفر طنبول	K. Ŧanboûl.	Kafr Tanboul.
30.	35.	d.	طنبول	Ŧanboûl.	Tanboul.
30.	34.	d.	مية فضاله	Mîï Fađâléh.	Myt Fadâleh.
30.	34.	d.	كفر محمود	K. Mahmoûđ.	Kafr Mahmoud.
30.	34.	d.	شيوه	Chîwéh.	Chyoueh.
30.	35.	d.	كفر دروه	K. Daroûéh.	Kafr Daroueh.
30.	34.	d.	مية معانذ	Mîï Mâåned.	Myt Ma'âned.
30.	35.	d.	دروه	Darouéh.	Daroueh.
30.	34.	d.	شبرا ويش	Chobrâ Wîch.	Chobrâ Ouych.
30.	34.	d.	مية العمى	Mîï el-Åmä.	Myt el-Amä.
30.	34.	d.	شنيسا الغدا	Chenîçâ el-Ġadâ.	Chenysâ el-Chadâ.
30.	37.	d.	كفر	Kafr.	Kafr.

N.° de la planche de l'Atlas géogr.	N.° du carreau.	Position du lieu.	NOMS écrits en arabe dans les planches de l'Atlas géographique	TRANSCRIPTION selon l'orthographe de l'ouvrage.	TRANSCRIPTION suivie dans les planches de l'Atlas géographique.
30.	37.	d.	البيضه	El-Béïđah.	El-Beydah.
30.	35.	d.	كفر	Kafr.	Kafr.
30.	34.	d.	ميت بزو	Mît Bezoû.	Myt Bezou.
30.	34	d.	الحماقات	El-Ħamâqât.	El-Hamâqât.
30.	34.	d.	كفر سلاميه	K. Salâmîéh.	Kafr Salâmyeh.
30.	36.	d.	المجله	El-Mengalah.	El-Mengalah.
30.	36.	d.	تلّ طنبول	*Tell Ŧanboûl.*	*Tell Tanboul.* (LEONTOPOLIS.)
35.	3.	d.	مية الغراب	Mît el-Ġorâb.	Myt el-Ghorâb.
35.	2.	d.	سرنسه	Serneçéh.	Serneseh.
35.	3.	d.	مية العمرى	Mît el-ʿAmrî.	Myt el-A'mry.
35.	2.	d.	الغراقه	El-Ġarâqah.	El-Gharâqah.
35.	3.	d.	كفر	Kafr.	Kafr.
35.	3.	d.	نوب طريف	Noûb Ŧarîf.	Noub Taryf.
35.	2.	d.	شنسه	Cheneçéh.	Cheneseh.
35.	2.	d.	ميت ابو الحارث	Mît Aboû-el-Ħâret.	Myt Abou-l-Hâret.
35.	4.	d.	ابو داود	Aboû-Dâoûd.	Abou-Dâoud.
35.	3.	d.	شنفاص	Chenfâs.	Chenfâs.
35.	3.	d.	مية العرب	Mît el-ʿArab.	Myt el-A'rab.
35.	2.	d.	سنجى	Singî.	Singy.
35.	2.	d.	الديريس	El-Dîrîs.	El-Dyrys.
35.	3.	d.	كفر الغراب	K. el-Ġorâb.	Kafr el-Ghorâb.
35.	3.	d.	كفر	Kafr.	Kafr.

N.º de la planche de l'Atlas géogr.	N.º du carreau.	Position du lieu.	NOMS écrits en arabe dans les planches de l'Atlas géographique	TRANSCRIPTION suivie dans les planches de l'Atlas géographique.	TRANSCRIPTION selon l'orthographe de l'ouvrage.
35	5	d.	اللبايدة	El-Lebâïdéh.	El-Lebâydeh.
35	4	d.	ميه	Maïe.	Mayeh.
35	3	d.	كفر	Kafr.	Kafr.
35	6	d.	كفور سباخ	Kofoûr Sebâ'k.	Kofour Sebâkh.
35	2	d.	بقطارس	Boqtâres.	Boqtâres.
35	3	d.	شبراهور	Chobrâhoûr.	Chobrâhour.
35	4	d.	تمريه	Tamarîeh.	Tamaryeh.
35	2	d.	الجرّاح	El-Garrâh.	El-Garrâh.
35	3	d.	المنشيه	El-Menchîéh.	El-Menchyeh.
35	3	d.	كفر شبراهور	K. Chobrâhoûr.	Kafr Chobrâhour.
35	3	d.	ترعة بصردى	Canal de Bassera-dî.	Tera'h Basserady. T.
35	2	d.	اجا	Agâ.	Agâ.
35	4	d.	الرباعى	El-Rob°âï.	El-Robâ'y.
35	3	d.	كفر المنشيه	K. el-Menchîéh.	Kafr el-Menchyeh.
35	2	d.	ديرب	Dîarb.	Dyarb.
35	5	d.	————	Digue de Senbellâ-wîn.	Gesr Senbellâouyn. g.
35	5	d.	————	Digue ruinée nom-mée Gam.	Gam. g.
35	5	d.	زفر	Zafar.	Zafar.
35	4	d.	البيضه	El-Béïdah.	El-Beydah.

PROVINCE DE MANSOURAH.

N.º de la planche de l'Atlas géogr.	N.º du carreau.	Position du lieu.	NOMS écrits en arabe dans les planches de l'Atlas géographique	TRANSCRIPTION suivie dans les planches de l'Atlas géographique.	TRANSCRIPTION selon l'orthographe de l'ouvrage.
35.	2.	d.	ديريس	Dîrîs.	Dyrys.
35.	7.	d.	كفر ابراش	K. Abrâch.	Kafr Abrâch.
35.	2.	d.	البلوق	El-Belloûq.	El-Bellouq.
35.	1.	d.	المنيه	El-Menîéh.	El-Menyeh.
35.	2.	d.	شنسه	Cheneçéh.	Cheneseh.
35.	2.	d.	سجيد	Singîd.	Singyd.
35.	3.	d.	كفر البوت	K. el-Boûhâ.	Kafr el-Bouhâ.
35.	5.	d.	السنبلاوين	El-Senbellâoûïn.	El-Senbellâouyn.
35.	2.	d.	تلبنت	Talbint.	Talbent.
35.	2.	d.	مية العمرى	Mît el-'Amrî.	Myt el-A'mry.
35.	3.	d.	شبرا	Chobrâ.	Chobrâ.
35.	4.	d.	شيخ امير عبد الله	Chéïk Emîr 'Abd-allah.	Cheykh Emyr A'bd-allah.
35.	4.	d.	تمى الامديد	Tmî el-Emdîd.	Tmây el-Emdyd. (*Thmuis.*)
35.	2.	d.	سنبخت	Sinbokt.	Sinbokht.
35.	3-11.	d.	بلجاى	Belgâî.	Belgây.
35.	10.	d.	نوسا الغيط	Naoûçâ el-Geït.	Naousâ el-Gheyt, *ruines*.
35.	12.	d.	روم	Roûm.	Roum.
35.	12.	d.	تلبانه	Telbânéh.	Telbâneh.
35.	10.	d.	كفر سلكه	Kafr Salakéh.	Kafr Salakeh.

182 NOMS DE LIEUX DE L'ÉGYPTE.

N.° de la planche de l'Atlas géogr.	N.° du carreau.	Position du lieu.	NOMS écrits en arabe dans les planches de l'Atlas géographique	TRANSCRIPTION suivie dans les planches de l'Atlas géographique.	TRANSCRIPTION selon l'orthographe de l'ouvrage.
35.	10.	d.	مية نوسا البحرى	Mîï Noûçâ, el-Baĥrî.	Myt Nouçâ el-Bahry.
35.	10.	d.	كفر شبرا	K. Chobrâ.	Kafr Chobrâ.
35.	11.	d.	الهواوشه	El-Hawâoûchéh.	El-Haouâoucheh.
35.	11.	d.	المنيه	El-Méniéh.	El-Menyeh.
35.	11.	d.	مية قيرات	Mîï Qéïrât.	Myt Qeyrât.
35.	11.	d.	نقيطه	Noqeîtah.	Noqeytah.
35.	10.	d.	شنوبر	Chenawber.	Chenaouber.
35.	10.	d.	كفر الشيخ	K. el-Chéïk.	Kafr el-Cheykh.
35.	11.	d.	منية سندوب	Miniet Sindoûb.	Minyet Sindoub.
35.	11.	d.	شها	Chahâ.	Chahâ.
35.	10.	d.	اويش	Awîch.	Aouych.
35.	11.	d.	جديده	Gedaïdéh.	Gedaydeh.
35.	11.	d.	برقنقس	Barqnaqs.	Barqnaqs.
35.	12.	d.	دبو عوام	Deboû ʿAwâm.	Debou A'ouâm.
35.	11.	d.	سندوب	Sindoûb.	Sindoub.
35.	11.	d.	سلنت	Sellent.	Sellent. (*Lycopolis dans le voisinage.*)
35.	11.	d.	مية كيرون	Mîï Kîroûn.	Myt Kyroun.
35.	12.	d.	مية عزّون	Mîï ʿAzzoûn.	Myt A'zzoun.
35.	12.	d.	الخليج	El-Kalîg.	El-Khalyg.
35.	13.	d.	طنّاح	Tannâĥ.	Tannâh.
35.	11.	d.	مية الصارم	Mîï el-Sârem.	Myt el-Sârem.

N.° de la planche de l'Atlas géogr.	N.° du carreau.	Position du lieu.	NOMS écrits en arabe dans les planches de l'Atlas géographique	TRANSCRIPTION suivie dans les planches de l'Atlas géographique.	TRANSCRIPTION selon l'orthographe de l'ouvrage.
35.	12.	d.	الكوم	El-Koûm.	El-Koum.
35.	15.	d.	كفر المالكين	K. el-Mâlikîn.	Kafr el-Mâlikyn.
35.	13.	d.	مية سويد	Mît Soûïd.	Myt Souyd.
35.	10.	î.	مية بدر خميس	Mît Badr Kamîs.	Myt Bedr Khamys.
35.	11.	d.	كفر سندوب	K. Sindoûb.	Kafr Sindoub.
35.	12.	d.	شبرا	Chobrâ.	Chobrâ.
35.	10.	d.	كفر	Kafr.	Kafr.
35.	10.	d.	مية خميس	Mît Kamîs.	Myt Khamys.
35.	11.	d.	منصورة	MANSOÛRAH.	MANSOURAH.
35.	12.	d.	اسطنهاى	Astenhâïe.	Astenhâye.
35.	12.	d.	ترعة طنا	*Torâ Tannâ.*	*Tora'h Tannâ.* T.
35.	11.	d.	مية على	Mît Alî.	Myt A'ly.
35.	12.	d.	بدّين	Beddîn.	Beddyn.
35.	13.	d.	تلّ الدبله	TELL EL-DÉBELÉH	*Tell el-Debeleh.* (DIOSPOLIS.)
35.	14.	d.	الزيبله	El-Zéibléh.	El-Zeybleh.
35.	15.	d.	———	*Ruines.*	*Butte de ruines.*
35.	14.	d.	بركة الدقهليه	PLAINE DE DAQHÉLÎÉH.	*Birket el-Daqhelyeh* (étang et plaine).
35.	11.	d.	كفر شيخ	K. Chéïk.	Kafr Cheykh.
35.	11.	d.	كفر زهرات	K. Zaharât.	Kafr Zaharât.
35.	11.	d.	دنابيق	Danâbîq.	Danâbyq.
35.	11.	d.	جديله	Gedîléh.	Gedyleh.

N.° de la planche de l'Atlas géogr.	N.° du carreau.	Position du lieu.	NOMS écrits en arabe dans les planches de l'Atlas géographique	TRANSCRIPTION suivie dans les planches de l'Atlas géographique.	TRANSCRIPTION selon l'orthographe de l'ouvrage.
35.	19.	d.	كفر قلجيل	K. Qalengîl.	Kafr Qalengyl.
35.	19.	d.	سلمون	Salamoûn.	Salamoun.
35.	21.	d.	مية طريف	Mîï Tarîf.	Myt Taryf.
35.	19.	d.	مية مزاح	Mîï Mezâh.	Myt Mezâh.
35.	19.	d.	مية فاتك	Mît Fâtek.	Myt Fâtek.
35.	21.	d.	ديرب	Dîarb.	Dyarb.
35.	20.	d.	محلّة دمنه	Mahalleï Dimnah.	Mehallet Dimnah.
35.	19.	d.	الريدانيه	El-Rîdânîéh.	El-Rydânyeh.
35.	20.	d.	المنية محلّة دمنه	El-Menîeï Mahal-leï Dimnah.	El-Minyet Mehal-let Dimnah.
35.	19.	d.	الخياريه	El-Kiârîéh.	El-Khyâryeh.
35.	20.	d.	شوها	Choûhâ.	Chouhâ.
35.	20.	d.	الزعفرانى	El-Zaâfrânî.	El-Za'frâny.
35.	20.	d.	عبد المومن	Âbd el-Moûmen.	A'bd el-Moumen.
35.	20.	d.	مية ظافر	Mîï Dâfer.	Myt Dâfer.
35.	20.	d.	جزيرة	Gézîreï.	Gezyret.
35.	20.	d.	مية كونه	Mîï Koûnéh.	Myt Kouneh.
35.	21.	d.	مية العرايا	Mît el-Ârâïâ.	Myt el-A'râyâ.
35.	20.	d.	دموه	Demouéh.	Demoueh.
35.	21.	d.	مية شراف	Mîï Cherâf.	Myt Cherâf.
35.	20.	d.	كفر القباب	K. el-Qebâb.	Kafr el-Qebâb.
35.	20.	d.	قباب صغرا	Qebâb Sogarä.	Qebâb Sogharâ.

PROVINCE DE MANSOURAH.

N.º de la planche de l'Atlas géogr.	N.º du carreau.	Position du lieu.	NOMS écrits en arabe dans les planches de l'Atlas géographique.	TRANSCRIPTION suivie dans les planches de l'Atlas géographique.	TRANSCRIPTION selon l'orthographe de l'ouvrage.
35.	22.	d.	البابين	El-Bâbéïn.	El-Bâbeyn.
35.	21.	d.	أشمون	Achmoûn.	Achmoun. (MENDES.)
35.	21.	d.	ترعة أشمون	Canal d'Achmoûn ou Mansoûrah.	Tora'h Achmoun, T., BRANCHE MENDÉSIENNE.
35.	20.	d.	القباب وحشه	El-Qebâb Weḥechéh.	El-Qebâb Ouehecheh.
35.	21.	d.	ذكرنس	Dekernès.	Dekernes.
35.	21.	d.	ميّة حلّوج	Mît Halloûg.	Myt Halloug.
35.	21.	d.	ميّة السودان	Mît el-Soûdân.	Myt el-Soudân.
35.	21.	d.	منا غصين	Monâ Goséïn.	Monâ Ghoseyn.
35.	20.	d.	كفر البزو	K. el-Bezoû.	Kafr el-Bezou.
35.	19.	d.	بداله	Bedâléh.	Bedâleh.
35.	20.	d.	ميّة النحال	Mît el-Naḥâl.	Myt el-Nahâl.
35.	19.	d.	المنيه	El-Menîéh.	El-Minyet.
35.	20.	d.	السناسفه	El-Senâsféh.	El-Senâsfeh.
35.	20.	d.	دمجلت	Demigelt.	Demigelt.
35.	20.	d.	القلوبيه	El-Qeloûbîéh.	El-Qeloubyeh.
35.	20.	d.	كفر	Kafr.	Kafr.
35.	21.	d.	المعمنه	El-Maåmnéh.	El-Ma'mneh.
35.	21.	d.	كفر عبيد	K. Åbîd.	Kafr A'byd.
36.	21.	d.	ميّة حديد	Mît Hadîd.	Myt Hadyd.
35.	19.	d.	برمون	Baramoûn.	Baramoun.

N.º de la planche de l'Atlas géogr.	N.º du carreau.	Position du lieu.	NOMS écrits en arabe dans les planches de l'Atlas géographique	TRANSCRIPTION suivie dans les planches de l'Atlas géographique.	TRANSCRIPTION selon l'orthographe de l'ouvrage.
35.	21.	d.	دراكسه	Darâkséh.	Darâkseh.
35.	22.	d.	الحلاوة	El-Halaweï.	El-Halâouet.
35.	21.	d.	المنشيه ميه عاصم	El-Minchîéh Mît A'sem.	El-Menchyeh Myt A'âsem.
35.	20.	d.	كفر ابو نصر	K. Aboû-Nasr.	Kafr Abou-Nasr.
35.	21.	d.	ميت النصارى	Mît el-Nosârä.	Myt el-Nosârä.
35.	22.	d.	مية عاصم	Mît A'sem.	Myt A'âsem.
35.	22.	d.	حلاوة السهو	Halâweï el-Sehoû.	Halâouet el-Sehou.
35.	21.	d.	مية طاهر	Mît Tâher.	Myt Tâher.
35.	22.	d.	كفر ابو زكرى	K. Aboû-Zekrî.	Kafr Abou-Zekry.
35.	19.	d.	كفر برمون	K. Baramoûn.	Kafr Baramoun.
35.	19.	d.	كفر بداوه	K. el-Bedâwéh.	Kafr el-Bedâoueh.
35.	20.	d.	نجيره	Négîréh.	Negyreh.
35.	22.	d.	كفر فنيس	K. Fenîs.	Kafr Fenys.
35.	22.	d.	كفر اعلام	K. Aållâm.	Kafr A'llâm.
35.	22.	d.	بلناج	Beltâg.	Beltâg.
35.	22.	d.	البسلوله	El-Balsoûléh.	El-Balsouleh.
35.	21.	d.	مية دمنى	Mît Dimnä.	Myt Dimnä.
35.	28.	d.	بداوه	Bedâwéh.	Bedâoueh.
35.	28.	d.	ترانس	Terrânis.	Terrânis.
35.	30.	d.	مية القسّ	Mît el-Qommos.	Myt el-Qommos.
35.	31.	d.	كفر	*Village.*	Kafr.

PROVINCE DE DAMIETTE. 187

N.° de la planche de l'Atlas géogr.	N.° du carreau.	Position du lieu.	NOMS écrits en arabe dans les planches de l'Atlas géographique	TRANSCRIPTION suivie dans les planches de l'Atlas géographique.	TRANSCRIPTION selon l'orthographe de l'ouvrage.
35.	30.	d.	برنبال الكبيره	Berinbâl el-Kebîréh.	Berinbâl el-Kebyreh.
35.	30.	d.	الكردى	El-Kordî.	El-Kordy.
35.	30.	d.	سلسله	Selseléh.	Selseleh.
35.	31.	d.	مشريف	Méchrîf.	Mechryf.
35.	31.	d.	البسراط	El-Bosrât.	El-Bosrât.
35.	31.	d.	كفر الجديد	K. el-Gedîd.	Kafr el-Gedyd.
35.	31.	d.	مية مراجه	Mît Marâgéh.	Myt Marâgeh.
35.	31.	d.	جمليه	Gemâlîéh *ou* Gemîléh.	Gemalyeh *ou* Gemyleh.
35.	31.	d.	————	*Canal de Gemîléh.*	*Canal de Gemyleh.* T.

PROVINCE DE DAMIETTE.

35.	17.	g.	ابستو	Abestoû.	Abestou.
35.	18.	g.	كفر الحصّه	K. el-Hesséh.	Kafr el-Hesseh.
35.	18.	g.	كفر نبروه	K. Nabaroûéh.	Kafr Nabaroueh.
33.	19.	g.	كفر البهوت	K. Behoût.	Kafr Behout.
35.	19.	g.	مية عنتر	Mît 'Antar.	Myt A'ntar.
35.	18.	g.	الدروتين	El-Deroûtéïn.	El-Derouteyn.
35.	17.	g.	طيره	Tîréh.	Tyreh.
35.	19.	g.	شرانقاش	Cherânqâs.	Cherânqâs.

N.º de la planche de l'Atlas géogr.	N.º du carreau.	Position du lieu.	NOMS écrits en arabe dans les planches de l'Atlas géographique	TRANSCRIPTION suivie dans les planches de l'Atlas géographique.	TRANSCRIPTION selon l'orthographe de l'ouvrage.
35.	18.	g.	ديرين	Dîrîn.	Dyryn.
35.	18.	g.	نبروه	Nabaroûéh.	Nabaroueh.
35.	19.	g.	كفر العرب	K. el-A'rab.	Kafr el-A'rab.
35.	18.	g.	الحامين	El-Hâmîn.	El-Hâmyn.
35.	19.	g.	كفر جنينه	K. Genînéh.	Kafr Geneyneh.
35.	18.	g.	نكه	Nekéh.	Nekeh.
35.	19	g.	المنيل	El-Menîel.	El-Menyel.
35.	19.	g.	طويلة برمون	Ṭawîleï Baràmoûn.	TaouyletBaramoun.
35.	18.	g.	البروتين	El-Deroûtéïn.	El-Berouteyn.
35.	18.	g.	ترعة نبروه	CANAL DE NABA-ROÛÉH.	Tora'h Nabaroueh. T.
35.	18.	g.	نشا	Nechâ.	Nechâ.
35.	18-19.	g.	دمرو	Demroû.	Demrou.
35.	19.	g.	مناخلة	Monâ'kléh.	Monâkhleh.
35.	18.	g.	طيبة	Ṭîbeï.	Tybet.
35.	18.	g.	كفر نشا	K. Nechâ.	Kafr Nechâ.
35.	18.	g.	كفر بهوت	K. Behoût.	Kafr Behout.
35.	18.	g.	طبلوها	Ṭabelloûhâ.	Tabellouhâ.
35.	19.	g.	كفر كتامه	K. Kattâméh.	Kafr Kattâmeh.
35.	19.	g.	دياسط	Dîâst.	Dyâst.
35.	19.	g.	مية زنقر	Mîṭ Zonqor.	Myt Zonqor.
35.	18-26.	g.	كفر طبلوها	K. Ṭabelloûhâ.	Kafr Tabellouhâ.

N.° de la planche de l'Atlas géogr.ᶠ	N.° du carreau.	Position du lieu.	NOMS écrits en arabe dans les planches de l'Atlas géographique.	TRANSCRIPTION suivie dans les planches de l'Atlas géographique.	TRANSCRIPTION selon l'orthographe de l'ouvrage.
35.	27.	g.	بطره	Batrah.	Batrah.
35.	26.	g.	بهوت	Béhoût.	Behout.
35.	27.	g.	بوساط النصارى	Boûçat el-Nosârä.	Bousât el-Nosârä.
35.	28.	g.	كفر الحطبه	K. el-Hatabéh.	Kafr el-Hatabeh.
35.	28.	g.	كفر دملاش	K. Demillâch.	Kafr Demillâch.
35.	28.	d.	محلة مشاق	Mahalleï Michâq.	Mehallet Michâq.
35.	28.	d.	بساط كريم الدين	Boçât Kerîm el-dîn.	Bousât Kerym el-Dyn.
35.	29.	d.	بجيلات	Begîlât.	Begylât.
35.	29.	d.	كفر	*Village.*	Kafr.
35.	28.	g.	كفر دبوسى	K. Daboûçî.	Kafr Dabousy.
35.	29.	d.	شارمسه	Chàramsâh.	Châramsâh.
35.	24.	d.	المحسن	El-Mahaçen.	El-Mahasen.
35.	24.	d.	طايمه	Tâïméh.	*Tâymeh.*
35.	24.	d.	المحمدى	El-Mohamdî.	*El-Mohamdy, r.* (1)
35.	24.	d.	كفر الشرايده	Kafr el-Cherâïdéh.	*K. el-Cherâydeh, r.*
35.	24.	d.	سداىده	Sedâïdéh.	*Sedâydeh, r.*
35.	24.	d.	المشامشى	El-Mechâmchî.	*El-Mechâmchy, r.*
35.	24.	d.	شرايد	Cherâïd.	*Cherâyd, r., deux positions.*
35.	24.	d.	اولاد حنه	Aoûlâd Hennéh.	Aoulâd Henneh.

(1) *r.*, abréviation du mot *ruiné.*

NOMS DE LIEUX DE L'ÉGYPTE.

N.º de la planche de l'Atlas géogr.	N.º du carreau.	Position du lieu.	NOMS écrits en arabe dans les planches de l'Atlas géographique	TRANSCRIPTION suivie dans les planches de l'Atlas géographique.	TRANSCRIPTION selon l'orthographe de l'ouvrage.
35.	24.	d.	الفريسات	El-Ferîçât.	El-Ferysât, r.
35.	23.	d.	خرابه	Karâbah.	Kharâbeh.
35.	24.	d.	مشايخ	Mechâïk.	Mechâykh.
35.	24.	d.	الفهادى	El-Fahâdî.	El-Fahâdy.
35.	24.	d.	الفريسات	El-Ferîçât.	El-Ferysât.
35.	24.	d.	اولاد حنين	Aoûlâd Honeïn.	Aoulâd Honeyn.
35.	24.	d.	كفر بحر البلاد	K. Bahar el-Belâd.	Kafr Bahr el-Belâd.
35.	24.	d.	النزله	El-Nezléh.	El-Nazleh, r.
35.	24.	d.	اولاد بانى	Aoûlâd Bânî.	Aoulâd Bâny.
35.	32.	d.	اولاد عصفور	Aoûlâd A'sfoûr.	Aoulâd A'sfour.
35.	23.	d.	فريسات جديده	Ferîçât Gedîdéh.	Ferysât Gedydeh.
35.	32.	d.	الحمارنه	El-Hamârnéh.	El-Hamârneh.
35.	32.	d.	البرايره	El-Bérâïréh.	El-Berâyreh.
35.	32.	d.	اولاد القزاك	Aoûlâd el-Qazâk.	Aoulâd el-Qazâk.
35.	32.	d.	القتايله	El-Qatâïléh.	El-Qatâyleh.
35.	31.	d.	مية حضير	Mît Heder.	Myt Heder.
35.	32.	d.	اولاد احمد	Aoûlâd Ahmed.	Aoulâd Ahmed.
35.	32.	d.	اولاد سرج	Aoûlâd Serg.	Aoulâd Serg.
35.	32.	d.	المنزله	El-Menzaléh.	El-Menzaleh. (PANEPHYSIS.)
35.	32.	d.	تعلبى	Taâlbî.	Ta'lby.
35.	32.	d.	طوابره	Tawâbréh.	Taouâbreh.

PROVINCE DE DAMIETTE.

N.º de la planche de l'Atlas géogr.	N.º du carreau	Position du lieu	NOMS écrits en arabe dans les planches de l'Atlas géographique	TRANSCRIPTION suivie dans les planches de l'Atlas géographique.	TRANSCRIPTION selon l'orthographe de l'ouvrage.
35.	32.	d.	قرامسى	Qarâmsî.	Qarâmsy.
35.	32.	d.	———	Aoûlâd Serag.	Aoulâd Serag.
35.	32.	d.	———	Chéïk Nasr.	Cheykh Nasr.
35.	32.	d.	العصافير	El-Aˤsâfer ou Sâfîr.	El-A'sâfyr ou Sâfyr.
35.	32.	d.	عزبة الف	ˤEzbeï Elf.	E'zbet Elf.
35.	32.	d.	اولاد نور	Aoûlâd Noûr.	Aoulâd Nour.
35.	32.	d.	اولاد علم	Aoûlâd ˤAlem.	Aoulâd A'lem.
35.	32.	d.	الدير	El-Déïr.	El-Deyr.
35.	32.	d.	البرشلات	El-Berchlât.	El-Berchlât.
35.	32.	d.	الجاتش	El-Gâtach.	El-Gâtach.
35.	32.	d.	شامله	Châmamléh.	Châmamleh.
35.	32.	d.	اولاد نصر	Aoûlâd Nasr.	Aoulâd Nasr.
35.	32.	d.	براسنه	Barâsnéh.	Barâsneh, ruiné.
35.	32.	d.	العدجيره	El-ˤAdgîréh.	El-A'dgyreh.
35.	32.	d.	كشاشه	Kachâchéh.	Kachâcheh.
35.	32.	d.	احديه	Aḥmedïéh.	Ahmedyeh.
35.	32.	d.	الوحيبه	El-Oûḥéïbéh.	El-Ouheybeh.
35.	32.	d.	شاعروه	Châˤarowéh.	Châ'roueh.
35.	31.	i.	شيخ الحمّام	Chéïk el-Hammâm	Cheykh el-Hammâm.
35.	32.	d.	شيخ محمّد	Chéïk Moḥammed	Cheykh Mohammed.
35.	32.	d.	شبول	Cheboûl.	Cheboul.
35.	32.	d.	النسايمه	El-Neçâïméh.	El-Nesâymeh.

N.° de la planche de l'Atlas géogr.	N.° du carreau.	Position du lieu.	NOMS écrits en arabe dans les planches de l'Atlas géographique	TRANSCRIPTION suivie dans les planches de l'Atlas géographique.	TRANSCRIPTION selon l'orthographe de l'ouvrage.
35.	32.	d.	الروضه	El-Rawđah.	El-Roudah.
35.	32.	d.	نبيله	Nébîléh.	Nebyleh.
35.	32.	d.	شيخ نبيله	*Chéïk Nébîléh.*	*Cheykh Nebyleh.* (*PAPREMIS.*)
35.	32.	î.	اطريبه	*Atrîbéh.*	*Atrybeh.*
35.	28.	g.	شربين	Cherbîn.	Cherbyn.
35.	28.	g.	دنجواى	Dengoûâïe.	Dengouâye.
35.	29.	d.	كفر الزعتر	K. el-Zaåter.	Kafr el-Za'ter.
35.	29.	d.	الحمديه	El-Ahmedîéh.	El-Ahmedyeh.
35.	27.	g.	سنديله	Sendîléh.	Sendyleh.
35.	29.	g.	كفر شيخ عطيه	K. Chéïk Åtïéh.	K. Cheykh A'tyeh.
35.	29.	d.	مية الخولى	Mît el-Kawlî.	Myt el-Khaouly.
35.	26.	g.	بلقاس	Belqâs.	Belqâs.
35.	26.	" (1)	المعصره	El-Maåsarah.	El-Ma'sarah.
35.	29.	d.	الزرقة	El-Zarqah.	El-Zarqah.
35.	29.	g.	الحصاص	El-Hasâs.	El-Hasâs.
35.	29.	g.	الضهاريه	El-Đahârîéh.	El-Dahâryeh.
35.	29.	d.	المعصره	El-Maåsarah.	El-Ma'sarah.
35.	29.	g.	كفر ترع الجديد	K. Torå el-Gédîd.	K. Tora'h el-Gedyd.

(1) Dans l'intérieur du Delta, l'on n'a donné l'indication de la rive que pour les lieux situés à environ deux lieues, ou à l'O. de la branche de Damiette, ou à l'E. de celle de Rosette. Quant aux lieux placés à l'E. de la première et à l'O. de la seconde, on les a marqués, comme à l'ordinaire, des lettres d. et g., respectivement, et à quelque distance qu'ils soient de ces deux bras du Nil.

N.° de la planche de l'Atlas géogr.	N.° du carreau.	Position du lieu.	NOMS écrits en arabe dans les planches de l'Atlas géographique	TRANSCRIPTION suivie dans les planches de l'Atlas géographique.	TRANSCRIPTION selon l'orthographe de l'ouvrage.
35.	31.	î.	الافشه	*El-Efchéh.*	*El-Efcheh.*
35.	31.	d.	جميله	*Gemîléh.*	*Gemyleh.*
35.	29.	d.	سرو	Seroû.	Serou.
35.	40.	î.	عمری	*'Amrî.*	*A'mry.*
35.	39.	î.	الزعجه	*El-Zaâgéh.*	*El-Za'geh.*
35.	39.	î.	الجنيسه	*El-Genîcéh.*	*El-Genyseh.*
35.	37.	g.	كفر ترع القديم	K. Torâ el-Qadîm.	K. Tora'h el-Qadym.
35.	37.	g.	راس الخليج	Râs el-'Kalîg.	Râs el-Khalyg.
35.	37.	d.	تلّ كاشف	*Tell Kâchef.*	*Tell Kâchef, santon.*
35.	38.	d.	بركة سرو	*Birket Seroû.*	*Birket Serou.* B.
35.	37.	g.	دقس	Daqas.	Daqas.
35.	37.	d.	كفر دقهاله	K. Deqhâlah.	K. Deqhâlah, *ruines*
35.	39.	î.	القرع	*El-Qaraâ.*	*El-Qara'.*
35.	39.	î.	الديره	*El-Dëirah.*	El-Deyrah.
35.	37.	g.	دوار البهايم	Dowâr el-Behâïm.	Douâr el-Behâym.
35.	36.	g.	جبل الحورى	*Gebel el-Hoûrîéh.*	*Gebel el-Houry, grande butte.*
35.	37.	d.	البريشيه	El-Berîchîéh.	El-Berychyeh.
35.	40.	î.	دميت الرزّ	*Dimïet el-Rozz.*	*Dimyet el-Rozz.*
35.	39	d.	راس قرع	*Râs Qaraâ.*	*Râs Qara'.*
35.	40.	î.	الحرون	*El-Héroûn.*	*El-Heroun.*
35.	37.	g.	كفر السوالم	K. el-Sawâlem.	Kafr el-Saouâlem.

NOMS DE LIEUX DE L'ÉGYPTE.

N.° de la planche de l'Atlas géogr.	N.° du carreau.	Position du lieu.	NOMS écrits en arabe dans les planches de l'Atlas géographique.	TRANSCRIPTION suivie dans les planches de l'Atlas géographique.	TRANSCRIPTION selon l'orthographe de l'ouvrage.
35.	37.	d.	شيخ عبّاس	Chéïk A'bbâs.	Cheykh A'bbâs.
35.	39.	î.	الهواوشه	El-Haoûâoûchéh.	El-Haouâoucheh.
35.	39.	î.	الكبيره	El-Kebîréh.	El-Kebyreh.
35.	37.	g.	مية أبو غالب الكبير	Mît Aboû-Gâleb el-Kebîr.	Myt Abou-Ghâleb el-Kebyr.
35.	37.	g.	كفر مية أبو غالب	Kafr Mît Aboû-Gâleb.	Kafr Myt Abou-Ghâleb.
35.	37.	d.	كفر شنوى	K. Chenawî.	Kafr Chenaouy.
35.	38.	d.	كفر	Village.	Kafr.
35.	38.	î.	دمولين	Demoûlîn.	Demoulyn, ruines.
35.	39.	î.	البصرله	El-Basarléh.	El-Basarleh.
35.	40.	î.	شيخ العزّابي	Chéïk el-'Ezzâbî.	Cheykh el-E'zzâby.
35.	37.	d.	كفر العراب	K. el-'Arâb.	Kafr el-A'râb.
35.	38.	d.	شيخ معلا	Chéïk Maâlâ.	Cheykh Ma'lâ.
35.	37.	g.	كفر ابو سعيد	K. Aboû-Saîd.	Kafr Abou-Sa'yd.
35.	39.	î.	سرجه	Sirgéh.	Sirgeh.
35.	40.	î.	مقطع العراقاس	Maqtaâ el-'Arâqâs.	Maqta' el-A'râqâs.
35.	39.	î.	الزقزق	El-Ziqziq.	El-Ziqziq.
35.	39.	î.	الهرون	El-Heroûn.	El-Heroun.
35.	37.	g.	كفر مناسله	K. Monâsléh.	Kafr Monâsleh.
35.	40.	î.	المجله	El-Mangalah.	El-Mangalah.
35.	38.	d.	عزبة الحاجي	'Ezbet el-Hâggî.	E'zbet el-Hâggy.

N.° de la planche de l'Atlas géogr.	N.° du carreau.	Position du lieu.	NOMS écrits en arabe dans les planches de l'Atlas géographique	TRANSCRIPTION suivie dans les planches de l'Atlas géographique.	TRANSCRIPTION selon l'orthographe de l'ouvrage.
35.	38.	d.	سهاريه	Sahârîéh.	Sahâryeh.
35.	39.	î.	اولاد ديامو	*Aoûlâd Dîâmoû.*	*Aoulâd Dyâmou.*
35.	38.	d.	فارسكور	Fâreskoûr.	Fâreskour.
35.	38.	d.	الحوانيه	El-Hawânïéh.	El-Haouânyeh.
35.	38.	d.	كفر الحوانيه	K. el-Hawânïéh.	K. el-Haouânyeh.
35.	38.	d.	————	Tannah.	Tannah.
41.	8.	î.	شهه	*Cheh éh.*	*Cheheh.*
41.	8.	î.	المجله	*El-Mengalah.*	*El-Mangalah.*
41.	7.	î.	القرا وادى	*El-Qarâ Wâdî.*	*El-Qarâ Ouâdy.*
41.	8.	î.	الهشمه	*El-Hachméh.*	*El-Hachmeh.*
41.	6.	d.	طنّاح	Tannâh.	Tannâh.
41.	6.	d.	كفر بهادمه	K. Behâdméh.	Kafr Behâdmeh.
41.	6.	g.	كفر سليمان	K. Solîmân.	Kafr Solymân.
41.	8.	î.	عيشه	*'Aïchéh.*	*A'ycheh.*
41.	8.	î.	الفرشى	*El-Farchî.*	*El-Farchy.*
41.	7.	î.	المقطوع	*El-Maqtoûa.*	*El-Maqtoua'.*
41.	6.	d.	نجّارين	Naggâréïn.	Naggâreyn.
41.	6.	d.	دهره	Dahrah.	Dahrah.
41.	7.	î.	ابو حضير	*Aboû-Hedéïr.*	*Abou-Hedeyr.*
41.	6.	d.	سلميه	Selmïéh.	Selmyeh.
41.	6.	d.	الاهيذيه	El-Ehéïdîéh.	El-Eheydyeh.
41.	6.	d.	كفر شيوه	K. Chîoûéh.	Kafr Chyoueh.

NOMS DE LIEUX DE L'ÉGYPTE.

N.º de la planche de l'Atlas géogr.	N.º du carreau.	Position du lieu.	NOMS écrits en arabe dans les planches de l'Atlas géographique	TRANSCRIPTION suivie dans les planches de l'Atlas géographique.	TRANSCRIPTION selon l'orthographe de l'ouvrage.
41.	7.	d.	جسه	Gesséh.	Gesseh.
41.	8.	î.	الملّالیه	El-Mellâlîéh.	El-Mellâlyeh.
41.	8.	î.	راس الحمار	Râs el-Hamâr.	Râs el-Hamâr.
41.	8.	d.	شيخ بغدادى	Chéïk Bourdâdî.	Cheykh Boughdâdy.
41.	6.	d.	الحلفه	El-Helféh.	El-Helfeh.
41.	8.	d.	فمّ الكوز	Fom el-Koûz.	Fom el-Kouz.
41.	6.	d.	دار	Dâr.	Dâr.
41.	5.	g.	كفر ابو يوسف	K. Aboû-Ioûçef.	Kafr Abou-Yousef.
41.	6.	d.	دار	Dâr.	Dâr.
41.	6.	d.	عزبة الكلام	ᶜEzbeï el-Kelâm.	E'zbet el-Kelâm.
41.	6.	d.	حورانى	Hawrânî.	Hourâny.
41.	6.	d.	اولاد حمّام	Aoûlâd Hammâm.	Aoulâd Hammâm.
41.	6.	d.	عزبة ينل	ᶜEzbeï Ionel ou Ismaël.	E'zbet Yonel ou Isma'yl.
41.	6.	d.	هرسه	Herséh.	Herseh.
41.	6.	d.	على احمد	ᶜAlî Ahmed.	A'ly Ahmed.
41.	8.	î.	سهره	Saharah.	Saharah.
41.	6.	d.	است	Ast.	Ast.
41.	6.	d.	المناويه	El-Manâwîéh.	El-Manâouyeh.
41.	6.	d.	عزبة الريصه	ᶜEzbeï el-Reïséh.	E'zbet el-Reyseh.
41.	7.	d.	راس فواله	Râs Fawâléh.	Râs Faouâleh.
41.	6.	d.	البستان	El-Bostân.	El-Bostân.

N.° de la planche de l'Atlas géogr.	N.° du carreau.	Position du lieu.	NOMS écrits en arabe dans les planches de l'Atlas géographique	TRANSCRIPTION suivie dans les planches de l'Atlas géographique.	TRANSCRIPTION selon l'orthographe de l'ouvrage.
41.	6.	d.	دوار السلامه	Dowâr el-Salâméh.	Douâr el-Salâmeh.
41.	7.	d.	سياله	Sîâléh.	Syâleh.
41.	6.	d.	كفر اتبيخ	K. Atbîh.	Kafr Atbyh.
41.	6.	d.	الادله	El-Adlâh *ou* Adlîéh.	El-Adlâh *ou* Adlyeh
41.	7.	d.	شيخ	Chéïk.	Cheykh (1).
41.	8.	î.	جزيرة سهره	*G.^i Saharah.*	*G.^t Saharah.*
41.	6.	d.	حساب الكاشف	Heçâb el-Kâchef.	Hesâb el-Kâchef.
41.	7.	d.	نكارى	Nakârî.	Nakâry.
41.	6.	d.	البطيخ	El-Batïk.	El-Batykh.
41.	7.	d.	الاوين	El-Awéïn.	El-Aoueyn.
41.	6.	d.	الشعره	El-Choârah.	El-Choa'rah.
41.	6.	d.	تورينتاه	Toûréïtâh.	Toureytâh.
41.	7.	d.	دبارى	Dabârî.	Dabâry.
41.	8.	d.	ظهرة الديان	*Daharet el-Dîâb.*	*Daharet el-Dyâb.*
					(Bucolia.)
41.	7.	d.	الندى	El-Nédî.	El-Nedy.
41.	7.	d.	المنيه	El-Minîéh.	El-Minyeh.
41.	7.	d.	النصاره	*El-Nosârah.*	*El-Nosârah.*
41.	8.	î.	سمنّاويه	*Semenâwîéh.*	*Semennâouyeh.*
41.	7.	d.	شيخ شطّه	*Chéïk Chattah.*	*Cheykh Chattah.*

(1) Les environs de Damiette renferment un grand nombre de très-petits hameaux, tels que celui de *Cheykh*, et qu'il ne faut pas compter au rang des villages ordinaires de la basse Égypte.

N.° de la planche de l'Atlas géogr.	N.° du carreau.	Position du lieu.	NOMS écrits en arabe dans les planches de l'Atlas géographique	TRANSCRIPTION suivie dans les planches de l'Atlas géographique.	TRANSCRIPTION selon l'orthographe de l'ouvrage.
41.	7.	d.	دمياط	DOMÎÂT *ou* DAMIETTE.	DOMYÂT *ou* DAMIETTE. (*TAMIATHIS.*)
41.	6.	g.	السنانيه	El-Senânîéh.	El-Senânyeh.
41.	8.	î.	الانجلف	*El-Engelf.*	*El-Engelf.*
41.	16.	î.	الشيخ موسى	*El-Chéïk Moûçä.*	*El-Cheykh Mousä.*
41.	14.	d.	الريه	El-Raïéh.	El-Rayeh.
41.	16.	î.	جزيرة مدوره	*G.^{r} Medaoûrah.*	*G.^{e} Medaourah.*
41.	15.	d.	عزبة اللحم	°Ezbeï Ellaḥam.	E'zbet Ellaham.
41.	15.	d.	البحبح	*El-Baḥabaḥ.*	*El-Bahabah.*
41.	15.	d.	عزبة طواله	°Ezbeï Ṭawâléh.	E'zbet Taouâleh.
41.	16.	d.	الملياه	*El-Mélïâh.*	*El-Melyâh.*
41.	15.	d.	البرّيه	El-Berrîéh.	El-Berryeh.
41.	15.	î.	جزيرة طويل	*G.^{r} Ṭawîl.*	*G.^{e} Taouyl.*
41.	16.	d.	اليهوديه	*El-Ihoûdîéh.*	*El-Yhoudyeh.*
41.	15.	î.	اولاد الحلّ	*Aoûlâd el-Ḥell.*	*Aoulâd el-Hell.*
41.	15.	d.	عزبة البرج	°Ezbeï el-Borg *ou* Lesbé.	E'zbet el-Borg *ou* Lesbé, *et fort.*
41.	15.	d.	———	*Ruines.*	———
41.	15.	d.	طرفه	*Ṭarféh.*	Tarfeh.
41.	15.	d.	شميت	*Cheméït.*	*Chemeyt.*
41.	23.	g.	برج البغاز	Tour du Delta ou du Bogâz.	*Borg el-Boghâz.*

N.° de la planche de l'Atlas géogr.	N.° du carreau.	Position du lieu.	NOMS écrits en arabe dans les planches de l'Atlas géographique	TRANSCRIPTION suivie dans les planches de l'Atlas géographique.	TRANSCRIPTION selon l'orthographe de l'ouvrage.
41.	23.	d.	الزلع	*El-Zalaå.*	*El-Zala'.*
41.	23.	g.	بغاز دمياط	Boĝâz de Damiette.	*Boghâz Domyât.* (OSTIUM PHATMETICUM, vel BUCOLICUM.)
41.	23.	g.	برج البغافه	*Tour du Boĝâféh et mosquée ruinée.*	*Borg el-Boghâfeh.*
34.	17.	î.	الرقّه	*El-Rafféh.*	*El-Raffeh.*
34.	19.	î.	كوم رماده	*Koûm Româdéh.*	*Koum Româdeh.*
34.	25.	î.	القرع	*El-Qaraå.*	*El-Qara'.*
34.	25.	î.	جزيرة تونه	*G.^r Toûnéh.*	*G.^r Touneh.*
34.	25.	î.	تونه	*Ruines de* Toûnéh.	Touneh, *ruines.*
34.	25.	î.	الرسان	El-Raçân.	El-Rasân.
34.	25.	î.	مطريه	MATARÎÉH.	MATARYEH.
34.	25.	î.	شيخ عبد الله	*Chéïk* ˚*Abd-allah.*	*Cheykh A'bd-allah.*
34.	26.	î.	شيخ ابو احمد	*Chéïk Aboû-Ahmed*	*Cheykh Abou-Ahmed*
34.	25.	î.	العقبين	El-˚Oqbéïn.	El-O'qbeyn.
34.	26.	î.	———	*Château fort, ruines de* Tennis.	*Ruines.* (THENNESUS.)
34.	25.	î.	الحفيرات	*El-Hafeïrât.*	*El-Hafeyrât.*
34.	25.	î.	الكنيسه	*El-Kenîcéh.*	*El-Kenyseh.*
34.	25.	î.	الرقب	*El-Roqeb.*	*El-Roqeb.*
34.	26.	î.	شمرياد	*Chemerîâd.*	*Chemeryâd.*
34.	25.	î.	ترانيس	*Térânîs.*	*Terânys.*

N.° de la planche de l'Atlas géogr.	N.° du carreau.	Position du lieu.	NOMS écrits en arabe dans les planches de l'Atlas géographique	TRANSCRIPTION suivie dans les planches de l'Atlas géographique.	TRANSCRIPTION selon l'orthographe de l'ouvrage.
34.	25.	î.	الحاى	*El-Hâî.*	*El-Hây.*
34.	35.	g.	البحر المالح	*El-Bahar el-Mâléh*	*El-Bahr el-Mâleh.*
34.	34.	î.	زاوية بجع	*Zâwîeï Bagâ.*	*Zâouyet Baga'.*
34.	34.	î.	ابو العيشه	*Aboû-el-Aïchéh.*	*Abou-l-A'ycheh.*
34.	34.	î.	راس الفقيره	*Râs el-Faqîréh.*	*Râs el-Faqyreh.*
34.	34.	g.	بركة صغيره	*Birkeï Sogaîrah.*	*Birket Soghayrah.* B
34.	35.	g.	شتوم الجميله	*Chétoûm el-Gémîléh*	*Chetoum el-Gemyleh.*
34.	33.	î.	الحداديه	*El-Haddâdîéh.*	*El-Haddâdyeh.*
34.	33.	î.	جزيرة العزبه	*G.^t el-Ezbéh.*	*G.^t el-E'zbeh.*
34.	33.	î.	الجامع	*El-Gâmaâ.*	*El-Gâma'.*
34.	32.	î.	الديجه	*El-Digéh.*	*El-Dygeh.*
34.	33.	g.	فمّ الجميله	*Bouche de Gemîléh.*	*Fomm el-Gemyleh.*
34.	33.	g.	الرمله	*El-Ramléh.*	*El-Ramleh.*
34.	32.	î.	شيخ ابولفى	*Chéïk Aboûlfî.*	*Cheykh Aboulfy.*
34.	32.	î.	المعدى	*El-Maâdî.*	*El-Ma'dy.*
42.	1.	g.	بحيرة منزاله	BOHÉÏRÉH MENZÂLÉH, *ou* LAC MENZÂLÉH.	*Boheyreh Menzâleh.* B
42.	1.	g.	ضهرة الدّياب	*Daharei el-Dîâb.*	*Daharet el-Dyâb.* (*BUCOLIA.*)
42.	1.	"	فمّ الدّيبه	*Bouche de Dîbéh.*	*Fomm el-Dybeh.* (*MENDESIUM OSTIUM.*)

PROVINCE DE GHARBYEH.

N.º de la planche de l'Atlas géogr.	N.º du carreau.	Position du lieu.	NOMS écrits en arabe dans les planches de l'Atlas géographique	TRANSCRIPTION suivie dans les planches de l'Atlas géographique.	TRANSCRIPTION selon l'orthographe de l'ouvrage.
			PROVINCE DE GHARBYEH.		
29.	16.	" (1)	الملیح	El-Melîh.	El-Melyh.
29.	16.	"	كفر طنبشه	K. Tanbéchéh.	Kafr Tanbecheh.
29.	16.	"	طنبشه	Tanbéchéh.	Tanbecheh.
29.	24.	"	طوخ	Toûk.	Toukh.
29.	24.	"	ملیج	*Canal de Mélîg.*	Canal de Melyg. T. (*Fl. Thermutiacus.*)
29.	24.	"	بركة الشارب	Berkeï el-Châreb.	Birket el-Châreb.
29.	24.	"	ديا	Dîâ.	Dyâ.
29.	24.	"	كفر طوخ	K. Toûk.	Kafr Toukh.
29.	24.	"	الامشين	El-Amchîn.	El-Amchyn.
29.	24.	"	كفر هورين	K. Hoûrîn.	Kafr Houryn.
29.	24.	"	هورين	Hoûrîn.	Houryn.
29.	24.	"	الجعفريه	El-Gaâféríéh.	El-Ga'feryeh.
29.	24.	"	كفر حليس	K. Hallîs.	Kafr Hallys.
29.	32.	"	مية رسى	Mît Réçî.	Myt Resy.
29.	32.	"	كفر ميه رسى	K. Mît Réçî.	Kafr Myt Resy.
29.	32.	"	ميه البز	Mît el-Bezz.	Myt el-Bezz.
29.	32.	"	الشنتين	El-Chentîn.	El-Chentyn.
29.	40.	"	الموصال	El-Moûsâl.	El-Mousâl.
29.	40.	"	كفر سلطان	K. Soltân.	Kafr Soltân.

(1) *Voyez* la note (1) de la page 192.

N.° de la planche de l'Atlas géogr.	N.° du carreau.	Position du lieu.	NOMS écrits en arabe dans les planches de l'Atlas géographique	TRANSCRIPTION suivie dans les planches de l'Atlas géographique.	TRANSCRIPTION selon l'orthographe de l'ouvrage.
29.	40.	//	سلطان	Soltân.	Soltân.
29.	40.	//	الابجول	El-Abgoûl.	El-Abgoul.
29.	40.	//	برنوى	Bernowî.	Bernouy.
29.	40.	//	كوم شنه	Koûm Chenéh.	Koum Cheneh.
29.	39.	//	العافى	El-ʿAfî.	El-A'âfy.
29.	40.	//	كفر اخنوى	K. A'knoûî.	Kafr Akhnouy.
29.	40.	//	اخنوى	A'knoûî.	Akhnouy.
29.	39.	//	كفر سرنباى	K. Sérenbâïe.	Kafr Serenbâye.
29.	39.	//	سرنباى	Sérenbâïe.	Serenbâye.
29.	39.	//	خرسيت	'Kersît.	Khersyt.
29.	40.	//	الشنيط	El-Chenît.	El-Chenyt.
29.	40.	//	القصابه	El-Qasâbéh.	El-Qasâbéh.
29.	40.	//	القرادى	El-Qarâdî.	El-Qarâdy.
29.	40.	//	طوخ	Toû'k.	Toukh.
29.	39.	//	جلّين	Gallîn.	Gallyn.
29.	40.	//	محلّة شبشيره	Mahalleï Chébchîréh	Mehallet Chebchyreh
29.	40.	//	مية السيّت	Mîï el-Sîtt.	Myt el-Syt.
29.	40.	//	يونن	Ioûnen.	Younen.
29.	40.	//	اباله	Abâlah.	Abâlah.
29.	40.	//	الكنيسه	El-Koniçéh.	El-Konyseh.
30.	1.	g.	مسجد الخضر	Mosged el-'Kadr.	Mosged el-Khadr.
30.	1.	g.	بقيره	Beqîréh.	Beqyreh.

N.° de la planche de l'Atlas géogr.	N.° du carreau.	Position du lieu.	NOMS écrits en arabe dans les planches de l'Atlas géographique.	TRANSCRIPTION suivie dans les planches de l'Atlas géographique.	TRANSCRIPTION selon l'orthographe de l'ouvrage.
30.	1.	g.	كفر بطّه	K. Baṭṭah.	Kafr Battah.
30.	1.	g.	بطّه	Baṭṭah.	Battah.
30.	1.	g.	كفر جزار	K. Gezâr.	Kafr Gezâr.
30.	1.	g.	كفر وروره	K. Warwarah.	Kafr Ouarouarah.
30.	1.	g.	كفر سعدون	K. Saåd̦oûn.	Kafr Sa'doun.
30.	1.	g.	دملّو	Damalloû.	Damallou.
30.	1.	g.	اجهور	Aghoûr.	Aghour.
30.	1.	g.	اشليم	Achlîm.	Achlym.
30.	1.	g.	مية اللطفيه	Mîï el-Lotfîéh.	Myt el-Lotfyeh.
30.	9.	g.	مية بره	Mîï Béréh.	Myt Bereh.
30.	9.	g.	مية بره	Mîï Béréh.	Myt Bereh.
30.	9.	g.	اشنوای	Achnoûâï.	Achnouây.
30.	9.	g.	مية العبسى	Mîï el-°Absî.	Myt el-A'bsy.
30.	9.	g.	شرين بوكوم	Cherîn Boûkoûm.	Cheryn Boukoum.
30.	9.	g.	بجيرم	Begîrim.	Begyrim.
30.	10.	g.	بانوب العزب	Bânoûb el-°Azeb.	Bânoub el-A'zeb.
30.	9.	g.	دمهوج	Damhoûg.	Damhoug.
30.	10.	g.	تهفانة العراب	Tehfânéh el-°Arâb.	Tehfâneh el-A'râb.
30.	10.	g.	كفر مية الحارون	K. Mîï el-Hâroûn.	K. Myt el-Hâroun.
30.	9.	g.	سنبو	Sonboû.	Sonbou.
30.	10.	g.	مية حارون	Mîï Hâroûn.	Myt Hâroun.
30.	17.	g.	رقّه	Raqqah.	Raqqah.

N.° de la planche de l'Atlas géogr.	N.° du carreau.	Position du lieu.	NOMS écrits en arabe dans les planches de l'Atlas géographique	TRANSCRIPTION suivie dans les planches de l'Atlas géographique.	TRANSCRIPTION selon l'orthographe de l'ouvrage.
30.	18.	g.	بنى يوسف	Bénî-Ioûçef.	Beny-Yousef.
30.	17.	g.	كفر سنبو	K. Sonboû.	Kafr Sonbou.
30.	18.	g.	الغريب	El-Ġoréïb.	El-Ghoreyb.
30.	17-18.	g.	فرسيس	Farsîs.	Farsys.
30.	17.	g.	كفر فرسيس	K. Farsîs.	Kafr Farsys.
30.	17.	g.	السملاوين	El-Semillâwîn.	El-Semillâouyn.
30.	18.	g.	سندبسط	Sendbast.	Sendbast.
30.	17.	g.	كفر دمنهور	K. Damanhoûr.	Kafr Damanhour.
30.	17.	g.	كفر حلّيس	K. Hallîs.	Kafr Hallys.
30.	18.	g.	منية قلين	Ménîet Qeléïn.	Minyet Qeleyn.
30.	18.	g.	مية ادنان	Mît Adnân.	Myt Adnân.
30.	17.	g.	حلّيس	Hallîs.	Hallys.
30.	18.	g.	زفتى جاد	Zeftî Gowâd.	Zefty Gouâd.
30.	17.	g.	نهطاى	Nahtâï.	Nahtây, *ancienne position.*
30.	25.	g.	كفر فرسيس	K. Farsîs.	Kafr Farsys.
30.	25.	g.	دهتوره	Dahtoûrah.	Dahtourah.
30.	25.	g.	منشيه	Menchîéh.	Menchyeh.
30.	25.	g.	كفر دهتوره	K. Dahtoûrah.	Kafr Dahtourah.
30.	25.	g.	كفر الناويه	K. el-Nâwïéh.	Kafr el-Nâouyeh.
30.	25.	g.	كفر شبرا	K. Chobrâ.	Kafr Chobrâ.
30.	25.	g.	بهوت	Behoût.	Behout.

N.° de la planche de l'Atlas géogr.	N.° du carreau.	Position du lieu.	NOMS écrits en arabe dans les planches de l'Atlas géographique	TRANSCRIPTION suivie dans les planches de l'Atlas géographique.	TRANSCRIPTION selon l'orthographe de l'ouvrage.
30.	25.	g.	كفر حسين	K. Hoçéïn.	Kafr Hoseyn.
30.	25.	g.	شرشابه	Cherchâbéh.	Cherchâbeh.
30.	25.	g.	كفر بهوت	K. Behoût.	Kafr Behout.
30.	25.	g.	شبرا	Chobrâ.	Chobrâ.
30.	25.	g.	مية ميمون	Mîï Méïmoûn.	Myt Meymoun.
30.	25.	g.	حسين	Hoçéïn.	Hoseyn.
30.	33.	g.	كفر سنباط	K. Sonbât.	Kafr Sonbât.
30.	33.	g.	سنباط	Sonbât.	Sonbât.
30.	33.	g.	كفر العرب	K. el-'Arab.	Kafr el-A'rab.
30.	33.	g.	مية البز	Mîï el-Bezz.	Myt el-Bezz.
30.	33.	g.	المنيه	El-Menïéh.	El-Minyeh.
30.	33.	g.	بيله	Bîléh.	Byleh.
30.	33.	g.	كفر شبرا	K. Chobrâ.	Kafr Chobrâ.
30.	33.	g.	شبرا	Chobrâ.	Chobrâ.
30.	33.	g.	كفر شسته	K. Chestéh.	Kafr Chesteh.
30.	33.	g.	شسته	Chestéh.	Chesteh.
30.	33.	g.	شبرا ملس	Chobrâ Mellis.	Chobrâ Mellis.
30.	33.	g.	مية بدر حلاوه	Mîï Bedr Halâwéh.	Myt Bedr Halâoueh.
30.	33.	g.	العزيزيه	El-'Azîzîéh.	El-A'zyzyeh.
30.	33.	g.	كفر الشبلى	K. el-Chîlî.	Kafr el-Chyly.
30.	33.	g.	كفر ميت حبيب	K. Mîï Habîb.	Kafr Myt Habyb.
30.	33.	g.	مية حبيب	Mîï Habîb.	Myt Habyb.

N.º de la planche de l'Atlas géogr.	N.º du carreau.	Position du lieu.	NOMS écrits en arabe dans les planches de l'Atlas géographique.	TRANSCRIPTION suivie dans les planches de l'Atlas géographique.	TRANSCRIPTION selon l'orthographe de l'ouvrage.
30.	33.	g.	البنوان	El-Benowân.	El-Benouân. (BANA des Coptes.)
30.	33.	g.	مية حواى	Mît Hawâî.	Myt Haouây.
30.	33.	g.	———	Canal de Mélig.	Canal de Melyg. T.
35.	1.	g.	شبرا ببل	Chobrâ Babil.	Chobrâ Babil.
35.	1.	g.	ابوصير	Aboûsîr.	Abousyr, ruines.
35.	1.	g.	مية حاتى	Mît Hâchî.	Myt Hâchy.
35.	1.	g.	فياتمه	Fîâtméh.	Fyâtmeh.
35.	1.	g.	مية النصارى	Mît el-Nosârä.	Myt el-Nosârä.
35.	1.	g.	كفر العجايزه	K. el-ʿAgâîzéh.	Kafr el-A'gâyzeh.
35.	1.	g.	سمنود	SAMANNOÛD.	SEMENNOUD. (SEBENNYTUS.)
35.	1.	g.	محلّة غزال	Mahalleï Gazâl.	Mehallet Ghazâl.
35.	1.	g.	الرهابين	El-Rahâbéïn.	El-Rahâbeyn.
35.	1.	g.	بطينه	Botînéh.	Botyneh.
35.	1.	g.	محلة الكبير	MAHALLET EL-KEBÎR.	MEHALLET EL-KEBYR. (Xois.)
35.	10.	g.	التعبانيه	El-Tʿaabânîéh.	El-Ta'bânyeh.
35.	9.	g.	محلّة ابو على	Mahalleï Aboû-ʿAlî.	Mehallet Abou-A'ly.
35.	9.	g.	دكّباى	Dekkabâî.	Dekkabây.
35.	9.	g.	صارم	Sârem.	Sârem.
35.	10.	g.	كفر خلف	K. Kalef.	Kafr Khalef.
35.	10.	g.	كفر شرس	K. Chers.	Kafr Chers.

N.° de la planche de l'Atlas géogr.	N.° du carreau.	Position du lieu.	NOMS écrits en arabe dans les planches de l'Atlas géographique	TRANSCRIPTION suivie dans les planches de l'Atlas géographique.	TRANSCRIPTION selon l'orthographe de l'ouvrage.
35.	9.	g.	كفر صارم	K. Sârem.	Kafr Sârem.
35.	10.	g.	مية الحصص	Mît el-Héses.	Myt el-Heses.
35.	9.	g.	محلة زياد	Mahalleť Zîâd.	Mehallet Zyâd.
35.	10.	g	الناويه	El-Nâwîéh.	El-Nâouyeh.
35.	10.	g.	كفر مية الحصص	K. Mît el-Héses.	Kafr Myt el-Heses.
35.	9.	g.	محلة قيصار	Mahalleť Qîsâr.	Mehallet Qysâr.
35.	9.	g.	ترعة عطف	*Torå ʿAtaf.*	*Tora'h A'taf.* T.
35.	9.	g.	طنيخ	Tannîk.	Tannykh.
35.	10.	g.	مية نابه	Mît Nâbeť.	Myt Nâbeh.
35.	9.	g.	محلة يزيد	Mahalleť Iézîd.	Mehallet Yézyd.
35.	10.	g.	بهبيت	Behbît, *temple d'Isis ruiné*	Bahbeyt. (*Iseopolis.*)
35.	9.	g.	محلة قصاب	Mahalleť Qasâb.	Mehallet Qasâb.
35.	10.	g.	طلّيمه	Tolléïméh.	Tolleymeh.
35.	10.	g.	مية الورقه	Mît el-Waraqah.	Myt el-Ouaraqah.
35.	9.	//	سامول	Sâmoûl.	Sâmoul.
35.	9-10.	g.	كفر دكرورى	K. Dakroûrî.	Kafr Dakroury.
35.	10.	g.	افنيش	Afinîch.	Afinych.
35.	9.	//	الصاوى	El-Sâwî.	El-Sâouy.
35.	10.	g.	مية العجيل	Mît el-ʿEgîl.	Myt el-E'gyl.
35.	10.	g.	جوجر	Gawgar.	Gaougar.
35.	9.	g.	بانوب	Bânoûb.	Bânoub. (*Onuphis.*)
35.	11.	g.	مية طلخا	Mît Talkâ.	Myt Talkhâ.

208 NOMS DE LIEUX DE L'ÉGYPTE.

N.° de la planche de l'Atlas géogr.	N.° du carreau.	Position du lieu.	NOMS écrits en arabe dans les planches de l'Atlas géographique	TRANSCRIPTION suivie dans les planches de l'Atlas géographique.	TRANSCRIPTION selon l'orthographe de l'ouvrage.
35.	10.	g.	الخاوازم	El-Ḱâwâzem.	El-Khâouâzem.
35.	17.	"	كفر دمنهور	K. Damanhoûr.	Kafr Damanhour.
35.	17.	g.	كفر دمرو	K. Damroû.	K. Damrou. (TIEMROU des Coptes.)
35.	17.	"	دمرو	Damroû.	Damrou.
35.	17.	"	ترعة التعبانيه	*Canal de Tabânîéh.*	*Tora'h el-Ta'bânyeh,* T., BRANCHE SÉBENNYTIQUE.
35.	17.	"	بشبيش	Bechbîch.	Bechbych.
35.	25.	"	بسكالس	Biâlis *ou* Bîâléh.	Baskâlys *ou* Byaleh.
35.	25.	"	———	'Ataf.	A'taf.
35.	33.	"	———	*Koûm el-Qalîah.*	*Koum el-Qaly'ah,* butte.
35.	33.	"	———	*Koûm el-Damirawî.*	*Koum el-Damiraouy.*
35.	33.	"	———	*Koûm Nemîrî.*	*Koum Nemyry.*
35.	33.	"	———	*Koûm Ṫawâ.*	*Koum Taouâ.* (PACHNAMUNIS.)
35.	34.	"	———	*Sainte-Gemianne.*	*Sainte-Gemiane,* couvent.
36.	8.	"	محلّة روح	Maḣalleï Roûḣ.	Mehallet Rouh.
36.	7.	"	محلّة منوف	Maḣalleï Menoûf.	Mehallet Menouf.
36.	8.	"	الصفط	El-Ṡaft.	El-Saft.
36.	8.	"	كفر خوالى	K. Ḱowâlî.	Kafr Khouâly.
36.	8.	"	كفر الهياتم	K. el-Hîâtem.	Kafr el-Hyâtem.
36.	8.	"	كفر سجين	K. Sigîn.	Kafr Sigyn.

N.° de la planche de l'Atlas géogr.	N.° du carreau.	Position du lieu.	NOMS écrits en arabe dans les planches de l'Atlas géographique	TRANSCRIPTION suivie dans les planches de l'Atlas géographique.	TRANSCRIPTION selon l'orthographe de l'ouvrage.
36.	7.	"	شمله	Chemléh.	Chemleh.
36.	7.	"	كفر حلّاق	K. Hallâq.	Kafr Hallâq.
36.	7.	"	العطف	El-Åtf.	El-A'tf.
36.	7.	"	ابوريج	Aboûrîg.	Abouryg.
36.	6.	"	كتاميه	Ketâmîéh.	Ketâmyeh.
36.	8.	"	سجين	Sigîn.	Sigyn.
36.	8.	"	كفور الجاموسى	Koufoûr el-Gâmoûçî.	Koufour el-Gâmousy.
36.	5.	d.	كفر جعفر	K. Gaåfar.	Kafr Ga'far.
36.	5.	d.	الجودابى	El-Goûdâbî.	El-Goudâby.
36.	7.	"	دماط	Damât.	Damât.
36.	7.	"	بلتاج	Beltâg.	Beltâg.
36.	8.	"	برقين	Borqëîn.	Borqeyn.
36.	8.	"	دنوشر	Denoûchar.	Denouchar. (*Tianocher des Coptes.*)
36.	5.	d.	بسيون	Baçîoûn.	Basyoun.
36.	7.	"	نباسه	Nabâçéh.	Nabâseh.
36.	7.	"	محلّة خيل	Mahalleï Kéïl.	Mehallet Kheyl.
36.	7.	"	السجيل	El-Segîl.	El-Segyl.
36.	5.	d.	صا الحجّار	Sâ el-Haggâr.	Sâ el-Haggâr, *grandes ruines.* (*Saïs.*) !
36.	5.	d.	شبرا نباص	*Chobrâ Nébâs.*	*Chobrâ Nebâs*, enceinte. (*Osiridis Asylum.*)
36.	8.	"	دار البقر	Dâr el-Baqar.	Dâr el-Baqar.

N.° de la planche de l'Atlas géogr.	N.° du carreau.	Position du lieu.	NOMS écrits en arabe dans les planches de l'Atlas géographique	TRANSCRIPTION suivie dans les planches de l'Atlas géographique.	TRANSCRIPTION selon l'orthographe de l'ouvrage.
36.	5.	//	دقلة	Deqleț.	Deqlet.
36.	5.	d.	كفر ابره	K. Ebréh.	Kafr Ebreh.
36.	13.	d.	شبرا تانى	Chobrâ Tânî.	Chobrâ Tâny.
36.	14.	d.	نجريج	Negrîg.	Negryg.
36.	13.	d.	الحمّام	El-Hammâm.	El-Hammâm.
36.	15.	//	الصوره	El-Soûrah.	El-Sourah.
36.	13.	d.	كفر قونى	K. Qoûnî.	Kafr Qouny.
36.	13.	d.	جنان	Genân.	Genân.
36.	16.	//	دار البقر	Dâr el-Baqar.	Dâr el-Baqar.
36.	14.	d.	شبراطوا	Chobrâtoû.	Chobrâtoû.
36.	13.	d.	كفر دوار	K. Dowâr.	Kafr Douâr.
36.	13.	d.	الدكارنيه	El-Dekârnéh.	El-Dekârneh.
36.	16.	//	سندسيس	Sendsîs.	Sendsys.
36.	13.	d.	المنيه	El-Ménîéh.	El-Minyeh.
36.	14.	d.	الكنايسه	El-Konâîçéh.	El-Konâyseh.
36.	15.	//	محلّة مسير	Mahallet Meçîr.	Mehallet Mesyr.
36.	16.	//	المعتمديه	El-Mâtemdîéh.	El-Ma'temdyeh.
36.	14.	//	شنّه	Chennéh.	Chenneh.
36.	13.	d.	جنّاج	Gannâg.	Gannâg.
36.	14.	//	الحلوه	El-Halowah.	El-Halouah.
36.	15.	//	الدماط	El-Damât.	El-Damât.
36.	14.	d.	قونه	Qoûnéh.	Qouneh.

N.° de la planche de l'Atlas géogr.	N.° du carreau.	Position du lieu.	NOMS écrits en arabe dans les planches de l'Atlas géographique	TRANSCRIPTION suivie dans les planches de l'Atlas géographique.	TRANSCRIPTION selon l'orthographe de l'ouvrage.
36.	15.	//	بهوت	Behoût.	Behout.
36.	14.	//	ابوريج	Aboûrîg.	Abouryg.
36.	15.	//	حصّه سخا	Hesséh Sa'kâ.	Hesseh Sakhâ.
36.	16.	//	دمتنو	Demetnoû.	Demetnou.
36.	15.	//	مسير الكبير	Méçîr el-Kebîr.	Mesyr el-Kebyr.
36.	16.	//	نمره	Nemréh.	Nemreh.
36.	14.	//	قلّين	Qelléïn.	Qelleyn.
36.	23.	//	كفر مسير	K. Méçîr.	Kafr Mesyr.
36.	24.	//	طرينه	Tarînéh.	Taryneh.
36.	22.	//	شنوا	Chenoû.	Chenoû.
36.	23.	//	كفر دفريه	K. Defrîéh.	Kafr Defryeh.
36.	23.	//	دفريه	Defrîéh.	Defryeh.
36.	23.	//	نجيل	Negîl.	Negyl.
36.	23.	//	دلقان	Delqân.	Delqân.
36.	23.	//	مبتول	Mebtoûl.	Mebtoul.
36.	24.	//	———	Village ruiné.	———
36.	22.	//	كفر كلابه	K. Kelâbéh.	Kafr Kelâbeh.
36.	23.	//	ابو اتماده	Aboû-Atmâdéh.	Abou-Atmâdeh.
36.	22.	//	———	El-Tawîléh.	El-Taouyleh.
36.	22.	//	———	Hanoûd.	Hanoud.
36.	22.	//	———	Sandéléh.	Sandeleh.
36.	24.	//	———	Benowân.	Benouân.

N.° de la planche de l'Atlas géogr.	N.° du carreau.	Position du lieu.	NOMS écrits en arabe dans les planches de l'Atlas géographique	TRANSCRIPTION suivie dans les planches de l'Atlas géographique.	TRANSCRIPTION selon l'orthographe de l'ouvrage.
36.	30.	//	كوم الورق	*Koûm el-Waraq.*	*Koum el-Ouaraq.*
36.	32.	//	————	Village.	————
36.	30.	//	كفر جديد	K. Gedîd.	Kafr Gedyd.
36.	31.	//	————	Salaka.	Salaka.
36.	31.	//	————	Chamarga.	Chamarga.
36.	32.	//	————	Ibchaoû.	Ibchaou.
36.	31.	//	————	El-Hodoûd.	El-Hodoud.
36.	31.	//	————	Hadmî.	Hadmy.
36.	31.	//	————	Dakalt.	Dakalt.
36.	31.	//	————	Daqmînéh.	Daqmyneh.
36.	31.	//	————	El-Wîzîrîéh.	El-Ouyzyryeh.
36.	31.	//	————	Alafî.	Alafy.
36.	32.	//	————	Koûm Stawî.	Koum Staouy.
36.	31.	//	————	K. Ġarbî.	Kafr Gharby.
36.	31.	//	————	K. Charqî.	Kafr Charqy.
36.	30.	//	ورق	Waraq.	Ouaraq.
36.	30.	//	كفر تيده	K. Tîdah.	Kafr Tydah.
36.	30.	//	كوم بريد	Koûm Bérîd.	Koum Beryd.
36.	29.	//	كوم اصفر	*Koûm Asfar.*	*Koum Asfar.*
36.	30.	//	كوم جاها	*Koûm Gâhâ.*	*Koum Gâhâ.*
36.	32.	//	الزاويه	El-Zâwîéh.	El-Zâouyeh.
36.	30.	//	الدقّات	El-Doqqât.	El-Doqqât.

PROVINCE DE GHARBYEH.

N.º de la planche de l'Atlas géogr.	N.º du carreau.	Position du lieu.	NOMS écrits en arabe dans les planches de l'Atlas géographique.	TRANSCRIPTION suivie dans les planches de l'Atlas géographique.	TRANSCRIPTION selon l'orthographe de l'ouvrage.
36.	29.	"	كوم دقّات	Koûm Doqqât.	Koum Doqqât.
36.	30.	"	بلاد شمله	Belâd Chemléh.	Belâd Chemleh.
36.	31.	"	كوم اللوال	Koûm el-Lowâl.	Koum el-Louâl.
36.	38.	"	كوم الانيره	Koûm el-Anîrah.	Koum el-Anyrah.
36.	38.	"	بلاد تيد	Belâd Tîdéh.	Belâd Tydeh.
36.	40.	"	كوم مسن	Koûm Meçen.	Koum Mesen.
36.	38.	"	كوم الصغير	Koûm el-Soğaïr.	Koum el-Soghayr.
36.	38.	"	كوم دبره	Koûm Dabrah.	Koum Dabrah.
36.	39.	"	كوم شواك	Koûm Chawâq.	Koum Chaouâq.
36.	38.	"	كوم الدبّة	Koûm el-Dabbéh.	Koum el-Dabbeh.
36.	39.	"	كوم الباجه	Koûm el-Bâgéh.	Koum el-Bâgeh.
36.	38.	"	كوم تيد	Koûm Tîdah.	Koum Tydah.
36.	38.	"	كوم طين	Koûm Tîn.	Koum Tyn.
36.	38.	"	كوم الرهابي	Koûm el-Rahâbî.	Koum el-Rahâby.
36.	38.	"	كوم القزري	Koûm el-Qezrî.	Koum el-Qezry.
36.	38.	"	كوم المسك	Koûm el-Misk.	Koum el-Misk.
36.	38.	"	كوم الخوالى	Koûm el-Kawâlî.	Koum el-Khaouâly.
36.	49.	"	كوم زلاط	Koûm Zalât.	Koum Zalât. (Buto.)
36.	38.	"	كوم بندق	Koûm Bondoq.	Koum Bondoq.
36.	39.	"	كوم تراب	Koûm Torâb.	Koum Torâb, ruines. (Insula Chemmis.)

N.° de la planche de l'Atlas géogr.	N.° du carreau.	Position du lieu.	NOMS écrits en arabe dans les planches de l'Atlas géographique	TRANSCRIPTION suivie dans les planches de l'Atlas géographique.	TRANSCRIPTION selon l'orthographe de l'ouvrage.
41.	4.	//	ترعة اشتون جمساه	*Tora Achtoûn Gamaçâh.*	*Tora'h Achtoun Gammaseh*, T., BRANCHE ATHRIBITIQUE.
41.	4.	//	بحر الاكتوب	*Bahr el-Iktoûb.*	*Bahr el-Iktoub*, T., *issue du canal précédent.*
41.	42.	//	———	———	Bouche du *Bahr el-Iktoub.* (PINEPTIMI OSTIUM.)
41.	10.	//	قليبهو	Qalîbéhoû.	Qalybehou.
41.	10.	//	كوم النقيره	*Koûm el-Naqîréh.*	*Koum el-Naqyreh.*
41.	9.	//	الانداهور	*El-Andâhoûr.*	*El-Andâhour.* (PHRAGONIS.)
41.	17.	//	العياش	El-Aïâch, *bâti en roseaux.*	El-A'yâch.
41.	17.	//	شهابيه	Chahâbîéh, *baraques de Bédouins pasteurs*	Chahâbyeh.
41.	17.	//	شابي	Châbî.	Châby.
41.	6.	//	الحماد	El-Hamâd.	El-Ḥamâd.
40.	6.	//	كوم بسون	*Koûm Beçoûm.*	*Koum Besoum.* (BESSA.)
40.	6.	//	كوم الكربي	*Koûm el-Kerbî.*	*Koum el-Kerby.*
40.	7.	//	بسوم الصغير	*Beçoûm el-Sogaïr.*	*Besoum el-Soghayr.*
40.	8.	//	كوم دا	*Koûm Dâ.*	*Koum Dâ.*
40.	7.	//	كوم ناصر	*Koûm Nâser.*	*Koum Nâser.*
40.	8.	//	كوم الطينى	*Koûm Ţînî.*	*Koum el-Tyny.*
40.	7.	//	كوم فروه	*Koûm Faroûéh.*	*Koum Faroueh.*

PROVINCE DE GHARBYEH.

N.º de la planche de l'Atlas géogr.	N.º du carreau.	Position du lieu.	NOMS écrits en arabe dans les planches de l'Atlas géographique.	TRANSCRIPTION suivie dans les planches de l'Atlas géographique.	TRANSCRIPTION selon l'orthographe de l'ouvrage.
40.	6.	"	كوم الخنزير	Koûm el-'Kanzîr.	Koum el-Khanzyr.
40.	8.	"	كوم نشاوين	Koûm Nachâwîn.	Koum Nachâouyn. (Hermopolis du Delta.)
40.	7.	"	كوم مصار	Koûm Masâr.	Koum Masâr.
40.	8.	"	كوم جزاي	Koûm Gezâïe.	Koum Gezâye.
40.	8.	"	كوم الطين	Koûm el-Tîn.	Koum el-Tyn.
40.	8.	"		Ruines.	
40.	8.	"	كوم الحصّة	Koûm el-Hesséh.	Koum el-Hesseh.
40.	15.	î.	جزيرة شلبار	G.ᵗ Chelbâr.	Gezyret Chelbâr. (Insula Helbo.)
40.	15.	î.	جزيرة ذبو على	G.ᵗ Deboû 'Alî.	G.ᵗ Debou A'ly.
40.	23.	î.	جزيرة مدويل	G.ᵗ Madoûîl.	G.ᵗ Madouyl.
40.	23.	î.	جزيرة بشلّى	G.ᵗ Bechellî.	G.ᵗ Bechelly.
40.	23.	"	الراس	El-Râs, cap.	El-Râs.
40.	24.	"		Roseaux.	Ile de roseaux.
40.	24.	"	بلطيم	Beltîm.	Beltym. (Paralus.)
40.	24.	"	ابو چلبى	Aboû-Chélébî.	Abou-Tcheleby.
40.	24.	"	كوم الاحمر	Koûm el-Ahmar.	Koum el-Ahmar, ruines.
40.	24.	"	المطارفه	El-Motârféh.	El-Motârfeh.
40.	24.	"	اولاد سين	Aoûlâd Séïd.	Aoulâd Seyd.
40.	23.	"	سوق التلات	Soûq el-Telât.	Souq el-Telât.

216 NOMS DE LIEUX DE L'ÉGYPTE.

N.° de la planche de l'Atlas géogr.	N.° du carreau.	Position du lieu.	NOMS écrits en arabe dans les planches de l'Atlas géographique	TRANSCRIPTION suivie dans les planches de l'Atlas géographique.	TRANSCRIPTION selon l'orthographe de l'ouvrage.
40.	23.	"	العمريه	El-ʿAmerîéh.	El-A'meryeh.
40.	23.	"	شويس	Choûîs.	Chouys.
40.	24.	"	ابو شوشه	Aboû-Choûchéh.	Abou-Choucheh.
40.	23.	"	السيده	El-Sîdah.	El-Sydah.
40.	23.	"	الحى	El-Ḥaî.	El-Hay.
40.	23.	"	البكريه	El-Bekrîéh.	El-Bekryeh.
40.	23.	"	العنبريه	El-ʿAnbérîéh.	El-A'nberyeh.
40.	23.	"	كفر قدر	K. Qeder.	Kafr Qeder.
40.	23.	"	بحيرة برلس	Boḥéïréh Bórollos.	Lac Bourlos. (LACUS BUTICUS.)
40.	16.	"	———	*Ruines.*	———
40.	23.	"	الشرفه	El-Charaféh.	El-Charafeh.
40.	23.	"	الغانميه	El-Ġânimîéh.	El-Ghânimyeh.
40.	23.	"	البرج	El-Borg.	El-Borg.
40.	23.	"	مرازق	Marâzeq.	Marâzeq.
40.	23.	"	شورى	Choûrî.	Choury.
40.	23.	"	سيدى عيسى	Sîdî ʿIçä.	Sydy Y'sä.
40.	23.	"	سيدى يوسف	Sîdî Ioûçef.	Sydy Yousef.
40.	23.	"	خشوى	Kachoûî.	Khachouy.
40.	24.	"	شيخ امبارك	Chéïk Ombârk.	Cheykh Ombârk.
40.	24.	"	بلوه	Belloûéh.	Belloueh.
40.	31.	"	العترسه	El-ʿAtarséh.	El-A'tarseh.
40.	32.	"	مرتضى	Morteḍî.	Mortedy.

PROVINCE DE MENOUF.

N.º de la planche de l'Atlas géogr.	N.º du carreau.	Position du lieu.	NOMS écrits en arabe dans les planches de l'Atlas géographique	TRANSCRIPTION suivie dans les planches de l'Atlas géographique.	TRANSCRIPTION selon l'orthographe de l'ouvrage.
40.	23.	"	فم برلس	Embouchure du lac Burlos.	Fomm Borollos ou Bourlos. (OSTIUM SEBENNYTICUM.)
40.	32.	"	راس برلس	Cap Burlos.	Râs Borollos ou Bourlos.
40.	23.	"	————	Fort.	————
40.	23.	"	————	Ruines d'un fort et d'un village.	————

PROVINCE DE MENOUF.

25.	23.	d.	الغنيميه	El-Ġonëïmîéh.	El-Ghoneymyeh.
25.	24.	d.	منيل العروس	Ménîel el-'Aroûs.	Menyel el-A'rous.
25.	24.	d.	دروه	Daraoûéh.	Daraoueh.
25.	24.	d.	كفر منصور	K. Mansoûr.	Kafr Mansour.
25.	24.	d.	شعشع	Chaåchå.	Cha'cha'.
25.	24.	d.	شطانوف	Chatânoûf.	Chatânouf.
15.	23.	d.	برانيه	Barânîéh.	Barânyeh.
25.	24.	d.	سراوه	Sarâwéh.	Saraoueh.
25.	24.	d.	كفر الغنيميه	K. el-Ġonëïmîéh.	K. el-Ghoneymyeh.
25.	32.	d.	كفر سراوه	K. Sarâwéh.	Kafr Saraoueh.
25.	32.	d.	مية العز	Mît el-'Ezz.	Myt el-E'zz.

N.° de la planche de l'Atlas géogr.	N.° du carreau.	Position du lieu.	NOMS écrits en arabe dans les planches de l'Atlas géographique	TRANSCRIPTION selon l'orthographe de l'ouvrage.	TRANSCRIPTION suivie dans les planches de l'Atlas géographique.
25.	31.	d.	————	*Koûm Ahmar.*	*Koum el-Ahmar.*
25.	32.	d.	بوها	Boûhâ.	Bouhâ.
25.	31.	d.	كفر برانيه	K. Barânîéh.	Kafr Barânyeh.
25.	31.	d.	طليه	Talîéh.	Talyeh.
25.	32.	d.	كفر سهوج	K. Sawâg.	Kafr Sahouag.
25.	32.	d.	النعناعيه	El-Nânâ'iéh.	El-Na'nâ'yeh.
25.	32.	d.	شلوقتيشه	Chélôûqtîchéh.	Chelouqtycheh.
25.	32.	d.	قوراص	Qawrâs.	Qaourâs.
25.	32.	d.	ابو رقابه	Aboû-Raqâbéh.	Abou-Raqâbeh.
25.	31.	d.	شوك	Choûk.	Chouk.
25.	32.	d.	كفر الحمام	K. el-Hamâm.	Kafr el-Hamâm.
25.	31.	d.	كفر اشمون	K. Achmoûn.	Kafr Achmoun.
25.	32.	d.	كفر بدارنه	K. Badârnéh.	Kafr Badârneh.
25.	32.	d.	سنتريس	Sinterîs.	Sinterys.
25.	32.	d.	شنواى	Chenowâïe.	Chenouây.
25.	31.	d.	اشمون	Achmoûn.	Achmoun.
25.	32.	d.	سبك الاحد	Sobk el-Ahd.	Sobk el-Ahd.
25.	31.	d.	ابو عوالى	Aboû-'Awâlî.	Abou-A'ouâly.
25.	32.	d.	ساقية ابو شعره	Sâqîet Aboû-Chaâ-rah.	Sâqyet Abou-Cha'-rah.
25.	32.	d.	سلما	Samalâïe.	Samalâ.
25.	32.	d.	المنيل	El-Manîel.	El-Manyel.

N.° de la planche de l'Atlas géogr.	N.° du carreau.	Position du lieu.	NOMS écrits en arabe dans les planches de l'Atlas géographique	TRANSCRIPTION suivie dans les planches de l'Atlas géographique.	TRANSCRIPTION selon l'orthographe de l'ouvrage.
25.	31.	d.	جريس	Goréïs.	Goreys.
25.	31.	d.	شوشاى	Choûchâïe.	Chouchây.
25.	32.	î.	جزيرة رجيلات	*G.^t Regîlât.*	*G.^e Regylât.*
25.	32.	d.	الفرعونيه	El-Faraòûnîéh.	El-Fara'ounyeh.
25.	40.	d.	القناطرين	El-Qanâtréïn.	El-Qanâtreyn.
25.	40.	d.	كفر فرعونيه	K. Faraòûnîéh.	Kafr Fara'ounyeh.
25.	39.	d.	سمادون	Samâdoûn.	Samâdoun.
25.	39.	d.	برشون	Barchoûn.	Barchoun.
25.	40.	d.	براشيم	Barâchîm.	Barâchym.
25.	40.	d.	سمّان	Semmân.	Semmân.
25.	38.	d.	كفر مونسى	K. Moûnsî.	Kafr Mounsy.
25.	38.	d.	كفر دلهمو	K. Delhemoû.	Kafr Delhemou.
25.	39.	d.	شنشور	Chenchoûr.	Chenchour.
25.	40.	î.	كفر اللجام	K. el-Legâm.	Kafr el-Legâm.
25.	40.	î.	طنطه	Tantah.	Tantah.
25.	38.	d.	كفر طراين	K. Tarâïn.	Kafr Tarâyn.
25.	39.	d.	مجيريه	Megîrîéh.	Megyryeh.
25.	39.	d.	الرمله	El-Ramléh.	El-Ramleh.
25.	40.	d.	قلتا الصغرى	Qalatâ el-Sograh.	Qalatâ el-Soghrä.
25.	40.	d.	كتاميه	Kotâmîéh.	Kotâmyeh.
25.	40.	d.	كفر كتاميه	K. Kotâmîéh.	Kafr Kotâmyeh.
25.	39.	d.	قلتا الكبرى	Qalatâ el-Kobrä.	Qalatâ el-Kobrä.

NOMS DE LIEUX DE L'ÉGYPTE.

N.º de la planche de l'Atlas géogr.	N.º du carreau.	Position du lieu.	NOMS écrits en arabe dans les planches de l'Atlas géographique	TRANSCRIPTION suivie dans les planches de l'Atlas géographique.	TRANSCRIPTION selon l'orthographe de l'ouvrage.
25.	40.	d.	برشمس	Berchems.	Berchems.
25.	39.	d.	الانجب	El-Angeb.	El-Angeb.
25.	38.	d.	طهواى	Tahwâïe.	Tahouâye.
25.	40.	d.	كفر محمود	K. Maḥmoûd.	Kafr Mahmoud.
25.	40.	d.	كفر قرعن	K. Qoràn.	Kafr Qora'n.
25.	39.	d.	كفر الخضرى	K. el-'Koḍrä.	Kafr el-Khodrä.
25.	40.	d.	محمود	Maḥmoûd.	Mahmoud.
25.	39.	d.	تلوانه	Telowânéh.	Telouâneh.
25.	38.	d.	ثمّه	Chamméh.	Chammeh.
25.	39.	d.	لبيشه	Lebîchéh.	Lebycheh.
25.	39.	d.	———	Torà Menoûf.	Tora'h Menouf. T.
25.	40.	d.	بهناى	Bahnâïe.	Bahnâye.
25.	40.	d.	ميت عفيف	Mît ʿAfîf.	Myt A'fyf.
25.	40.	d.	بى العرب	Bî el-ʿArab.	By el-A'rab.
25.	38.	d.	ابو خواس	Aboû-'Kawâs.	Abou-Khaouâs.
25.	38.	î.	جزيرة ابو خواس	G.ᵗ Aboû-'Kawâs.	G.ᵗ Abou-Khaouâs.
25.	40.	d.	السريجه	El-Serîgéh.	El-Serygeh.
25.	40.	d.	سبجلف	Sîngelf.	Singelf.
25.	40.	d.	ابو صنيتاه	Aboû-Senéïtâh.	Abou-Seneytâh.
25.	38.	d.	الزاويه رزين	El-Zâwîeï Rezîn.	El-Zâouyet Rezyn.
25.	38.	d.	ساقيه منقدى	Sâqîeï Menqedî.	Sâqyet Menqedy.
25.	39.	″	فيشة الصغرى	Fîcheï el-Soġrä.	Fychet el-Soghrä.

PROVINCE DE MENOUF.

N.º de la planche de l'Atlas géogr.	N.º du carreau.	Position du lieu.	NOMS écrits en arabe dans les planches de l'Atlas géographique	TRANSCRIPTION suivie dans les planches de l'Atlas géographique.	TRANSCRIPTION selon l'orthographe de l'ouvrage.
25.	40.	d.	كفر القزينين	K. el-Qarînéïn.	Kafr el-Qaryneyn.
25.	39.	"	سروهيت	Séroûhît.	Serouhyt.
25.	40.	d.	العطف	El-A'tf.	El-A'tf.
25.	40.	d.	———	Torà Chîbîn el-Koûm.	Tora'h Chybyn el-Koum. T.
25.	40.	d.	القرينين العجوز	El-Qarînéïn el-A'goûz.	El-Qaryneyn el-A'gouz.
25.	39.	"	فيشة الكبرى	Fîcheï el-Kobarä.	Fychet el-Kobarä.
25.	38.	d.	كفر بهواش	Kafr Béhawâch.	Kafr Behaouâch.
25.	40.	d.	جروان	Gerowân.	Gerouân.
25.	39.	d.	كومشيش	Koûmchîch.	Koumchych.
25.	39.	"	فيشة السليم	Fîcheï el-Selîm.	Fychet el-Selym.
25.	38.	d.	دمليج	Damellîg.	Damellyg.
25.	38.	d.	كفر كوم	K. Koûm, ruines.	Kafr Koum, ruines.
25.	40.	d.	الاطرشه	El-Atarchéh.	El-Atarcheh.
25.	40.	d.	ميشرف	Mîchref.	Mychref.
25.	40.	d.	البرانقه	El-Barânqah.	El-Barânqah.
25.	40.	d.	ابخاص	Ab'kâs.	Abkhâs.
25.	40.	d.	شبرى	Chobrä.	Chobrä.
25.	40.	"	بيجور	Bîgoûr.	Bygour.
25.	40.	"	مية الوسطه	Mît el-Oûstah.	Myt el-Oustah.
25.	38.	d.	سدود	Sedoûd.	Sedoud.

N.° de la planche de l'Atlas géogr.	N.° du carreau.	Position du lieu.	NOMS écrits en arabe dans les planches de l'Atlas géographique	TRANSCRIPTION suivie dans les planches de l'Atlas géographique.	TRANSCRIPTION selon l'orthographe de l'ouvrage.
25.	38.	d.	سنابسه	Senâbséh.	Senâbseh.
30.	1.	d.	كفر شيخ ابراهيم	K. Chéïk Ibrâhîm.	K. Cheykh Ibrâhym
29.	8.	//	سبك الضحاك	Sobk el-Ḍaḥâk.	Sobk el-Dahâk.
29.	8.	//	مية البيضه	Mîï el-Béïḍah.	Myt el-Beydah.
29.	7.	//	كفر الحما	K. el-Ḥémâ.	Kafr el-Hemâ.
29.	7.	d.	طملاى	Ṭâmaléh.	Tâmaleh *ou* Tamalây.
29.	7.	//	سرس الليانه	Sers el-Lîânéh.	Sers el-Lyâneh.
29.	7.	//	مية ربيع	Mîï Rabîâ.	Myt Raby'.
29.	6.	d.	كفر السنابسه	K. el-Senâbséh.	Kafr el-Senâbseh.
29.	6.	d.	صنصفط	Sansaft.	Sansaft.
29.	7.	//	الحمول	El-Ḥamoûl.	El-Hamoul.
29.	8.	//	مناوهله	Monâoûheléh.	Monâouheleh.
29.	6.	d.	بل مشط	Bel Mecht.	Bel Mecht.
29.	7.	d.	منوف	MENOÛF.	MENOUF. (PROSOPIS)
29.	6.	d.	برهيم	Berhîm.	Berhym.
29.	6.	d.	جزايه	Gézâïéh.	Gezâyeh.
29.	8.	//	كوم الضبع	Koûm el-Dabaâ.	Koum el-Daba'.
29.	7.	//	خربه	Ḱerbéh.	Kherbeh.
29.	6.	d.	كفر العشرى	K. el-Âchrî.	Kafr el-A'chry.
29.	8.	//	كفر مناوهله	K. Monâoûhéléh.	K. Monâouheleh.
29.	8.	//	شبرا خلفون	Chobrâ Ḱalfoûn.	Chobrâ Khalfoun.
29.	7.	//	الخربه	El-Ḱerbéh.	El-Kherbeh.

N.° de la planche de l'Atlas géogr.	N.° du carreau.	Position du lieu.	NOMS écrits en arabe dans les planches de l'Atlas géographique	TRANSCRIPTION suivie dans les planches de l'Atlas géographique.	TRANSCRIPTION selon l'orthographe de l'ouvrage.
29.	6.	d.	العشرى	El-Ạchrî.	El-A'chry.
29.	6.	d.	غمرين	Ġamreïn.	Ghamreyn.
29.	6.	d.	تتته	Tatah.	Tatah.
29.	7.	//	الشنوان	El-Chenowân.	El-Chenouân.
29.	7.	//	شبرا بلوله	Chobrâ Beloûléh.	Chobrâ Belouleh.
29.	8.	//	امّخنان	Ommo'knân.	Ommokhnân.
29.	6.	d.	طمالاى	Ṭamâlâïe.	Tamâlâye.
29.	8.	//	الدلتون	El-Dalatoûn.	El-Dalatoun.
29.	7.	//	شنوفه	Chenoûféh.	Chenoufeh.
29.	14.	d.	دبركى	Deberkî.	Deberky.
29.	14.	d.	كفر شبشير	K. Chebchîr.	Kafr Chebchyr.
29.	15.	//	الوات	Alowât.	Alouât.
29.	16.	d.	الراهب	El-Râheb.	El-Râheb.
29.	16.	//	مية خالف	Mîï 'Kâlef.	Myt Khâlef.
29.	15.	//	سنجرج	*Sengerg, village ruiné.*	*Sengerg.*
29.	15.	//	المصليح	El-Maslîḥ.	El-Maslyh.
29.	16.	//	مية ابو شعرا	Mîï Aboû-Chaârâ.	Myt Abou-Cha'râ.
29.	15.	//	دكما	Dakama.	Dakamâ.
29.	14.	d.	كفر طمالاى	K. Ṭamâlâïe.	Kafr Tamâlây.
29.	16.	//	الدقمق	El-Doqmaq.	El-Doqmaq.
29.	15.	//	الماى	El-Mâïe.	El-Mâye.

N.° de la planche de l'Atlas géogr.	N.° du carreau.	Position du lieu.	NOMS écrits en arabe dans les planches de l'Atlas géographique	TRANSCRIPTION suivie dans les planches de l'Atlas géographique.	TRANSCRIPTION selon l'orthographe de l'ouvrage.
29.	15.	//	شيبين الكوم	CHÎBÎN EL-KOÛM	(*ATARBECHIS.*) CHYBYN EL-KOUM.
29.	16.	//	مية القصر	Mîï el-Qasr.	Myt el-Qasr.
29.	16.	//	صالح	Sâlh.	Sâlh.
29.	14.	d.	المنيه	El-Minîéh.	El-Minyeh.
29.	16.	//	الجورباجيه	El-Goûrbâgîéh.	El-Gourbâgyeh.
29.	14.	d.	نادر	Nâdir.	Nâdir.
29.	14.	d.	زاوية الناعوره	Zâwîeï el-Nâ°oûrah	Zâouyet el-Nâou'rah
29.	15.	d.	شبرنباص	Chobranbâs.	Chobranbâs.
29.	14.	d.	ابو الخاوى	Aboû-el-Kâwî.	Abou-el-Khâouy.
29.	14.	d.	كفر الشعير	K. el-Châïr.	Kafr el-Cha'yr.
29.	15.	//	طوخ البراغته	Toûk el-Barâgtéh.	Toukh el-Barâghteh.
29.	15.	//	المنيه عين	El-Méniet Aïn.	El-Mînyet A'yn.
29.	14.	d.	سلمون	Salamoûn.	Salamoun.
29.	16.	//	كفر	Koufoûr.	Koufour.
29.	14.	d.	عشما	°Achmâ.	A'chmâ.
29.	16.	//	كفور مية موسى	Koufoûr Mîï Moûçä.	Koufour Myt Mouçä.
29.	14.	d.	كفر سلمون	K. Salamoûn.	Kafr Salamoun.
29.	14.	d.	كفر حجازى	K. Hagâzî.	Kafr Hagâzy.
29.	15.	//	المنشيه	El-Menchîéh.	El-Menchyeh.
29.	14.	d.	كفر دمشواى	K. Demchowâïe.	K. Demchouâye.
29.	15.	//	سرسموسى	Sersmoûsî.	Sersmousy.

N.° de la planche de l'Atlas géogr.	N.° du carreau.	Position du lieu.	NOMS écrits en arabe dans les planches de l'Atlas géographique	TRANSCRIPTION suivie dans les planches de l'Atlas géographique.	TRANSCRIPTION selon l'orthographe de l'ouvrage.
29.	16.	//	مية عافيه	Mît ʿAfîéh.	Myt A'fyeh.
29.	15.	//	طنبدى	Ṭanbedî.	Tanbedy.
29.	16.	//	مليج	Mélîg.	Melyg.
29.	15.	//	كفر مليج	K. Mélîg.	Kafr Melyg.
29.	14.	d.	الشوادى	El-Chowâdî.	El-Chouâdy.
29.	15.	//	البخاتى	El-Baḱâtî.	El-Bakhâty.
29.	14.	d.	كفر سرسنه	K. Serseńéh.	Kafr Serseneh.
29.	14.	d.	سرسنه	Serseńéh.	Serseneh.
29.	14.	d.	ابو كلّس	Aboû-Kollis.	Abou-Kollis.
29.	21.	d.	دنسور	Danaçoûr.	Danasour.
29.	23.	//	كفر البتنون	K. el-Batanoûn.	Kafr el-Batanoun.
29.	22.	d.	شميطيس	Chamïaṭîs.	Chamyatys.
29.	23.	//	كوم الاخضر	Koûm el-Aḱḍâr.	Koum el-Akhdar.
29.	23.	d.	————	*Canal de Tant.*	*Canal de Tant.* T.
29.	23.	//	البتنون	El-Batanoûn.	El-Batanoun.
29.	22.	d.	جماليه	Gamâlîéh.	Gamâlyeh.
29.	23.	//	كمشيش	Kamchîch.	Kamchych.
29.	22.	d.	ابشادى	Abchâdî.	Ebchâdy.
29.	21.	d.	زاوية بقلى	Zâwîeï Baqlî.	Zâouyet Baqly.
29.	22.	d.	ساحل جوابر	Sâḥel Gawâber.	Sâhel Gaouâber.
29.	22.	d.	كفر الجوع	K. el-Goûâ.	Kafr el-Goua'.
29.	23.	//	مية موسى	Mîṫ Moûçä.	Myt Mousä.

N.° de la planche de l'Atlas géogr.	N.° du carreau.	Position du lieu.	NOMS écrits en arabe dans les planches de l'Atlas géographique	TRANSCRIPTION suivie dans les planches de l'Atlas géographique.	TRANSCRIPTION selon l'orthographe de l'ouvrage.
29.	21.	d.	بشتامى	Bechtâmî.	Bechtâmy.
29.	23.	"	زرقان	Zerqân.	Zerqân.
29.	23.	"	كفر طلا	K. Țalâ.	Kafr Talâ.
29.	23.	"	الحلواصى	El-Ḥalwâṣî.	El-Halouâsy.
29.	23.	"	كفر بتبس	K. Bétebs.	Kafr Betebs.
29.	22.	"	طوخ	Țoûk.	Toukh.
29.	22.	d.	دراجيل	Darâgîl.	Darâgyl.
29.	23.	"	سكريه	Sokkerîéh.	Sokkeryeh.
29.	24.	"	جنزور	Genzoûr.	Genzour.
29.	23.	"	سماليج	Samâlig.	Samâlyg.
29.	21.	d.	عمروس	ʿAmroûs.	A'mrous.
29.	23.	d.	بمم	Bemem, *ruiné.*	*Bemem.*
29.	23.	"	طلا	Țalâ.	Talâ.
29.	23.	"	كفر الباشا	K. el-Bâchâ.	Kafr el-Bâchâ.
29.	22.	"	كفر الشهاله	K. el-Chahâléh.	Kafr el-Chahâleh.
29.	23.	"	البروى	El-Barawî.	El-Baraouy.
29.	23.	"	كفر جنزور	K. Genzoûr.	Kafr Genzour.
29.	21.	d.	كوم مازن	Koûm Mâzen.	Koum Mâzen.
29.	23.	"	زناره	Zenâréh.	Zenâreh.
29.	23.	"	كفر شعير	K. Chaïr.	Kafr Cha'yr.
29.	22.	d.	شبرا بتوش	Chobrâ Betoûch.	Chobrâ Betouch.
29.	22.	d.	صفط	Saft.	Saft.

N.° de la planche de l'Atlas géogr.	N.° du carreau.	Position du lieu.	NOMS écrits en arabe dans les planches de l'Atlas géographique	TRANSCRIPTION suivie dans les planches de l'Atlas géographique.	TRANSCRIPTION selon l'orthographe de l'ouvrage.
29.	22.	d.°	مية كرام	Mît Korâm.	Myt Korâm.
29.	21.	d.	طنوب	Ṭanoûb.	Tanoub.
29.	23.	〃	كفر بابل	K. Bâbel.	Kafr Bâbel.
29.	23.	〃	طليا	Ṭalîâ.	Talyâ.
29.	30.	d.	كفر ربيع	K. Rabîâ.	Kafr Raby'.
29.	31.	〃	بابل	Bâbel.	Bâbel. (BYBLOS.)
29.	29.	d.	الزعيره	El-Za'îrah.	El-Za'yrah.
29.	31.	〃	كفر العرب	K. el-'Arab.	Kafr el-A'rab.
29.	31.	〃	كفر باس الّى	K. Bâs Ellî.	Kafr Bâs Elly.
29.	31.	〃	كفر صناديد	K. Sanâdîd.	Kafr Sanâdyd.
29.	30.	d.	كفر العسكر	K. el-'Askar.	Kafr el-A'skar.
29.	31.	d.	صناديد	Sanâdîd.	Sanâdyd.
29.	29.	î.	جزيرة الزعيره	*G.ᵗ el-Za'îrah.*	*G.ᵗ el-Za'yrah.* G.ᵗ
29.	30.	d.	حصّة ابار	Hesseṭ Abâr.	Hesset Abâr.
29.	31.	d.	الزاويه	El-Zâwîéh.	El-Zâouyeh.
29.	32.	〃	نفيه	Néfîéh.	Nefyeh.
29.	31.	d.	شلمين	Chelméïn.	Chelmeyn.
29.	29.	d.	مشلا	Mechlâ.	Mechlâ.
29.	30.	d.	كفر ساحل	K. Sâhel.	Kafr Sâhel.
29.	30.	d.	اكوه	Ekoûéh.	Ekoueh.
29.	29.	d.	كفر جديد	K. Gedîd.	Kafr Gedyd.
29.	31.	〃	كفر شيخ سليم	K. Chéîk Selîm.	K. Cheykh Selym.

NOMS DE LIEUX DE L'ÉGYPTE.

N.º de la planche de l'Atlas géogr.	N.º du carreau.	Position du lieu.	NOMS écrits en arabe dans les planches de l'Atlas géographique	TRANSCRIPTION suivie dans les planches de l'Atlas géographique.	TRANSCRIPTION selon l'orthographe de l'ouvrage.
29.	31.	"	الخرسه	El-'Kerséh.	El-Kherseh.
29.	31.	d.	شوني	Choûnî.	Chouny. (TAVA.)
29.	31.	"	الشرفا	El-Choréfâ.	El-Chorefâ.
29.	32.	"	دفره	Defréh.	Defreh.
29.	32.	"	ابو داود	Aboû-Dâoûd.	Abou-Dâoud.
29.	31.	"	البنداريه	El-Bendârîéh.	El-Bendâryeh.
29.	29.	d.	كفر العكروت	K. el-'Akroût.	Kafr el-A'krout.
29.	29.	d.	البهجى	El-Bahgî.	El-Bahgy.
29.	29.	d.	كفر المحروق	K. el-Mahroûq.	Kafr el-Mahrouq.
29.	29.	d.	كفر يعقوب	K. Iaqoûb.	Kafr Ya'qoub.
29.	30.	d.	العدوى	El-'Adwî.	El-A'douy.
29.	31.	"	كفر سيله	K. Sîléh.	Kafr Syleh.
29.	29.	d.	دلبشان	Delebchân.	Delebchân.
29.	31.	"	كفر عدى	K. 'Adî.	Kafr A'dy.
29.	31.	"	طنط	TANt.	TANT, ruines.
29.	38.	d.	قصر نصر الدين	Qasr Nasr eddîn.	Qasr Nasr el-Dyn.
29.	38.	d.	كفر عبد المنعم	K. 'Abd el-Menâm.	K. A'bd el-Mena'm.
29.	37.	d.	كفر قصار	K. Qasâr.	Kafr Qasâr.
29.	37.	d.	كفر شادلى	K. Châdlî.	Kafr Châdly.
29.	39.	"	محلّه مرحوم	MahalleïMerhoûm	MehalletMerhoum
29.	38.	d.	شبراريس	Chobrârîs.	Chobrârys.
29.	38.	d.	دجمون	Delgemoûn.	Delgemoun.

PROVINCE DE MENOUF.

N.º de la planche de l'Atlas géogr.	N.º du carreau.	Position du lieu.	NOMS écrits en arabe dans les planches de l'Atlas géographique.	TRANSCRIPTION suivie dans les planches de l'Atlas géographique.	TRANSCRIPTION selon l'orthographe de l'ouvrage.
29.	39.	''	شوبادى	Choûbâdî.	Choubâdy.
29.	38.	d.	كفر شبراريس	K. Chobrârîs.	Kafr Chobrârys.
29.	38.	d.	كفر الديامه	K. el-Dîâméh.	Kafr el-Dyâmeh.
29.	39.	''	هويشات	Hoûîchât.	Houychât.
29.	38.	d.	قلقلو	Qelqeloû.	Qelqelou.
29.	39.	''	كفر الحمّا	K. el-Hammâ.	Kafr el-Hammâ.
29.	29.	d.	كفر زيات	K. Zaîât.	Kafr Zayât.
29.	31.	d.	كفر منصور	K. Mansoûr.	Kafr Mansour.
29.	31.	d.	بنوفار	Benoûfâr.	Benoufâr.
29.	31.	d.	كفر منشبه	K. Menchîéh.	Kafr Menchyeh.
29.	30.	d.	منية ابيار	Ménîeï Abîâr.	Minyet Abyâr.
29.	31.	d.	ابيار	Abîâr.	Abyâr.
29.	29.	d.	كفر قصار	K. Qosâr.	Kafr Qosâr.
29.	30.	d.	برمه	Berméh.	Bermeh.
29.	31.	d.	كفر شوبر	K. Chawber.	Kafr Chaouber.
29.	32.	''	كفر لبيشه	K. Lebîéchéh.	Kafr Lebyecheh.
29.	31.	d.	الحسان	El-Haçân.	El-Hasân.
29.	29.	d.	النحاريه	El-Nahârîéh.	El-Nahâryeh.
29.	30.	d.	الحدّاد	El-Haddâd.	El-Haddâd.
29.	30.	d.	القليب	El-Qalîb.	El-Qalyb.
36.	7.	''	تلّ بنت قيصار	Telbent Qîsâr.	Tell bent Qysâr.
36.	6.	d.	اسديمه	Asdîméh.	Asdymeh, *grandes ruines*.

N.° de la planche de l'Atlas géogr.	N.° du carreau.	Position du lieu.	NOMS écrits en arabe dans les planches de l'Atlas géographique	TRANSCRIPTION suivie dans les planches de l'Atlas géographique.	TRANSCRIPTION selon l'orthographe de l'ouvrage.
36.	5.	d.	ابجيج	Abgîg.	Abgyg.
36.	5.	d.	كفر تلالسه	K. Telâlséh.	Kafr Telâlseh.
36.	7.	//	شقروف	Chaqroûf.	Chaqrouf.
36.	5.	d.	دقرن	Daqren.	Daqren.
36.	5.	d.	قسطه	Qastah.	Qastah.
36.	5.	d.	محلّة لبن	Mahalleï Leben.	Mehallet Leben.
36.	6.	d.	الشبرا	El-Chobrâ.	El-Chobrâ.
36.	5.	d.	الفرستق	El-Farastaq.	El-Farastaq.
36.	6.	d.	قرنشوا	Qarenchoû.	Qarenchoû.
36.	6.	d.	المشله	El-Mechléh.	El-Mechleh.
36.	14.	d.	كوم النجّار	Koûm el-Naggâr.	Koum el-Naggâr.
PROVINCE DE ROSETTE.					
36.	13.	d.	محلّة داخل	Mahalleï Dâkel.	Mehallet Dâkhel.
36.	13.	d.	البكتوش	El-Bakatoûch.	El-Bakatouch.
36.	13.	d.	كفر جزاير	K. Gézâïr.	Kafr Gezâyr.
36.	21.	d.	الصافه	El-Sâfféh.	El-Sâffeh. (*Siuph.*)
36.	21.	d.	قوزمان	Qoûzmân.	Qouzmân.
36.	20.	d.	دمنكه	Deminkéh.	Deminkeh.
36.	21.	d.	شبّاس الشوادى	Chabbâs el-Chowâdî.	Chabbâs el-Chouâdy.
36.	20.	d.	كفر منشيه	K. Menchîéh.	Kafr Menchyeh.
36.	21.	d.	محلّة ابو على	Mahalleï aboû-Âlî.	Mehallet abou-A'ly

PROVINCE DE ROSETTE. 231

N.° de la planche de l'Atlas géogr.	N.° du carreau.	Position du lieu.	NOMS écrits en arabe dans les planches de l'Atlas géographique	TRANSCRIPTION suivie dans les planches de l'Atlas géographique.	TRANSCRIPTION selon l'orthographe de l'ouvrage.
36.	20.	d.	منشيه	Menchîéh.	Menchyeh.
36.	20.	d.	دميجمون	Demîgmoûn.	Demygmoun.
36.	20.	d.	كفر دسوق	K. Deçoûq.	Kafr Desouq.
36.	21.	d.	سنهور المدينه	Senhoûr el-Médî-néh, *ruines.*	Senhour el-Medy-neh.
36.	21.	d.	شبّاس عامر	Chabbâs ʿAmer.	Chabbâs A'mer.
36.	21.	d.	شبّاش الملح	Chabbâs el-Maleh.	Chabbâs el-Maleh.
36.	20.	d.	دسوق	Deçoûq.	Desouq.
36.	20.	d.	كفر العرب	K. el-ʿArab.	Kafr el-A'rab.
36.	20.	g.	درشابه	Derchâbéh.	Derchâbeh.
36.	20.	g.	ماريه	Mârîéh.	Mâryeh.
36.	20.	g.	دمتيون	Damatîoûn.	Damatyoun.
36.	19.	g.	كورات	Koûrât.	Kourât. (NAUCRATIS ? (1))
36.	19.	g.	دسيه	Deçîéh.	Desyeh.
36.	20.	d.	محلّة مالك	Mahalleï Mâlek.	Mehallet Malek.
36.	21.	"	————	Abîoûqah.	Abyouqah.
36.	21.	d.	————	El-ʿAgoûzéïn.	El-A'gouzeyn.
36.	22.	"	————	Ouchna.	Ouchna.
36.	28.	g.	كفر شيخ حسين	K. Chéïk Haçéïn.	K. Cheykh Haseyn.
36.	27.	d.	كفر السيدى جامع	K. el-Sîdî Gâmå.	K. el-Sydy Gâma'.

(1) *Voyez* EL-RAHMÂNYEH, ci-après, *pag. 246.*

N.° de la planche de l'Atlas géogr.	N.° du carreau.	Position du lieu.	NOMS écrits en arabe dans les planches de l'Atlas géographique	TRANSCRIPTION suivie dans les planches de l'Atlas géographique.	TRANSCRIPTION selon l'orthographe de l'ouvrage.
36.	27.	g.	سناباده	Sanâbâdéh.	Sanâbâdeh.
36.	27.	g.	ابو سالم	Aboû-Sâlem.	Abou-Sâlem.
36.	28.	d.	الكنيسه	El-Konaïçéh.	El-Konayseh.
36.	28.	d.	كفر محلّة مالك	K. Mahalleï Mâlek.	K. Mehallet Mâlek.
36.	27.	d.	ساليه	Sâlmîéh.	Sâlmyeh.
36.	29.	"	كفر صوم	K. Soûm.	Kafr Soum.
36.	27.	g.	كفر شرقاوى	K. Cherqâwî.	Kafr Cherqâouy.
36.	27.	g.	عطفه	ʿAtféh.	A'tfeh.
36.	27.	g.	سرنباى	Serenbâïe.	Serenbâye.
36.	29.	"	كوم الفرّاين	*Koûm Farrâïn.*	*Koum Farrâyn, grandes ruines.* (*SAÏS.*) ? (1)
36.	29.	"	ترعة بنى يوسف	*Torâ Benî-Ioûsef.*	*Tora'h Beny-Yousef.* T.
36.	28.	d.	شبّاس المحلّة	Chabbâs el-Mehallet	Chabbâs el-Mahallet
36.	27.	d.	جباريس	Gobârîs.	Gobârys.
36.	27.	d.	شرافة	Chorâféh.	Chorâfeh.
36.	27.	d.	فـــوه	FOÛÉH.	FOUEH.
36.	27.	d.	محلّة علوى	Mahalleï ʿAlowî.	Mehallet A'louy.
36.	28.	d.	ترعة السايده	*Torâ el-Sâïdéh.*	*Tora'h el-Sa'ydeh.* T.
36.	28.	"	كفر ابو منضور	K. Aboû-Mandoûr	K. Abou-Mandour
36.	26.	g.	ديـــروط	DÉÏROÛt.	DEYROUT. (*METELIS.*)
36.	27.	d.	كوم اللقنى	*Koûm ellaqînî.*	*Koum el-Laqyny.*

(1) *Voyez* Sâ el-Haggâr, ci-dessus, *pag.* 209.

N.° de la planche de l'Atlas géogr.	N.° du carreau.	Position du lieu.	NOMS écrits en arabe dans les planches de l'Atlas géographique	TRANSCRIPTION suivie dans les planches de l'Atlas géographique.	TRANSCRIPTION selon l'orthographe de l'ouvrage.
36.	28.	d.	كوم شبّاس	*Koûm Chabbâs.*	*Koum Chabbâs.* (CABASA.)
36.	29.	//	كوم الجير	*Koûm el-Gîr.*	*Koum el-Gyr, butte de ruines.*
36.	27.	d.	سنديون	Sendîoûn.	Sendyoun.
36.	28.	//	كوم اللبن	*Koûm el-Lében.*	*Koum el-Leben.*
36.	29.	//	كوم الامان	*Koûm el-Amân.*	*Koum el-Amân, butte de ruines.*
36.	36.	//	كوم اسماعيل	*Koûm Ismâ°îl.*	*Koum Ismâ'yl.*
36.	34.	g.	كفر منية الصعيده	Kafr Méniet el-Sa°ïdéh.	Kafr Minyet el-Sa'ydeh.
36.	34.	g.	منية الصعيده	Méniet el-Sâîdéh, *abandonné.*	*Minyet el-Sa'ydeh.*
36.	35.	d.	كوم الصعيده	*Koûm el-Sâîdéh.*	*Koum el-Sa'ydeh.*
36.	35.	d.	شمشير	Chemchîr.	Chemchyr.
36.	34.	g.	فزاره	Fézârah.	Fezârah.
36.	33.	g.	بحيره ادكو	*Bohéiréh Edkoû,* ou *lac d'Edkoû.*	*Boheyreh Edkou,* B.
36.	35.	d.	كوم الامان	*Koûm el-Amân.*	*Koum el-Amân.*
36.	36.	//	———	*Ruines.*	———
36.	36.	//	كوم العرب	*Koûm el-°Arab.*	*Koum el-A'rab, ruines*
36.	35.	d.	السعده	El-Saâdéh.	El-Sa'deh.
36.	36.	//	كوم الاحمره	*Koûm el-Ahmrah.*	*Koum el-Ahmrah.*

N.º de la planche de l'Atlas géogr.	N.º du carreau.	Position du lieu.	NOMS écrits en arabe dans les planches de l'Atlas géographique	TRANSCRIPTION suivie dans les planches de l'Atlas géographique.	TRANSCRIPTION selon l'orthographe de l'ouvrage.
36.	37.	"	كوم الجير	Koûm el-Gîr.	Koum el-Gyr.
36.	35.	g.	انفينه	Atféïnéh.	Atfeyneh.
36.	35.	d.	مطوبيس	Metoûbîs.	Metoubys.
36.	35.	d.	كفر لبن	K. Lében.	Kafr Leben, ruiné.
36.	36.	"	كوم قليعه	Koûm Qalî'ah.	Koum Qaly'ah.
36.	35.	d.	عزبة عمر	'Ezbeï 'Amr.	E'zbet A'mr.
36.	36.	"	كوم الجزيرة	Koûm el-Gézîreï.	Koum el-Gezyret.
36.	33.	g.	ادكو	Edkoû.	Edkou.
36.	35.	d.	القونيه	El-Qoûnîéh.	El-Qounyeh.
36.	35.	d.	كفر فيالي	K. Fîâlî.	Kafr Fyâly.
36.	34.	g.	ديبه	Dîbéh.	Dybeh.
36.	35.	g.	———	Canal de Metoûbîs.	Canal de Metoubys. T.
36.	35.	d.	———	Marais salans.	———
36.	37.	"	كوم العرب	Koûm el-'Arab.	Koum el-A'rab.
36.	37.	v	جزيرة طفقال	G.ᵗ Teffâl.	G.ᵗ Teffâl.
36.	35.	d.	منية المرشد	Ménîeï el-Morched	Minyet el-Morched.
36.	34.	g.	سماسمه	Semâsméh.	Semâsmeh.
36.	34.	g.	كفر سماسمه	K. Semâsméh.	Kafr Semâsmeh.
36.	35.	d.	كفر بني بكار	K. Bénî-Bakâr.	Kafr Beny-Bakar.
40.	3.	d.	بني بكر	Bénî-Bakar.	Beny-Bakar.
40.	2.	g.	الحماد	El-Hamâd.	El-Hamâd.

PROVINCE DE ROSETTE.

N.º de la planche de l'Atlas géogr.	N.º du carreau.	Position du lieu.	NOMS écrits en arabe dans les planches de l'Atlas géographique	TRANSCRIPTION suivie dans les planches de l'Atlas géographique.	TRANSCRIPTION selon l'orthographe de l'ouvrage.
40.	2.	d.	عزبه	ʿEzbéh.	E'zbeh.
40.	2.	g.	محلة امير	Mahalleï Emîr.	Mehallet Emyr.
40.	2.	d.	الصفران	El-Soffrân.	El-Soffrân.
40.	2.	d.	برنبال	Berenbâl ou Berembâl.	Berenbâl.
40.	5.	d.	————	Koûm el-Gârîéh.	Koum el-Gâryeh.
40.	2.	d.	الحصّه	El-Hesséh.	El-Hesseh.
40.	2.	d.	النجّاريه	El-Naggârîéh.	El-Naggâryeh.
40.	2.	d.	بريدا	Berîdâ.	Berydâ.
40.	2.	d.	كفر المعديه	K. el-Maâdîéh.	Kafr el-Ma'dyeh.
40.	2.	d.	عزبة طويل	ʿEzbeï Tawîl.	E'zbet Taouyl.
40.	2.	d.	العرقان	El-ʿArqân.	El-A'rqân.
40.	2.	d.	قليس	Qeléïsséh.	Qeleysseh.
40.	5.	d.	كوم العاوى	Koûm el-ʿAwî.	Koum el-A'âouy.
40.	2.	d.	البرايشه	El-Bérâîchéh.	El-Berâycheh.
40.	2.	d.	سخانيه	Sakânîéh.	Sakhânyeh.
40.	2.	g.	الجديد	El-Gedîéh.	El-Gedyeh.
40.	2.	d.	البصرات	El-Bosrât.	El-Bosrât.
40.	2.	d.	كفر دقانيه	K. Deqqânîéh.	Kafr Deqqânyeh.
40.	2.	d.	جوع	Goûâ.	Goua'.
40.	2.	d.	ميه حاوى	Mît Hâwî.	Myt Hâouy.
40.	2.	d.	البسرا	El-Iesrâ.	El-Yesrâ.

N.° de la planche de l'Atlas géogr.	N.° du carreau.	Position du lieu.	NOMS écrits en arabe dans les planches de l'Atlas géographique	TRANSCRIPTION suivie dans les planches de l'Atlas géographique.	TRANSCRIPTION selon l'orthographe de l'ouvrage.
40.	2.	d.	عزبة ابو عمر	°Ezbeï Aboû-°Amr.	E'zbet Abou-A'mr.
40.	2.	d.	طنباره	Ṭanbâréh.	Tanbâreh.
40.	5.	d.	كوم الفقع	*Koûm el-Faqaå.*	*Koum el-Faqa'.*
40.	5.	d.	كوم اليهن	*Koûm el-Ihên.*	*Koum el-Yhen.*
40.	2.	d.	السواقى	El-Sewâqî.	El-Seouâqy.
40.	2.	d.	دقّانيه	Daqqânîéh.	Daqqânyeh.
40.	5.	d.	كوم عيته	*Koûm °Aïtah.*	*Koum A'ytah.*
40.	5.	d.	كوم الزاويه	*Koûm el-Zâwîéh.*	*Koum el-Zâouyeh.*
40.	2.	î.	جزيرة وارسى	*G.ᵉ Wârsî.*	*G.ᵉ Ouârsy* ou *Fârchy.*
40.	2.	g.	رشيد	RACHÎD ou RO-SETTE.	RACHYD ou RO-SETTE. (BOLBITINE.)
40.	2.	g.	برج ابو منضور	*Borg Aboû-Man-dour.*	*Borg Abou-Man-dour,* tour.
40.	2.	//	———	*Branche de Rosette.*	BRANCHE BOLBITINE, ou FLUV. TALI.
40.	6.	d.	كوم القبيزه	*Koûm el-Qabéïzéh.*	*Koum el-Qabeyzeh.*
40.	4.	d.	كوم سارى	*Koûm Sârî.*	*Koum Sâry.*
40.	2.	d.	عزبة معديه	°Ezbeï Maådîéh.	E'zbet Ma'dyeh.
40.	2.	d.	المعلفه	El-Maålféh.	El-Ma'lfeh.
40.	2.	d.	الزاوره	El-Zâoûrah.	El-Zâourah.
40.	2.	d.	روس	Roûs.	Rous.
40.	2.	d.	عزبة الخصاص	°Ezbeï el-Kasâs.	E'zbet el-Khasâs.

PROVINCE DE ROSETTE.

N.º de la planche de l'Atlas géogr.	N.º du carreau.	Position du lieu.	NOMS écrits en arabe dans les planches de l'Atlas géographique	TRANSCRIPTION suivie dans les planches de l'Atlas géographique.	TRANSCRIPTION selon l'orthographe de l'ouvrage.
40.	2.	d.	الملاح	El-Mélâh.	El-Melâh.
40.	2.	g.	محلّة امير	Mahalleï Emîr.	Mehallet Emyr.
40.	2.	d.	الغريب	El-Goreïb.	El-Ghoreyb.
40.	2.	d.	كوم عبادى	Koûm 'Abâdî.	Koum A'bâdy.
40.	5.	d.	كوم الرطابى	Koûm el-Ratâbî.	Koum el-Ratâby.
40.	4.	d.	كوم دشيمه	Koûm Dechîméh.	Koum Dechymeh, ruines.
40.	11.	d.	شيخ يوسف	Chéïk Ioûçef.	Cheykh Yousef.
40.	10.	d.	خليج جنينه	Kalîg Genîneh.	Khalyg Geneyneh.
40.	10.	"	———	Marais salans.	Marais, pâturages. (Bucolia.)
40.	10.	d.	جزيرة الخضره	G.ᵗ el-'Koḑrah.	G.ᵗ el-Khodrah.
40.	9.	d.	برج صغير	Borg Sogaîr.	Borg Soghayr.
40.	9.	g.	———	Fort Julien.	Fort Julien ou fort de Rosette. (Fort des Milésiens.)
40.	12.	î.	جزيرة بساط	G.ᵗ Boçât.	G.ᵗ Bosât.
40.	14.	d.	كوم الاخضر	Koûm el-A'kḑar.	Koum el-Akhdâr.
40.	14.	d.	راس المقطوعه	Râs el-Maqtoûah, cap.	Râs el-Maqtoua'h.
40.	12.	d.	مصطروه	Mastaroûéh.	Mastaroueh, puits et butte.
40.	13.	d.	مقسابه	Maqsâbéh.	Maqsâbeh.

N.° de la planche de l'Atlas géogr.	N.° du carreau.	Position du lieu.	NOMS écrits en arabe dans les planches de l'Atlas géographique	TRANSCRIPTION suivie dans les planches de l'Atlas géographique.	TRANSCRIPTION selon l'orthographe de l'ouvrage.
40.	13.	//	بحيره برلص	*Boĥéïréh Borollos.*	*Lac Bourlos.* (LACUS BUTICUS.)
40.	9.	g.	بغاز	*Bogâz de Rosette,* ou *embouchure de la branche de Rosette.*	*Boghâz.* (BOLBITINUM OSTIUM.)
40.	12-21.	//	————	*Dunes.*	*Dunes de sable.*
37.	39.	g.	————	*Caravanserail, dit* Maison carrée.	Maison carrée. (OSTIUM CANOPICUM.)

PROVINCE DE BAHYREH
OU BOHEYREH.

25.	6-25.	g.	بركة نطرون	VALLÉE DES LACS DE NATROÛN.	BIRKET NATROUN. B. (1)
25.	9.	g.	بحر بلا مــا	BAĤAR BELÂ MÂ, *ou* FLEUVE SANS EAU.	BAHR BELÂ MÂ.
26.	32.	g.	دير امبابشاى	*Ambâbichoï, couvent des Syriens.*	*Deyr Ambâbichây,* couvent, puits.
26.	32.	g.	البرامايص	*El-Baramaïs, couvent des Grecs.*	*El-Barâmâys.* (PHERME, NITRIA.)
26.	40.	g.	قصر	*Qasr* ou *fort ruiné.*	*Qasr.*
26.	40.	g.	————	*Ancienne verrerie.*	————

(1) On réunit ici à la province de Bahyreh, comme dépendance, la localité des lacs de Natroun.

PROVINCE DE BAHYREH. 239

N.° de la planche de l'Atlas géogr.	N.° du carreau.	Position du lieu.	NOMS écrits en arabe dans les planches de l'Atlas géographique	TRANSCRIPTION suivie dans les planches de l'Atlas géographique.	TRANSCRIPTION selon l'orthographe de l'ouvrage.
29.	21.	g.	طيريه	Téïrîéh.	Teyryeh. (MOMEMPHIS)
29.	21.	g.	كوم شريك	Koûm Cherîk.	Koum Cheryk.
29.	21.	g.	مغنين	Magnîn.	Maghnyn.
29.	21.	g.	صواف	Sowâf.	Souâf.
29.	21.	g.	شبرا	Chobrâ.	Chobrâ.
29.	29.	g.	واقد	Wâqued.	Ouâqed.
29.	29.	g.	الزعفراني	El-Zaâfrânî.	El-Za'frâny.
29.	28.	g.	بولين	Boûlîn.	Boulyn.
29.	28.	g.	كفر خنيزه	K. Konéïzéh.	Kafr Khoneyzeh.
29.	28.	g.	خنيزه	Konéïzéh.	Khoneyzeh.
29.	29.	g.	مليح	Mélîh.	Melyh.
29.	29.	g.	بولين فوايده	Boûlîn Fawâîdéh.	Boulyn Faouâydeh
29.	29.	g.	النجيله	El-Negîléh.	El-Negyleh.
29.	29.	g.	نتما	Natmâ.	Natmâ.
29.	28.	g.	خربته	Kerbetah.	Kherbetah.
29.	28.	g.	دميسنت الاشراف	Demîçent el-Achrâf.	Demysent el-Achrâf.
29.	29.	g.	كفر بريم	K. Barîm.	Kafr Barym.
29.	29.	g.	محلة نتما	Mahalleï Netmä.	Mehallet Netmâ.
29.	28.	g.	بلاكوص	Balâkoûs.	Balâkous.
25.	18.	g.	————	*Couvent de Saint-Macaire*	*Askyt.* (SCIATHIS.)
29.	29.	g.	الغاريم	El-Gârîm.	El-Ghârym.
29.	28.	g.	كوم حماده	Koûm Hamâdéh.	Koum Hamâdeh.

240 NOMS DE LIEUX DE L'ÉGYPTE.

N.° de la planche de l'Atlas géogr.	N.° du carreau.	Position du lieu.	NOMS écrits en arabe dans les planches de l'Atlas géographique	TRANSCRIPTION suivie dans les planches de l'Atlas géographique.	TRANSCRIPTION selon l'orthographe de l'ouvrage.
29.	29.	g.	بريم	Barîm.	Barym.
29.	28.	g.	حوض فارس	Ḥawḍ Fâres.	Hôd Fâres.
29.	28.	g.	مليحه	Melîḥah.	Melyhah.
29.	28.	g.	بيبان	Bîbân.	Bybân.
29.	29.	g.	سلامون	Salâmoûn.	Salâmoun.
29.	29.	g.	كفر سلامون	K. Salâmoûn.	Kafr Salâmoun.
29.	28.	g.	نقيده	Neqéïdéh.	Neqeydeh.
29.	37.	g.	دمتيوه	Damatîoûh.	Damatyouh.
29.	35.	g.	ديست	Dîst.	Dyst.
29.	37.	g.	شابور	Châboûr.	Châbour. (*Andropolis et Gynæcopolis.*)
29.	37, &c.	"	————	————	BRANCHE DE ROSETTE. (*Agathos Dæmon, vel Fl. Canopicus.*)
29.	35.	g.	الحدين	El-Ḥadéïn.	El-Hadeyn.
29.	36.	g.	سرسيقه	Sarsîqah.	Sarsyqah.
29.	36.	g.	محلة حسين	Maḥalleï Ḥoçéïn.	Mehallet Hoseyn.
29.	36.	g.	ابو حمار	Aboû-Ḥomâr.	Abou-Homâr.
29.	36.	g.	ترعة الشابور	*Tora'h el-Châboûr.*	*Tora'h el-Châbour.* T.
29.	37.	g.	كفر مجاهد	K. Megâhed.	Kafr Megâhed.
29.	37.	g.	العص	El-ʿIs.	El-I's.
29.	36.	g.	العويونى	El-ʿAwîoûnî.	El-A'ouyouny.
29.	36.	g.	صفط الامير	Saft el-Emîr.	Saft el-Emyr.

N.° de la planche de l'Atlas géogr.	N.° du carreau.	Position du lieu.	NOMS écrits en arabe dans les planches de l'Atlas géographique	TRANSCRIPTION suivie dans les planches de l'Atlas géographique.	TRANSCRIPTION selon l'orthographe de l'ouvrage.
29.	35.	g.	دير شاه	Déïr Châh.	Deyr Châh.
29.	36.	g.	قادوس	Qâdoûs.	Qâdous.
29.	37.	g.	كفر خوالد	K. 'Kawâled.	K. Khaouâled.
29.	37.	g.	شنيسه	Cheniçéh.	Chenyseh.
29.	35.	g.	زمران الكوم	Zamrân el-Koûm.	Zamrân el-Koum.
29.	36.	g.	رمسيس	Ramsîs.	Ramsys.
29.	36.	g.	قيليشان	Qîlîchân.	Qylychân.
29.	36.	g.	الحيوين	El-°Oûîoûn.	El-Hoyouyn.
29.	35.	g.	زمران النخله	Zamrân el-Na'kléh.	Zamrân el-Nakhleh
29.	36.	g.	ابراج حمام	Abrâg Hamâm.	Abrâg Hamâm.
29.	34.	g.	الدلنجات	El-Delingât.	El-Delingât.
29.	34.	g.	———	*'Kalîg el-°Asarah,* ou *canal de Bahyreh.*	*Khalyg el-A'sarah,* T. (*Lycus Canalis.*)
29.	35.	g.	ابيا الحمره	Abîâ el-Hamrah.	Abyâ el-Hamrah.
29.	35.	g.	قمرا	Kamârah.	Qamarâ.
29.	36.	g.	اليهوديه	El-Ihoûdîéh.	El-Yhoudyeh.
29.	35.	g.	جزاير عيسى	Gézâïr °Içä.	Gezâyr Y'sä.
29.	37.	g.	شعيره	Châïrah.	Cha'yrah.
29.	37.	g.	الضاهريه	El-Đâharîéh.	El-Daharyeh.
29.	36.	g.	العيشه	El-°Aîchéh.	El-A'ycheh.
29.	37.	g.	اشليمه	Achlîmah.	Achlymah, *ruines.*
29.	36.	g.	شيست الانعام	Chîst el-An°âm.	Chyst el-Ana'âm.

N.° de la planche de l'Atlas géogr.	N.° du carreau.	Position du lieu.	NOMS écrits en arabe dans les planches de l'Atlas géographique	TRANSCRIPTION suivie dans les planches de l'Atlas géographique.	TRANSCRIPTION selon l'orthographe de l'ouvrage.
29.	37.	g.	كفور صوالى	Koufoûr Sowâlî.	Koufour Souâly, *vestiges d'un ancien canal.* (NITHINE.)
29.	35.	g.	رزافه	Razâféh.	Razâfeh.
28.	39.	g.	اولاد الشيخ	Awlâd el-Chéïk.	Aoulâd el-Cheykh.
36.	3.	g.	النقراش	El-Neqrâch.	El-Neqrâch.
36.	3.	g.	تلت ابقا	Telt Abqâ.	Telt Abqâ.
36.	4-5.	g.	امليط	Amlît.	Amlyt.
36.	5.	g.	مرده	Mordéh.	Mordeh.
36.	4.	g.	كفر شيخ غنيم	K. Chéïk Ganîm.	Kafr Cheykh Ghanym.
36.	3.	g.	المساعد	El-Méçâ'id.	El-Mesâ'id.
36.	4.	g.	اتياى البارود	Atîâï el-Bâroûd.	Atyây el-Bâroud.
36.	3.	g.	النبيره	El-Nebîréh.	El-Nebyreh.
36.	5.	g.	دمسنه	Demesnéh.	Demesneh.
36.	4.	g.	شنديد	Chendîd.	Chendyd.
36.	4.	g.	برقامه	Berqâméh.	Berqâmeh.
36.	3.	g.	شبرا النونه	Chobrâ el-Noûnéh	Chobrâ el-Nouneh
36.	2.	g.	طلموس (1)	Tollîmîs.	Telymys.
36.	5.	g.	نخله	Na'kléh.	Nakhleh.
36.	5.	g.	المنيه	El-Menîéh.	El-Minyeh.

(1) Peut-être طلميس d'après un catalogue manuscrit.

N.° de la planche de l'Atlas géogr.	N.° du carreau.	Position du lieu.	NOMS écrits en arabe dans les planches de l'Atlas géographique	TRANSCRIPTION suivie dans les planches de l'Atlas géographique.	TRANSCRIPTION selon l'orthographe de l'ouvrage.
26.	4.	g.	محلّة بنى منصور	Mahalleï Bénî-Mansoûr.	Mehallet Beny-Mansour.
36.	3.	g.	بهاى	Béhâï.	Behây.
36.	3.	g.	صفط	Saft.	Saft.
36.	3.	g.	العماريه	El-°Omârîéh.	El-O'mâryeh.
36.	5.	g.	ابو منجوج	Aboû-Mangoûg.	Abou-Mangoug.
36.	4.	g.	صفط خالد	Saft Kâled.	Saft Khâled.
36.	4.	g.	ابو منجوج	Aboû-Mangoûg.	Abou-Mangoug.
36.	5.	g.	جزيره نخله	G.[r] Na'kléh.	G.[r] Nakhleh.
36.	5.	g.	ظهر التمساح	Zahar el-Temsâh.	Zahar el-Temsâh.
36.	4.	g.	اسمانيه	Esmânîéh.	Esmânyeh.
36.	5.	g.	كفر خضير	K. Kodéïr.	Kafr Khodeyr.
36.	5.	g.	بتوك	Botoûk.	Botouk.
36.	3.	g.	دنشال	Denchâl.	Denchâl.
36.	2.	g.	الشراك	El-Achrâk.	El-Achrâk.
36.	3.	g.	العوجه	El-°Awagéh.	El-A'ouageh.
36.	1.	g.	الديبى	El-Dîbî.	El-Dyby.
36.	2.	g.	سنطيس	Sontîs.	Sontys.
36.	4.	g.	فرنوى	Fernoûî.	Fernouy.
36.	5.	g.	كفر رضوان	K. Rodowân.	Kafr Rodouân.
36.	4.	g.	اورين	Awrîn.	Aouryn.
36.	2.	g.	مليحه	Melîhah.	Melyhah.

N.° de la planche de l'Atlas géogr.	N.° du carreau.	Position du lieu.	NOMS écrits en arabe dans les planches de l'Atlas géographique	TRANSCRIPTION suivie dans les planches de l'Atlas géographique.	TRANSCRIPTION selon l'orthographe de l'ouvrage.
36.	4.	g.	مية فرنوى	Mîï Fernoûî.	Myt Fernouy.
36.	10.	g.	كفر مساعد	K. Maçâ'ed.	Kafr Masâ'ed.
36.	11.	g.	تران بابه او طرابنبا	Terân Bâbéh *ou* Tarâbanbâ.	Terânbâbeh.
36.	13.	g.	كفر محلّة صا	K. Mahalleï Sâ.	Kafr Mehallet Sâ.
36.	11.	g.	كفر السابى	K. el-Sâbî.	Kafr el-Sâby.
36.	10.	g.	دسونس	Deçoûnès.	Desounès.
36.	13.	g.	محلّة صا	Mahalleï Sâ.	Mehallet Sâ.
36.	12.	g.	كفر ارمانيه	K. Armânîéh.	Kafr Armânyeh.
36.	11.	g.	شنوب	Chanoûb.	Chanoub.
36.	11.	g.	ابو دره	Aboû-Dorrah.	Abou-Dorrah.
36.	12.	g.	محلّة قيس	Mahalleï Qéïs.	Mehallet Qeys.
36.	11.	g.	عمرى	'Amrî.	A'mry.
36.	13.	g.	شبراريس	Chobrârîs.	Chobrârys.
36.	10.	g.	قراقص	Qarâqès.	Qarâqès.
36.	11.	g.	ماريه	Mârîéh.	Mâryeh.
36.	12.	g.	مية سنان	Mîï Senân.	Myt Senân.
36.	10.	g.	كفر ابو الريش	K. Aboû-el-Rîch.	K. Abou-el-Rych.
36.	10.	g.	دمنهور الوحش	DAMANHOÛR EL-WÉHECH.	DAMANHOUR EL-OUEHECH. (*HERMOPOLIS PARVA.*)
36.	11.	g.	ابو السحامه	Aboû-el-Sehâméh.	Abou-el-Sehâmeh.

PROVINCE DE BAHYREH.

N.º de la planche de l'Atlas géogr.	N.º du carreau.	Position du lieu.	NOMS écrits en arabe dans les planches de l'Atlas géographique	TRANSCRIPTION suivie dans les planches de l'Atlas géographique.	TRANSCRIPTION selon l'orthographe de l'ouvrage.
36.	11.	g.	لقينه	Laqéïnéh.	Laqeyneh.
36.	12.	g.	الاصلاب	El-Aslâb.	El-Aslâb.
36.	13.	g.	كفر المعصره	K. el-Maåsarah.	Kafr el-Ma'sarah.
36.	10.	g.	كفر بنى هلال	K. Bénî-Halâl.	Kafr Beny-Halâl.
36.	13.	g.	شبراخية	Chobrâkîï.	Chobrâkhyt.
36.	12.	g.	كفر بولين	K. Boûlîn.	Kafr Boulyn.
36.	12.	g.	بولين	Boûlîn.	Boulyn.
36.	11.	g.	محلّة تابة	Mahâlleï Tâbeï.	Mehallet Tâbet.
36.	12.	g.	كفر مية سنان	K. Mîï Senân.	Kafr Myt Senân.
36.	13.	g.	كفر عبدين	K. Åbdîn.	Kafr A'bdyn.
36.	10.	g.	ياطس	Iâtès.	Yâtès.
36.	12.	g.	محلّة بشر	Mahâlleï Bechr.	Mehallet Bechr.
36.	9.	g.	زاوية	Zâwîéï.	Zâouyet.
36.	10.	g.	افلاقه	Aflâqah.	Aflâqah.
36.	12.	g.	كفر جديد	K. Gédîd.	Kafr Gedyd.
36.	11.	g.	سنهور	Senhoûr.	Senhour.
36.	19.	g.	————	*Canal de Damanhoûr.*	*Canal de Damanhour.* T.
36.	20.	g.	كفر محلّة بشر	K. Mahalleï Bechr.	K. Mehallet Bechr.
36.	19.	g.	القهوقيه	El-Qahoûqîéh.	El-Qahouqyeh.
36.	20.	g.	امّ حكيم	Omm Hakîm.	Omm Hakym.
36.	19.	g.	ابو خراش	Aboû-Karâch.	Abou-Kharâch.

N.° de la planche de l'Atlas géogr.	N.° du carreau.	Position du lieu.	NOMS écrits en arabe dans les planches de l'Atlas géographique	TRANSCRIPTION suivie dans les planches de l'Atlas géographique.	TRANSCRIPTION selon l'orthographe de l'ouvrage.
36.	20.	g.	منية	Méniêt Salâméh.	Minyet Salâmeh.
36.	19.	g.	منيه	Miniéh.	Minyeh.
36.	19.	g.	محلّة داود	Mahalleï Dâoûd.	Mehallet Dâoud.
36.	18.	g.	زاوية غزال	Zâwîeï Gazâl.	Zâouyet Ghazâl.
36.	17.	g.	قابيل	Qâbîl.	Qâbyl.
36.	17.	g.	القروى	El-Qeroûî.	El-Qerouy. (*Anthylla.*)
36.	19.	g.	ترعة اسكندريه	*Torå Iskanderîéh.*	*Tora'h Iskanderyeh.* T (*Alexandrinus Canalis.*)
36.	19.	g.	ابويط	Aboûît.	Abouyt.
36.	20.	g.	كفر	Kafr.	Kafr.
36.	20.	g.	مرقاص	Marqâs.	Marqâs.
36.	19.	g.	كفر محلّة داود	K. Mahalleï Dâoûd	K. Mehallet Dâoud
36.	19.	g.	سماديس	Samâdîs.	Samâdys.
36.	20.	g.	الرحمانيه	El-Rahmânîéh.	(*Naucratis.*)? El-Rahmânyeh.
36.	19.	g.	فيشه	*Fîchéh.*	*Fycheh, ruiné.*
36.	17.	g.	بسنتواى	Beçentoûâï.	Besentouây.
36.	18.	g.	النخله	El-Naḱléh.	El-Nakhleh.
37.	1.	g.	———	*Ruines.*	———
37.	7.	g.	ابو المطامير	Aboû-el-Matâmîr.	Abou-el-Matâmyr.
37.	8.	g.	الحوش	El-Ḱoûch.	El-Khouch.
37.	7.	g.	الحمار	El-Hamâr.	El-Hamâr.
37.	8.	g.	كوم الاسود	Koûm-el-Açowed.	Koum el-Asoued.

PROVINCE DE BAHYREH.

N.º de la planche de l'Atlas géogr.	N.º du carreau.	Position du lieu.	NOMS écrits en arabe dans les planches de l'Atlas géographique.	TRANSCRIPTION suivie dans les planches de l'Atlas géographique.	TRANSCRIPTION selon l'orthographe de l'ouvrage.
37.	7.	g.	زاوية ابو صغير	Zâwîeï Aboû-Sogaîr.	Zâouyet Abou-Soghayr.
37.	8.	g.	زاوية سيدى سليم	Zâwîeï Sîdî Sélîm.	Zâouyet Sydy Selym.
37.	8.	g.	راس احمد	Râs Ahmed.	Râs Ahmed.
37.	6.	g.	الغوازى	El-Gawâzî.	El-Ghaouâzy.
37.	8.	g.	كوم الاخضر	Koûm el-A'kḍar.	Koum el-Akhdar.
37.	5.	g.	الرشات	El-Rachât.	El Rachât. (Apis.)
37.	7.	g.	تروجه	Teroûgéh.	Terougeh.
37.	6.	g.	—	Santon.	—
37.	1.	g.	قلعة ابوسير	Qalaåh Aboûsîr.	Qala'h Abousyr.
37.	1.	g.	—	Koûm Aboûsîr.	Koum Abousyr. (TAPOSIRIS.)
37.	1.	g.	—	Ruines.	—
37.	10.	g.	—	Ruines en briques.	—
37.	10.	g.	—	RUINES.	—
37.	19.	g.	—	Plusieurs ruines.	—
37.	11.	g.	—	RUINES TRÈS-ÉTENDUES.	El-Kheyt. (MAREA.)
37.	19.	g.	—	Ruines.	—
37.	19.	î.	—	Iles fortifiées, digue ruinée.	—
37.	8.	î.	بطورس	Batoûrès.	Batoures.
37.	15.	î.	جامع	Gâmaå.	Gâma'.

N.° de la planche de l'Atlas géogr.	N.° du carreau.	Position du lieu.	NOMS écrits en arabe dans les planches de l'Atlas géographique	TRANSCRIPTION suivie dans les planches de l'Atlas géographique.	TRANSCRIPTION selon l'orthographe de l'ouvrage.
37.	16.	g.	كفر السابي	K. el-Sâbî.	Kafr el-Sâby.
37.	16.	g.	محلّة خيل	Mahalleï 'Kéïl.	Mehallet Kheyl.
37.	15.	î.	النميريه	El-Néméïrîéh.	El-Nemeyryeh.
37.	10.	g.	ابو الخير	*Santon d'Aboû-el-'Kéïr.*	*Abou-el-Kheyr, santon.*
37.	16.	g.	قافله الصغيره	Qâfléh el-Sogaîréh.	Qâfleh el-Soghayreh.
37.	16.	g.	———	*Deux santons.*	———
37.	15.	g.	———	*Santon.*	———
37.	14.	î.	الخازى	El-'Kâzî.	El-Khâzy.
37.	24.	g.	قافله الكبرى	Qâfléh el-Kobrä.	Qâfleh el-Kobrä.
37.	24.	g.	بلقطر	Beleqter.	Beleqter.
37.	24.	g.	البهى	El-Béhî.	El-Behy.
37.	23.	î.	تلّ الاحمار	Tell el-Ahmâr.	Tell el-Ahmâr.
37.	22.	î.	سنهور	Sanhoûr.	Sanhour. (CHABRIÆ COME.)
37.	22.	î.	المشايخ	*Santons el-Méchaïk*	*El-Mechâykh*, ou *santons.*
37.	23.	g.	بسليجون	Baslîgoûn.	Baslygoun.
37.	23.	g.	كرباني	Korbânî.	Korbâny.
37.	23.	g.	العوجه	El-'Oûgéh.	El-Ou'geh.
37.	20.	g.	شيخ على	*Chéïk Alî.*	*Cheykh A'ly.*
37.	20.	g.	———	*Plusieurs ruines.*	———

N.° de la planche de l'Atlas géogr.	N.° du carreau.	Position du lieu.	NOMS écrits en arabe dans les planches de l'Atlas géographique	TRANSCRIPTION suivie dans les planches de l'Atlas géographique.	TRANSCRIPTION selon l'orthographe de l'ouvrage.
37.	24.	g.	الميسين	El-Mîçîn.	El-Mysyn.
37.	24.	g.	دسونس	Deçoûnès.	Desounes.
37.	24.	g.	بركة غيطاس	Berkeï Gîtâs.	Birket Gheytâs.
37.	24.	g.	———	*Village abandonné.*	———
37.	23.	g.	بردله	Berdeléh.	Berdeleh.
37.	23.	g.	الكريون	El-Kérîoûn.	El-Keryoun.
37.	22.	g.	ددار	Dédoâr.	Dedoâr.
37.	23.	g.	للها	*Lélohâ, village abandonné.*	*Lelohâ.*
37.	28.	g.	اسكندريه	ESKANDERÎÉH *ou* ALEXANDRIE.	ESKANDERYEH. (*ALEXANDRIA, olim RHACOTIS.*)
37.	28.	g.	———	*Fort du Phare.*	(*PHARUS, INSULA PHAROS.*)
37.	28.	g.	———	*Bains de Cléopâtre.*	(*NECROPOLIS.*)
37.	29.	g.	———	*Ouvrage fait par les Romains, ou château des Césars.*	*Qasr Kiassera.* (*NICOPOLIS, vel JULIOPOLIS.*)
37.	31.	g.	العكريش	El-Åkrîch.	El-A'krych.
37.	31.	g.	النشو	El-Nechoû.	El-Nechou. (*SCHEDIA.*)
37.	31.	g.	المعلفيه	El-Mâléfîéh.	El-Ma'lefyeh. (*CHEREU.*)
37.	30.	g.	كفر سليم	K. Selîm.	Kafr Selym.
37.	30.	g.	كوم الاعراب	Koûm el-Aårâb.	Koum el-A'râb.

N.° de la planche de l'Atlas géogr.	N.° du carreau.	Position du lieu.	NOMS écrits en arabe dans les planches de l'Atlas géographique	TRANSCRIPTION suivie dans les planches de l'Atlas géographique.	TRANSCRIPTION selon l'orthographe de l'ouvrage.
37.	27.	g.	برج المرابط	*Borg el-Morâbet, tour du Marabout.*	*Borg el-Morâbet.* (*CHERSONESUS PARVA.*)
37.	28.	g.	———	*Colonne dite de Pompée.*	———
37.	29.	g.	———	*Plusieurs ruines.*	———
37.	30.	g.	البيضه	El-Béïdâh.	El-Beydah.
37.	30.	î.	———	*Hauteurs couvertes de ruines.*	(*MENELAÏTIS.*)
37.	31.	g.	———	*Plusieurs ruines.*	———
37.	30.	g.	تلّ الجنان	Tell el-Genân.	Tell el-Genân.
37.	38.	g.	قلعة ابوقير	*Fort d'Aboûqîr.*	*Qala't Abouqyr.* (*PERSEI SPECULA.*)
37.	30.	g.	———	RUINES DE CANOPE.	*Ruines.* (*CANOPUS.*)
39.	2.	î.	جزيرة ابوقير	*Ile d'Aboûqîr.*	*Gezyret Abouqyr.* (*INSULA CANOPICA.*)

SYRIE.*

N.º de la planche de l'Atlas géogr.	N.º du carreau.	Position du lieu.	NOMS écrits en arabe dans les planches de l'Atlas géographique	TRANSCRIPTION suivie dans les planches de l'Atlas géographique.	TRANSCRIPTION selon l'orthographe de l'ouvrage.
			PARTIE DE LA PALESTINE.		
			فلسطين او ارض القدس ,	Falestyn *ou* Ard el-Qods.	
32.	40.	"	خان يونس	Kân Ioûnès.	Khan Younès.
32.	40.	"	معتدیه	Maâtadîéh.	Ma'tadyeh.
43.	3.	"	كفرحته	K. Hettéh.	Kafr Hetteh.
43.	3.	"	دير	Déïr.	Deyr.
43.	12.	"	غـــزة	Gaza *ou* Gazzah.	Ghazzah.
43.	21.	"	ديرنرون	Déïr Naroûn.	Deyr Naroun.
43.	21.	"	ديراسنى	Déïr Esnî.	Deyr Esny.
43.	30.	"	———	Deux villages.	———
43.	29.	"	حبابه	Habâbéh.	Habâbeh.
43.	29.	"	عسقلان	*Ruines d'*Asqalân *ou Ascalon.*	Asqalân.
43.	30.	"	جرجيه	Gergîéh.	Gergyeh.
43.	29.	"	———	Village.	———
43.	38.	"	حمانيه	Hamânîéh.	Hamânyeh.

* Cette seconde partie de l'Index géographique se rapporte seulement aux parties de la Syrie qui ont été parcourues par l'armée Française, ou reconnues par M. le colonel Jacotin.

NOMS DE LIEUX

N.º de la planche de l'Atlas géogr.	N.º du carreau.	Position du lieu.	NOMS écrits en arabe dans les planches de l'Atlas géographique	TRANSCRIPTION suivie dans les planches de l'Atlas géographique.	TRANSCRIPTION selon l'orthographe de l'ouvrage.
43.	38.	"	———	Village.	———
43.	38.	"	المشدين	El-Mechdîn.	El-Mechdyn.
44.	8.	"	بيت اللحم	Béït ellaḥm.	Beyt el-Lahm. (BETHLEEM.)
44.	3.	"	———	Deux villages.	———
44.	2.	"	اسدود	Esdoûd, *ruines d'A-zotus*.	Esdoud.
44.	7.	"	القدس	EL-QODS *ou* JÉRUSALEM.	EL-QODS. (HIEROSOLYMA.)
44.	7.	"	———	Sion.	SION.
44.	7.	"	———	Saint Sépulcre.	———
44.	8.	"	———	Mont de l'Ascension.	———
44.	8.	"	———	Montagne des Oliviers.	———
44.	8.	"	———	BETHANIA.	BETHANIA.
44.	7.	"	الفتا او الفتح	El-Fatâ.	El-Fatâ *ou* el-Fatah.
44.	7.	"	بيت اود او بيت عود	Béït Oûd.	Beyt Aoud *ou* Beyt O'oud.
44.	16.	"	جباع	Gabââ.	Gabâ'.
44.	11.	"	لخان ابنه	El-Kân Ebneh.	El-Khân Ebneh.
44.	15.	"	بيت ناى قوبا	Béït Nâï Qaoûabâ *ou* Rama.	Beyt Nây Qaouabâ.
44.	16.	"		Aïalon.	Ayalon.

DE LA SYRIE.

N.º de la planche de l'Atlas géogr.	N.º du carreau.	Position du lieu.	NOMS écrits en arabe dans les planches de l'Atlas géographique	TRANSCRIPTION suivie dans les planches de l'Atlas géographique.	TRANSCRIPTION selon l'orthographe de l'ouvrage.
44.	14.	"	بيت اماين	Béït Emmâïn *ou* Bidemmâïn.	Beyt Emmâyn.
44.	14.	"	برج	Borg.	Borg.
44.	11.	"	ابنه	Ebnéh, *ruines de Jamnia.*	Ebneh. (*IAMNIA.*)
44.	15.	"	قرية العنب	Qarîeh el-'Anib, *anciennement Nicopolis ou Emmaüs.*	Qaryet el-A'nyb.
44.	11.	"	———	Deux villages.	———
44.	21.	"	جنزله	Genzaléh.	Genzaleh.
44.	23.	"	ساربوة	Sârboût.	Sârbout.
44.	23.	"	بيت محسن	Béït Maḥaçin.	Beyt Mahasyn.
44.	24.	"		Michmas.	Michmas.
44.	22.	"	الاتروف	El-Atroûf.	El-Atrouf.
44.	21.	"	رمله	Ramléh. (*ARIMATHIA.*)	Ramleh.
44.	21.	"	لد	Lodd. (*DIOSPOLIS, vel LYDDA.*)	Lodd.
44.	23.	"		Bethoron.	Bethoron.
44.	21.	"		Ono.	Ono.
44.	24.	"		Bethaven.	Bethaven.
44.	21.	"		Deux villages.	———
44.	32.	"		GOSNA.	———
44.	28.	"	بيت عجل	Béït 'Agel.	Beyt A'gel.
44.	28.	"	قبب	Qabab.	Qabab.
44.	28.	"	يازور	Iâzoûr.	Yâzour.

N.° de la planche de l'Atlas géogr.	N.° du carreau.	Position du lieu.	NOMS écrits en arabe dans les planches de l'Atlas géographique.	TRANSCRIPTION suivie dans les planches de l'Atlas géographique.	TRANSCRIPTION selon l'orthographe de l'ouvrage.
44.	27.	"	يافا	JAFFA *ou* IÂFÂ.	YÂFÂ.
44.	29.	"	مجده	Megdéh.	Megdeh.
44.	35.	"	———	Village.	———
44.	40.	"	———	Gebâ.	Gebâ.
44.	36.	"	ملبّس	Melebbès.	Melebbès.
44.	37.	"	قصر راس العين	*Château de Râs el-°Aïn, ruiné.*	*Qasr Râs el-A'yn.*
44.	36.	"	ضهر	Đahr.	Dahr.
44.	40.	"	———	Lebonah.	Lebonah.
44.	37.	"	جلجلى	Gelgelî.	Gelgely.
44.	36.	"	عزبة	°Ezbeï.	E'zbet.
44.	37.	"	حبله	Ħabléh.	Hableh.
45.	4.	"	حزون	Ħazoûn.	Hazoun.
45.	2.	"	على ابن حرامى	°Alî ebn-Ħarâmî.	A'ly ebn-Harâmy.
45.	2.	"	———	Village.	———
45.	3.	"	صوفى	Soûfî.	Soufy.
45.	5.	"	فندوق	Fondoûq.	Fondouq.
45.	3.	"	مسكى	Meskî.	Mesky.
45.	3.	"	ارتهه	Ertahah.	Ertahah.
45.	2.	"	الحضّر	El-Ħađđar.	El-Haddar.
45.	11.	"	———	*Ruines.*	———
45.	12.	"	طيبه	Ŧaïbéh.	Taybeh.

N.° de la planche de l'Atlas géogr.	N.° du carreau.	Position du lieu.	NOMS écrits en arabe dans les planches de l'Atlas géographique.	TRANSCRIPTION suivie dans les planches de l'Atlas géographique.	TRANSCRIPTION selon l'orthographe de l'ouvrage.
45.	14.	"	قلعة ابن عود	Qalaåh ibn-Åoûd.	Qala'h ebn-A'oud.
45.	13.	"	قرى حاجّى	Qarî Ḧâgî.	Qary Hâggy.
45.	11.	"	قلنصوى	Qalensawî.	Qalensaouy.
45.	12.	"	فرون	Faroûn.	Faroun.
45.	14.	"	رافضيه	Râfiđîéh.	Râfidyeh.
45.	14.	"	نابلس	NÂBLOUS [*Neapolis* ou *Sichem*].	NÂBLOUS.
45.	14.	"	جبل جرزم	*Gebel Garizim.*	*Gebel Garizim.* G.
45.	11.	"	بارين	Bârîn.	Bâryn.
45.	11.	"	البرج	El-Borg.	El-Borg.
45.	12.	"	طون كرين	Ŧoûn Karîn.	Toun Karyn.
45.	11.	"	ساحل	*Saħel Qâqoûn.*	*Sâhel Qâqoun.* O.
45.	10.	"	امّ خلد	Omm 'Kaled.	Omm Khaled.
45.	20.	"	الدير	El-Daïr.	El-Deyr.
45.	22.	"	جبع	Gabå.	Gaba'.
45.	19.	"	قاقون	Qâqoûn.	Qâqoun.
45.	20.	"	جبل نابود	*Gebel Nâboûd.*	*Gebel Nâboud.* G.
45.	20.	"	شويكه	Choûîkéh.	Chouykeh.
45.	22.	"	قلعة صانور	Qalaåh Sânoûr [*Sébaste ou Samarie*].	Qala'h Sânour. (*SEBASTUS, vel SAMARIA.*)
45.	22.	"	————	*Village ruiné.*	————
45.	40.	"	بيسان	Bîçân. (*SCYTHOPOLIS.*)	Bysân.

N.° de la planche de l'Atlas géogr.	N.° du carreau.	Position du lieu.	NOMS écrits en arabe dans les planches de l'Atlas géographique	TRANSCRIPTION suivie dans les planches de l'Atlas géographique.	TRANSCRIPTION selon l'orthographe de l'ouvrage.
			PACHALIC D'ACRE.		
45.	18.	"	مينا صبوره	Mînâ Saboûrah, *port des Naplousains.*	*Mynâ Sabourah.*
45.	18.	"	هيله	*Hîléh.*	*Hyleh,* rivière.
45.	20.	"	عتيل	ʿAtîl.	A'tyl.
45.	30.	"	قبتيه	Qabattîéh.	Qabattyeh.
45.	27.	"	نهر السنديانه	*Nahar el-Sendîâ-néh.*	*Nahr el-Sendyâneh,* rivière.
45.	28.	"	قنّير	Qannîr.	Qannyr.
45.	30.	"	جنين	Genîn [*Ginæa*].	Genyn.
45.	30.	"	بركين	Berkîn.	Berkyn.
45.	29.	"	سيلى	Sîlî.	Syly.
45.	30.	"	مقبله	Meqbeléh.	Meqbeleh.
45.	30.	"	حرانى	Ḥarânî.	Harâny.
45.	26.	"	قيصاريه	Qîsârîéh. (RUINES DE CÉSARÉE.)	Qysâryeh. (CÆSAREA.)
45.	37.	"	طنّاك	Ṭennâk.	Tennâk.
45.	39.	"	ززين	Zézîn.	Zezyn.
45.	37.	"	اليامون	Ellâmoûn.	El-Yâmoun.
45.	36.	"	سنديانه	Sendîânéh *ou* Hâ-nîéh.	Sendyâneh *ou* Hâ-nyeh.

N.° de la planche de l'Atlas géogr.	N.° du carreau.	Position du lieu.	NOMS écrits en arabe dans les planches de l'Atlas géographique	TRANSCRIPTION suivie dans les planches de l'Atlas géographique.	TRANSCRIPTION selon l'orthographe de l'ouvrage.
45.	38.	//	نذر	Nazer.	Nazer.
45.	38.	//	نورس	Noûrès.	Noures.
45.	37.	//	اللجون	Ellegoûn [*Legio*].	El-Legoun.
45.	39.	//	ناين	Nâïn *ou* Nâïm.	Nâyn.
45.	39.	//	كوني	Koûnî.	Kouny.
45.	35.	//	عين الغزال	°Aïn Elgazâl.	A'yn el-Ghazâl.
46.	5.	//	سولين	Soûlîn.	Soulyn.
46.	6.	//	———	Village.	———
46.	6.	//	طيبه	Ṭaïbéh.	Taybeh.
46.	7.	//	كوكاب	Kaoû Kâb *ou* Kawkâb	Kaoukâb.
46.	2.	//	اجزيم	Egzîm.	Egzym.
46.	2.	//	تنتوره	Tantoûrah.	Tantourah.
46.	3.	//	قوتمه	Qoûtméh.	Qoutmeh.
46.	5.	//	افله	Afouléh.	Afouleh.
46.	5.	//	حندوره	Ħandoûrah.	Handourah.
46.	6.	//	جبل حرمون	*Gebel Ħermoûn.*	*Gebel Hermoun.* G.
46.	2.	//	سوامع	Sawâmå.	Saouâma'.
46.	2.	//	حضاره	Ħađârah.	Hadârah.
46.	2.	//	كفور العان	Koufoûr el-°An.	Koufour el-A'ân.
46.	6.	//	———	Village.	———
46.	2.	//	صرفند	Sarfend.	Sarfend.
46.	3.	//	قيره	Qaïrah.	Qayrah.

N.° de la planche de l'Atlas géogr.	N.° du carreau.	Position du lieu.	NOMS écrits en arabe dans les planches de l'Atlas géographique	TRANSCRIPTION suivie dans les planches de l'Atlas géographique.	TRANSCRIPTION selon l'orthographe de l'ouvrage.
46.	6.	//	مبهل	Mebhel.	Mebhel.
46.	7.	//	سرين	Serîn.	Seryn.
46.	7.	//	————	*Le Jourdain.*	*Nahr Ardan,* rivière.
46.	5.	//	جبات	Gebât.	Gebât.
46.	4.	//	كرم النفيسه	Karm Ennefîçéh.	Karm el-Nefyseh.
46.	7.	//	الاوالم	El-Awâlem.	El-Aouâlem.
46.	5.	//	اكساد	Iksâd.	Iksâd.
46.	5.	//	مجّيده	Magîdéh *ou* Maggîdéh.	Maggydeh.
46.	4.	//	شيخ ابريت	Chéïk Abrît.	Cheykh Abryt.
46.	5.	//	متون	Matoûn.	Matoun.
46.	5.	//	يافا	Iaffâ *de Nazareth.*	Yâfâ *de Nazareth.*
46.	6.	//	جبل طبور	*Gebel Taboûr* ou *mont Thabor.*	*Gebel Tabour.* G.
46.	7.	//	شعرا	Chårâ.	Cha'râ.
46.	6.	//	مشى	Mechî.	Mechy.
46.	7.	//	الختلى	El-Hatlî.	El-Hatly.
46.	8.	//	نحر يرموك	*Nahr Iarmoûk.*	*Nahr Yarmouk,* rivière.
46.	14.	//	دبورى	Daboûrî.	Daboury.
46.	13.	//	ناصرة او نصره	NAZARETH *ou* NÂSARAH.	NÂSAREH. (*NAZARETH.*)
46.	12.	//	سمّونى	Sammoûnî.	Sammouny.

N.° de la planche de l'Atlas géogr.	N.° du carreau.	Position du lieu.	NOMS écrits en arabe dans les planches de l'Atlas géographique	TRANSCRIPTION suivie dans les planches de l'Atlas géographique.	TRANSCRIPTION selon l'orthographe de l'ouvrage.
46.	10.	//	عتليه	°Atlît *ou château pélerin.*	A'tlyt.
46.	15.	//	عباديه	°Abâdîéh.	A'bâdyeh.
46.	14.	//	خان عيون النجّر	'Kân °Ouïoûn el-Touggar, *ou* le bazar.	Khân Ou'youn el-Touggar.
46.	11.	//	الهدسى	El-Hadaçî.	El-Hadasy.
46.	12.	//	قبر سمانى	*Kaber Simânî.*	*Qaber Simâny.* G.
46.	13.	//	الحرتى	El-Hartî.	El-Harty.
46.	12.	//	جيدا	Géïdâ.	Geydâ.
46.	13.	//	الرينه	El-Raïnéh.	El-Rayneh.
46.	14.	//	تلّ شيخ بريك	*Tell Chéïk Beraïk.*	*Tell Cheykh Berayk.* G.
46.	15.	//	عين المهل	°Aïn el-Mahel.	A'yn el-Mahel.
46.	15.	//	امّ قناطير	Omm Qanâtir, *ruiné.*	*Omm Qanâtyr.*
46.	15.	//	صياده	Saïâdéh.	Sayâdeh.
46.	13.	//	المشب	El-Mecheb.	El-Mecheb.
46.	12.	//	زبد	Zebed.	Zebed.
46.	13.	//	قنا	QANÂ *ou* CANA.	QANÂ.
46.	11.	//	الحرشيه	El-Harchîéh *ou* el-Arbâgî.	El-Harchyeh *ou* el-Arbâgy.
46.	11.	//	نهر كيسون	*Nahar Keîsoûn.*	*Nahr Keysoun*, rivière.
46.	13.	//	صفوره	SAFOÛRÉH.	SAFOUREH.
46.	15.	//	كديس	Kadîs.	Kadys.

NOMS DE LIEUX

N.º de la planche de l'Atlas géogr.	N.º du carreau	Position du lieu	NOMS écrits en arabe dans les planches de l'Atlas géographique	TRANSCRIPTION suivie dans les planches de l'Atlas géographique.	TRANSCRIPTION selon l'orthographe de l'ouvrage.
46.	14.	"	شجره	Chagarah.	Chagarah.
46.	14.	"	كفر الست	K. el-Sett.	Kafr el-Sett.
46.	11.	"	بلد الشرق	Beled el-Charq.	Beled el-Charq.
46.	10.	"	كنيسه	Konéïçéh.	Koneyseh.
46.	11.	"	————	Village.	————
46.	11.	"	نهر وادى الملك	Nahar Wâdî el-Melik.	Nahr Ouâdy el-Melik, rivière.
46.	12.	"	وادى الخالديه	Wâdî el-'Kâledîéh.	Ouâdy el-Khâledyeh. O.
46.	13.	"	توران	Toûrân.	Tourân.
46.	14.	"	لوبيه	Loûbîâ ou Loûbîéh.	Loubyeh.
46.	11.	"	مجدل	Mougdel.	Mougdel.
46.	14.	"	خان اللوبيه	Ruines de 'Kân el-Loûbîéh.	Khân el-Loubyeh.
46.	21.	"	بداوى	Bédâwî.	Bedâouy.
46.	21.	"	رومانى	Roûmânî.	Roumâny.
46.	22.	"	نمن	Nemen.	Nemen.
46.	21.	"	القصر	El-Qasr.	El-Qasr.
46.	20.	"	خالديه	'Kâledîéh.	Khâledyeh.
46.	21.	"	نهر الخالديه	Nahar el-'Kâledîéh.	Nahr el-Khâledyeh, riv.º
46.	19.	"	كفورتى	Koufoûr Taï.	Koufour Tay.
46.	20.	"	شفا عمر	CHAFÂ 'AMR.	CHAFÂ A'MR.
46.	22.	"	بنى	Bénî.	Beny.

N.° de la planche de l'Atlas géogr.	N.° du carreau.	Position du lieu.	NOMS écrits en arabe dans les planches de l'Atlas géographique	TRANSCRIPTION suivie dans les planches de l'Atlas géographique.	TRANSCRIPTION selon l'orthographe de l'ouvrage.
46.	23.	〃	طبريّه	TABARÎÉH.	TABARYEH.
46.	18.	〃	حيفا	HAÏFÂ.	ḤAYFÂ.
46.	21.	〃	كفر منده	K. Mendah.	Kafr Mendah.
46.	23.	〃	حتين	Hattîn.	Hattyn.
46.	20.	〃	وادى النفخ	*Wâdî el-Naffak.*	*Ouâdy el-Naffakh.*
46.	18.	〃	تلّ السّمك	*Tell el-Samak,* port	*Tell el-Samak,* port
46.	18.	〃	بريا كرمل	*Cap Karmel.* (*CARMELUM PROMONTORIUM.*)	*Beryâ Karmel.*
46.	21.	〃	كفر منده	Kafr Mendah.	Kafr Mendah.
46.	21.	〃	وادى البطوف	*Vallée de Batoûf.*	*Ouâdy el-Batouf.* O.
46.	22.	〃	وادى حتّين	*Vallée de Hattîn.*	*Ouâdy Hattyn.* O.
46.	20.	〃	عبلّين	°Obellîn.	O'bellyn.
46.	23.	〃	المجدل	El-Megdel.	El-Megdel.
46.	23-24.	〃	بركة طبريّه	*Lac de Tabarîéh,* ou *mer de Galilée.*	*Birket Tabaryeh.* B.
46.	19.	〃	الرهمين	*Errahmîn* (*anciennement le Belus*).	*El-Rahmyn,* rivière
46.	20.	〃	الطيره	El-Taïréh *ou* Abtîrah.	El-Tayreh.
46.	20.	〃	تمرات	Tomrât.	Tomrât.
46.	19.	〃	دكوه	Dekoûéh.	Dekoueh.
46.	20.	〃	تلّ الكيسيان	*Tallilkîçîân.*	*Tell el-Kysyân.*

NOMS DE LIEUX

N.º de la planche de l'Atlas géogr.	N.º du carreau.	Position du lieu.	NOMS écrits en arabe dans les planches de l'Atlas géographique	TRANSCRIPTION suivie dans les planches de l'Atlas géographique.	TRANSCRIPTION selon l'orthographe de l'ouvrage.
46.	20.	"	بروه	Bérowéh.	Beroueh.
46.	20.	"	دامون	Dâmoûn.	Dâmoun.
46.	23.	"	———	Ruines de Genezareth.	(GENEZARETH.)
46.	23.	"	خان الفرير	Kân el-Farîr, caravansérail.	Khân el-Faryr.
46.	31.	"	نهر الليمون	Nahar ellîmoûn.	Nahr el-Lymoun, rivière.
46.	31.	"	ربضيه	Rabâtî ou Rabadîéh	Rabadyeh.
46.	27.	"	عكّة	ACRE. (PTOLEMAÏS, vel ACO.)	A'KKAH.
46.	28.	"	سديد	Sedîd.	Sedyd.
46.	28.	"	المجد الكروم	El-Megd el-Kouroûm.	El-Megd el-Kouroum.
46.	27.	"	مكر	Makr.	Makr.
46.	30.	"	كفر حنين	K. Hanéïn.	Kafr Haneyn.
46.	31.	"	جبل متل بحرين	Gebel Matel Baḣréïn.	Gebel Matel Bahreyn. G.
46.	28.	"	جيولس	Gîoûlès.	Gyoulès.
46.	29.	"	البنا	El-Bénâ.	El-Benâ.
46.	30.	"	فرد	Farad.	Farad.
46.	31.	"	مرو	Meroû.	Merou.
46.	28.	"	كفور يوسف	Koufoûr Ioûçef.	Koufour Yousef.
46.	28.	"	ابو سنان	Aboû-Senân.	Abou-Senân.
46.	28.	"	حيركا	Hîerkâ.	Hyerkâ.
46.	29.	"	نافه	Nâféh.	Nâfeh.

N.° de la planche de l'Atlas géogr.	N.° du carreau.	Position du lieu.	NOMS écrits en arabe dans les planches de l'Atlas géographique	TRANSCRIPTION suivie dans les planches de l'Atlas géographique.	TRANSCRIPTION selon l'orthographe de l'ouvrage.
46.	31.	〃	بريا	Bérîâ.	Beryâ.
46.	31.	〃	صفد	SAFED.	SAFED.
46.	30.	〃	رمه	Ramah.	Ramah.
46.	27.	〃	الاسمريه	El-Esmerîéh.	El-Esmeryeh.
46.	27.	〃	شيوه شياته	Chîowé Chîâtéh.	Chyoueh Chyâteh.
46.	29.	〃	العنس	El -°Ons.	El-O'ns.
46.	31.	〃	صّماريه	Sommârîéh.	Sommâryeh.
46.	39.	〃	كديس	Kadîs.	Kadys.
46.	39.	〃	جهون	Gahoûn.	Gahoun.
46.	39.	〃	قلع شجره	Qalaå Chagarah.	Qala' Chagarah.
46.	36.	〃	المعد	El-Meåd.	El-Me'ad.
46.	35.	〃	شيخ دنو	Chéïk Dénoû.	Cheykh Denou.
46.	35.	〃	المسار	El-Masâr.	El-Masâr.
46.	39.	〃	الزلريه	Ezzalarîéh.	El-Zalaryeh.
46.	39.	〃	فرهان	Farhân.	Farhân.
46.	38-39.	〃	جبال كنعان	*Monts de Kanåân.*	*Gebâl Kana'ân.* G.
46.	35.	〃	شيخ داود	Chéïk Dâoûd.	Cheykh Dâoud.
46.	39.	〃	مجاره	Magâréh.	Magâreh.
46.	36.	〃	جدّين	*Château de Geddîn.*	*Geddyn,* château.
46.	39.	〃	كبع	Koubaå.	Kouba'.
46.	35.	〃	الربسيه	El-Rabsîéh.	El-Rabsyeh.
46.	35.	〃	الفرجي	El-Fargî.	El-Fargy.

N.° de la planche de l'Atlas géogr.	N.° du carreau.	Position du lieu.	NOMS écrits en arabe dans les planches de l'Atlas géographique	TRANSCRIPTION suivie dans les planches de l'Atlas géographique.	TRANSCRIPTION selon l'orthographe de l'ouvrage.
46.	35.	"	القهوه	El-Qahwéh.	El-Qahoueh.
46.	35.	"	قبلى	Kablî.	Qebly.
46.	38.	"	عين الزيتون	Aïn el-Zéïtoûn.	A'yn el-Zeytoun.
46.	35.	"	زيب	Zîb.	Zyb.
46.	35.	"	حمسين	Hamsîn.	Hamsyn.
47.	3.	"	البسا	El-Basâ.	El-Basâ.
47.	3.	"	راس المشرفى	*Râs el-Mecherfî,* cap.	*Râs el-Mecherfy.*
47.	6.	"	ساسا	Sâsâ.	Sâsâ.
47.	5.	"	ينون	Ianoûn.	Yanoun.
47.	3.	"	عين الجعفات	*Fontaine d'Aïn el-Gaåfât.*	*A'yn el-Ga'fât.* A'.
47.	5.	"	اياله	Aïâléh.	Ayâleh.
47.	14.	"	مارون	Mâroûn.	Mâroun.
47.	15.	"	قداس	Qadâs.	Qadâs.
47.	13.	"	تيرون	Tîroûn.	Tyroun.
47.	11.	"	قلعه شمع	*Qalaåh Chamaå* ou *fort de la Chandelle.*	*Qala'h Chama'.*
47.	11.	"	جبل نقوره	*Gebel Naqoûrah* ou *cap Blanc.*	*Gebel Naqourah.*
47.	11.	"	شبريه	*Chébérîéh, ruiné.*	*Cheberyeh.*
47.	16.	"	اسور	Açoûr.	Asour.

DE LA SYRIE.

N.º de la planche de l'Atlas géogr.	N.º du carreau.	Position du lieu.	NOMS écrits en arabe dans les planches de l'Atlas géographique	TRANSCRIPTION suivie dans les planches de l'Atlas géographique.	TRANSCRIPTION selon l'orthographe de l'ouvrage.
47.	14.	"	قانا	Qânâ.	Qânâ.
47.	15.	"	الخان او الخيام	El-Kân *ou* el-'Kîâm.	El-Khân *ou* el-Khyâm
47.	20.	"	راس العين	Râs el-'Aïn.	Râs el-A'yn.
47.	21.	"	بيت لوط	Béït Loût.	Beyt Lout.
47.	20.	"	صور	SOÛR *ou* TYRUS.	SOUR. (Tyr.)
47.	23.	"	ابل	Abel.	Abel.
47.	20.	"	ستبين	Settéïn.	Setteyn.
47.	20.	"	―――	Hân.	Hân.
47.	21.	"	نهر قسميه	Nahar Qasmîéh.	Nahr Qasmyeh, rivière.
47.	21.	"	نصريه او نضيريه	Nasrîéh *ou* Nosaî-rîéh.	Nasryeh *ou* Nosay-ryeh.
47.	28.	"	ادنوت	Adnoût *ou* Ednoût.	Adnout *ou* Ednout.
47.	29.	"	نصر	Nasar.	Nasar.
47.	31.	"	طيبه	Taïbéh.	Taybeh.
47.	28.	"	نهر الزرانه	Nahar el-Zarânéh.	Nahr el-Zarâneh, rivière.
47.	30.	"	نباتيه	Nabâtîéh.	Nabâtyeh.
47.	31.	"	شقيف ارنون	Chaqîf Arnoûn.	Chaqyf Arnoun.
47.	30.	"	جبال القسميه	Gebâl el-Qasmîéh.	Gebâl el-Qasmyeh. G.
47.	32.	"	جبال الشيخ	Gebâl el-Chéï'k.	Gebâl el-Cheykh. G
47.	37-38.	"	وادى الزرانه	Vallée de Zarânéh.	Ouâdy el-Zarâneh. O
47.	36.	"	صرفند	Sarfend (*Sarephta*).	Sarfend. (Sarephta.)
47.	38.	"	عبّاس او البوش	'Abbâs *ou* el-Boûch.	A'bbâs *ou* el-Bouch.

N.° de la planche de l'Atlas géogr.	N.° du carreau.	Position du lieu.	NOMS écrits en arabe dans les planches de l'Atlas géographique	TRANSCRIPTION suivie dans les planches de l'Atlas géographique.	TRANSCRIPTION selon l'orthographe de l'ouvrage.
47.	36.	"		El-Ourbî.	El-Ourby.
47.	39.	"	جج	Gebah.	Gebah.
47.	40.	"	جسين	GEZÉÏN.	GESEYN.
47.	37.	"	كريه	Korîéh.	Koryeh.
			PARTIE DU PACHALIC DE DAMAS.		
46.	8.	"	نهر يرموك	*Rivière d'Iarmoûk.*	*Nahr Yarmouk.*
46.	40.	"	————	*Caravansérail.*	————
47.	8.	"	بحر حلو	*Bahar Hélou.*	*Bahr Helou.* B.
47.	8-9.	"	نهر اردن	*Nahar Ardan* ou *le Jourdain.*	*Nahr Ardan.*
47.	24.	"	بنياس	Banîâs.	Banyâs.
47.	32.	"	صويبه	Soûéïbah.	Soueybah.

FIN DE L'INDEX GÉOGRAPHIQUE.

Longitude à l'Orient de Paris
MARE
MEDITERRANEUM
ARABIA PETREA
CARTE
ANCIENNE ET COMPARÉE DE L'ÉGYPTE,
RÉDIGÉE
par M. le Col. JACOTIN et par M. JOMARD, Memb. de l'Inst.
d'après
la Grande Carte Topographique
Levée pendant l'expédition de l'ARMÉE FRANÇAISE
Par
les Ingénieurs Géographes les Ingénieurs Militaires
et les Ingénieurs des Ponts et Chaussées
Tropique
ECHELLES
Cancer

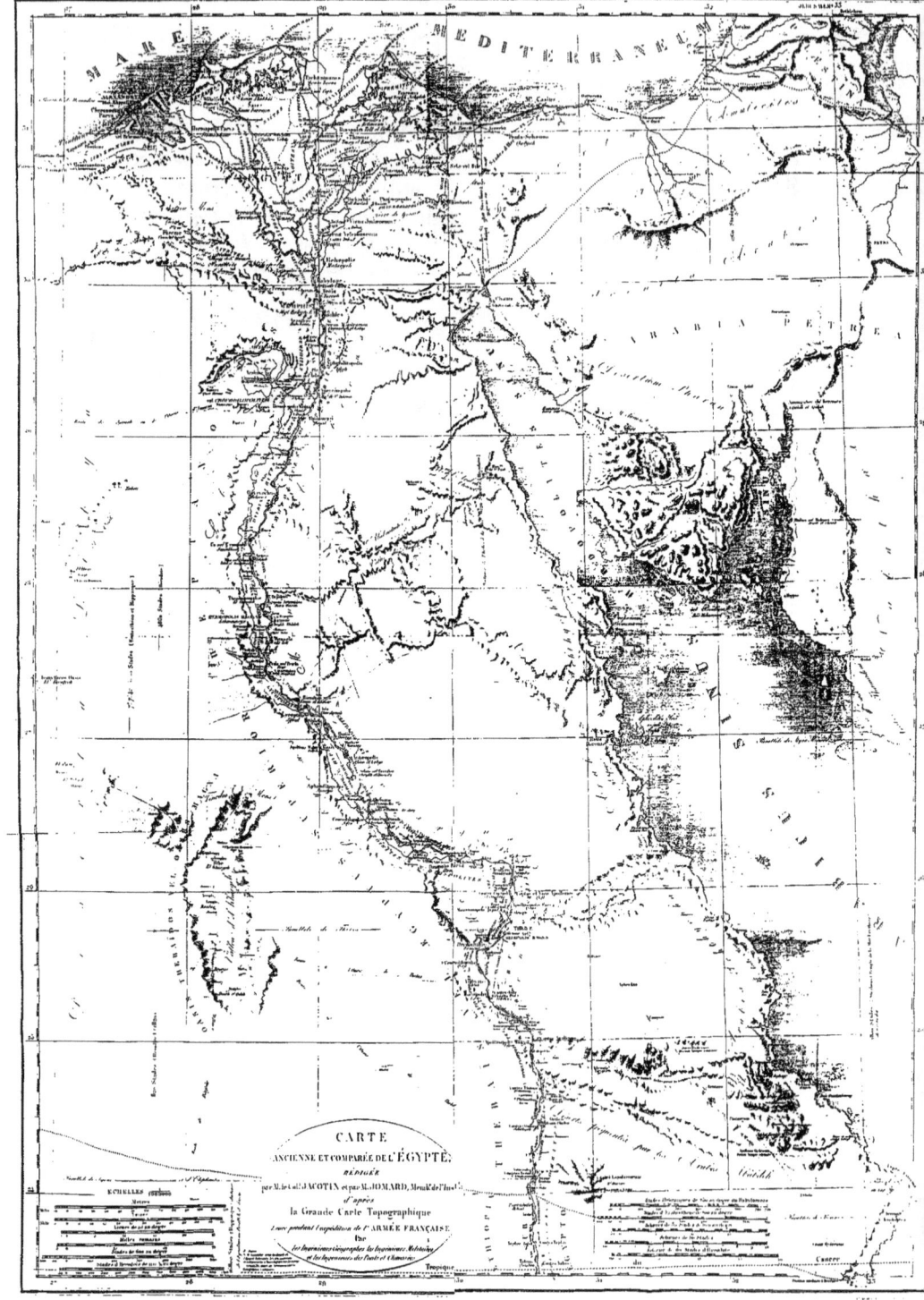

Longitude à l'Orient de Paris
M A R E
M E D I T E R R A N E U M
CARTE
DE LA BASSE ÉGYPTE
Par M. le Colonel JACOTIN
et par M. JOMARD, Membre de l'Institut,
d'après
la Grande Carte Topographique
DE L'ARMÉE FRANÇAISE
ECHELLE
SECUNDA
PRIMA
AUGUSTAMNICA SECUNDA
LE CAIRE
Pyramides de Gyzeh

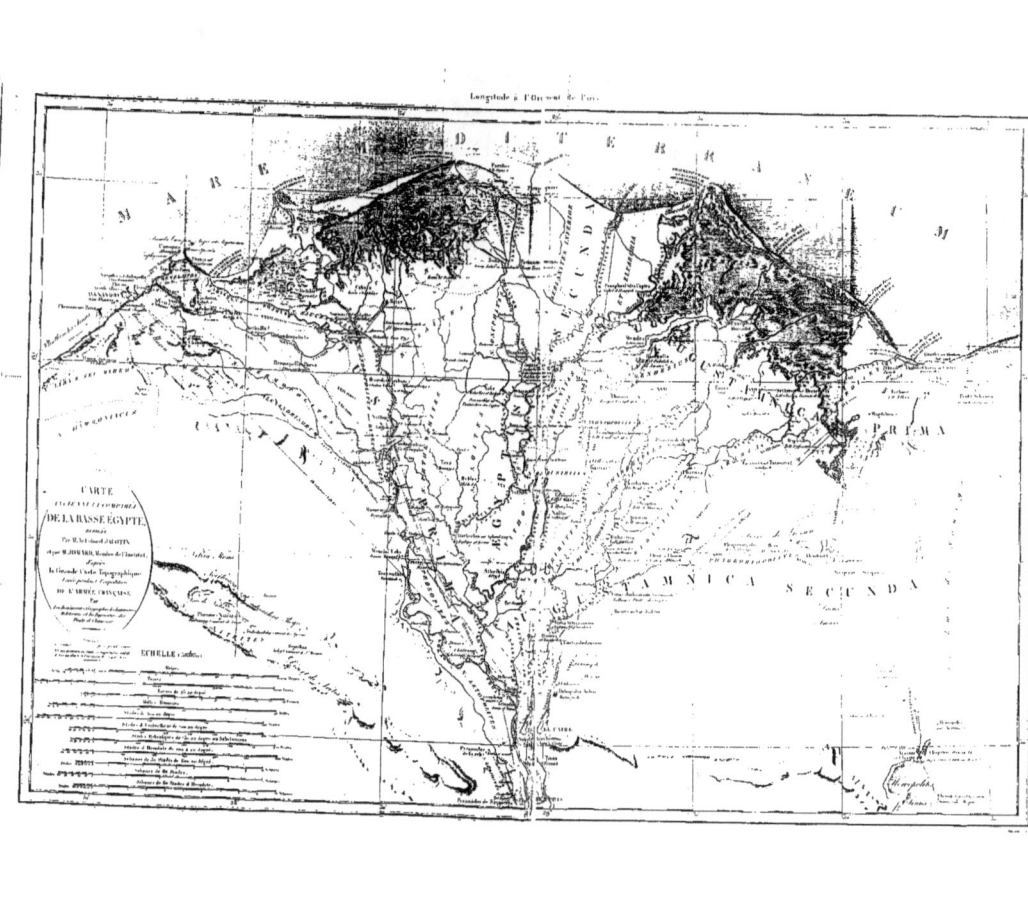

ERRATA.

Page 40, *Note*, colonne 2, tableau des signes, *tora'* lisez *tora'h*. — page 43, ligne 9, *Tora'-el-Hased*, lisez *Tora'h-el-Hased*. Lisez partout *Tora'h* au lieu de *Tora'*.

AVIS.

Les planches du *Canevas trigonométrique du Kaire* et des *produits de la machine à graver*, dépendant de l'*État Moderne*, tome XVIII (deuxième partie), *Mémoire sur la construction de la carte*, ont paru dans la dernière livraison des planches grand-format.

LISTE

DE MM. LES SOUSCRIPTEURS

A LA

DESCRIPTION DE L'ÉGYPTE

(DEUXIÈME ÉDITION)

DÉDIÉE

A S. M. LOUIS XVIII

PUBLIEE PAR C. L. F. PANCKOUCKE

MEMBRE DE LA LÉGION D'HONNEUR.

A.

Abbaye (l') de Klosterneubourg (Autriche).
ABEL, ministre des villes libres.
Académie royale des Arts. Berlin.
Académie des Sciences. Fribourg en Brisgau.
AGOUB, homme de lettres. Paris.
AILLAUD, libraire. Paris.
AIMÉ-ANDRÉ, libraire. Paris.
AIMÉ-MARTIN, homme de lettres. Paris.

ALAVOINE, architecte. Paris.
ALBE (le baron d'). Paris.
ALBE (le général).
ALDOBRANDINI (M. le prince).
ALLO, libraire. Amiens.
AMIEL. Paris.
AMSINCK. Hambourg.
ANCELLE, libraire. Anvers.
ANCELOT (Joseph-Victor), propriétaire, adjoint au maire de Laon (Aisne).
ANDRASSY (le comte George) de Szent-Kiraly et Kraszna-Horka, chambellan de S. M. l'Empereur d'Autriche et Roi de Hongrie. Hoszszer-Reth, comté de Gomor (Hongrie).
ANDRÉ, négociant. Paris.
ANDRÉ fils (L.), banquier. Paris.
ANGAR. Paris.
ANGÉ, libraire. Versailles.
ANGOSSE (le baron d').
ANGOT, membre de la chambre des députés (Manche).
ANHALT-BERNBOURG (S. A. S. le duc régnant Alexius Fred. Chret. d').
ANHALT-COETHEN (S. A. S. le duc régnant d').
ANTHOUARD (le comte d'), lieutenant-général.
ARCHDÉACON. Paris.
ARÉTIN (la baronne d'). Munich.
ARLINCOURT (le baron d'), général. Paris.
ARMAND-FAUCHÈRE.
ARNAULDET (Louis), juge au tribunal de première instance. Niort.

LISTE DES SOUSCRIPTEURS.

ARNOLD (Ernest), marchand d'estampes. Dresde.
ARROY, négociant. Strasbourg.
ARTARIA et FONTAINE, libraires. Mannheim.
ARTARIA (Mathieu), libraire. Vienne (Autriche).
AUGUSTE (Madame). Paris.
AUMONT, négociant. Paris.
AUMONT, homme de lettres. Paris.

B.

BALLYET, Intendant militaire. Paris.
BARBIER, bibliothécaire du Roi. Paris.
BAROCHE, conseiller à la cour royale. Rouen.
BARON. Paris.
BASTIEN, libraire. Toul.
BATAILLE.
BAUCHAU, notaire. Paris.
BEAUHARNAIS (S. A. R. le prince Eugène), Munich.
BEAUVAIS (le général). Paris.
BELHOMME. Paris.
BELLENGER-DUMAS-DESCOMBES. Paris.
BELLE-DE-CAUX (Amable-Louis). Château-de-Bour-teilly.
BELLE-DE-CAUX. Lille.
BELLIZARD (F.) et compagnie, libraires de la cour. St.-Pétersbourg.
BELLOCQ, receveur de rentes. Paris.
BELLOY (le marquis de). Provemont (Eure).
BENARD, libraire. Paris.
BENARD, fabricant d'ébénisterie. Paris.

BENIER. Paris.
BENIT, libraire. Verdun.
BERCIEUX. Paris.
BERNARD (Arthus), Paris.
BERRY (S. A. R. Madame, duchesse de).
BERTHELOT (baron de Baye). Paris.
BERTHEMY (maréchal-de-camp). Paris.
BERTIN-DE-VAUX, député.
BERTIN, homme de lettres. Paris.
BERTRAND (Arthus), libraire. Paris.
BETHMANN (Maurice). Francfort.
BIANCOURT (le marquis de). Rouen.
Bibliothèque particulière du Roi. Au Louvre.
Bibliothèque de Chambéry (Savoie).
Bibliothèque de l'Université royale. Pest.
Bibliothèque de famille des comtes Teleky. Pest.
Bibliothèque de l'Université. Rostock.
Bibliothèque publique de Varsovie (Pologne).
Bibliothèque de la société des Amis des Sciences. Varsovie.
BIET, architecte. Paris.
BLAISOT, marchand d'estampes. Paris.
BLANCHON, architecte. Paris.
BLÉTRY, avocat près la cour royale. Colmar.
BLEUET, libraire. Paris.
BOCCA, libraire. Turin.
BOELLING (madame). Dusseldorf.
BOGAERT-DUMORTIER, libraire. Bruges.
BOHAIRE, libraire. Lyon.
BOILLY, peintre. Paris.

BONNET, docteur-médecin. Montonlieu.
BOREL, rentier. Paris.
BOREL, libraire. Naples.
BORGHÈSE (S. E. le prince). Florence.
BOSCARY-VILLEPLAINE, agent de change honoraire. Paris.
BOSCARY, agent de change honoraire. Paris.
BOSCHER. Paris.
BOSQUIER-GAVAUDAN. Paris.
BOSSANGE père, libraire. Paris.
BOURBON-BUSSET (le vicomte de).
BRAY (le comte).
BRÉGUET, horloger. Paris.
BRESSIEUX (le baron de). Màcon.
BREUIONT (le maréchal de camp).
BRIANCHON. Paris.
BRISSOT-THIVARS, libraire. Paris.
BROENNER, libraire. Francfort.
BRONNER-BAUWENS, libraire. Lille.
BROSSES (de). Paris.
BRUNEAU, receveur-général. Foix.
BULLY (de). Lille.
BULOW (comte de). Berlin.
BUSONI, banquier. Paris.
BUSSIÈRE (Edmond de), attaché aux ambassades du Roi. Paris.
BUSSLER, conseiller aulique. Berlin.

C.

CADEROUSSE (la duchesse de).
CAFFARELLI (le comte de).
CAMBAULT, architecte. Paris.
CAMBON, libraire. Beziers.
CAMBRIDGE (S. A. R. le duc de).
CAMOIN, libraire. Marseille.
CAPELLE (le baron). Paris.
CARILLAN-GOEURY, libraire. Paris.
CARLE (J.-P.), propriétaire et membre du conseil municipal. Strasbourg.
CARLOWITZ (le baron de), ministre d'état de S. M. le roi de Wurtemberg.
CARON, architecte. Paris.
CARPENTIER, négociant. Paris.
CARRELET, père, propriétaire. Vienne (Isère).
CARTIER, fils. Paris.
CASAS, aux Gobelins. Paris.
CASTERMANN, libraire. Tournay.
CASTRIES (le marquis de).
CAUSANS (marquis de). Paris.
CAYON-LIEBAULT, libraire. Nancy.
CENDRIER, chef à la Préfecture de police. Paris.
CHABOUILLET, architecte. Paris.
CHAGOT, frères, manufacturiers. Paris.
CHAIX, libraire. Marseille.
CHALABRE (le comte de).
CHAMBETTE, notaire. Paris.

CHAMPOLLION-FIGEAC, homme de lettres. Paris.
CHAMPY, fils aîné. Strasbourg.
CHARDIN, négociant. Paris.
CHARLARD. Paris.
CHASSERIAU, libraire. Paris.
CHASTELLUX (le marquis de).
CHAUDOIR (le baron de). Paris.
CHAULIN, notaire. Paris.
CHERBULIEZ, libraire. Genève.
CHOUMOUROUX (de), maire. Issengeaux.
CIBIEL fils, négociant. Villefranche.
CICÉRI, peintre. Paris.
CLAUZEL (comte de), lieutenant-général. Toulouse.
CLÉMENT, agent de change. Paris.
CLERGET, notaire. Dijon.
CLOCHARD, architecte. Paris.
COLAS, libraire. Paris.
COLIN, Paris.
COLLARDIN, libraire. Liège.
COLLET (Joachim-Auguste), propriétaire. St.-Aubin. (Aisne).
COLLOREDO-MANNSFELD (S. A. le prince de). Prague en Bohême.
COMBETTES DE LABOURELIE, propriétaire. Gaillac.
COMMARD. Paris.
CONSTANTIN, architecte. Paris.
COQUEAU, propriétaire. Dijon.
COR, négociant. Paris.
COROT-LAQUIANTE. Paris.
COTTA, libraire. Stuttgardt.

COUDERC, fils, négociant. Toulouse.
COURNAULT, propriétaire, lieutenant-colonel du génie, chevalier de St.-Louis et membre de la légion d'Honneur. Toul.
COURVAL (le baron de). Paris.
CRÉSPY, propriétaire. Auxerre.
CRONIER, notaire. Paris.
CROSILHES, libraire. Villeneuve-sur-Lot.
CROY (le comte de). Paris.
CUMONT (le comte de).

D.

DALIBON, libraire de S. A. R. le duc de Nemours. Paris.
DANCOURT. Paris.
DARTE, fils. Paris.
DARU (Martial).
DAVIA, propriétaire. Paris.
DAVILLIERS, banquiers. Paris.
DAUPHINE (S. A. R. Madame la).
DEBRET, architecte. Paris.
DÉFETANT, ex-législateur. Paris.
DEFONTAINE, ingénieur. Strasbourg.
DEGEORGE, entrepreneur. Paris.
DEGLOS, conseiller à la cour royale. Paris.
DEIS, libraire. Besançon.
DELABORDE, libraire. Vesoul.
DELACHAUX, libraire. Amsterdam.
DELACROIX-FRAINVILLE, avocat. Paris.

DELAMARRE, receveur-général des finances. Orléans.
DELANGLE, libraire. Paris.
DELANNOY. Paris.
DELARUE, contrôleur des domaines. Pont-Audemer.
DELAUNAY, libraire. Paris.
DELAUNAY, premier clerc de notaire. Paris.
DELAUNOIS, libraire. Reims.
DELCROS, capitaine. Paris.
DELESPINE. Paris.
DEMAT, libraire. Bruxelles.
DEMON-DUMORTIER. Lille.
DENEIROUSE, négociant. Paris.
DENIS, négociant. Paris.
DENNÉ, libraire. Madrid.
DESBRIÈRES. Paris.
DESCHAMPS, libraire. Paris.
DESGRANGES, marchand de papiers. Paris.
DESOER, libraire. Liège.
DESTAILLEUR, architecte. Paris.
DESTORTS. Paris.
DEVAUX.
DEVÈSE (Charles).
DIMMEMATIN - DESALLES, fabricant de papier. Limoges.
DIVOFF, gentilhomme russe.
DOIN (le chevalier). Paris.
DONDEY-DUPRÉ, imprimeur-libraire. Paris.
DROVETTI, consul de France au Caire.
DRUON, bibliothécaire.
DUBIN, propriétaire. Paris.

DUFET, bijoutier. Paris.
DUFOUR, libraire. Amsterdam.
DUFOUR, géographe. Paris.
DUJARDIN, libraire. Gand.
DULAU et compagnie, libraires. Londres.
DULFOY, fabricant de toiles. St.-Denis.
DUNCKER et HUMBLOT, libraires. Berlin.
DUPOIS, contrôleur du gobelet du Roi.
DURAND, ex-député de l'Ain, propriétaire. Toligny.
DUVERGIER.
DUVERGIER DE HAURANNE. Paris.

E.

ENGELMANN, lithographe. Paris.
ERARD (le comte d').
ESPAGNE (S. M. le Roi d').
ESTERHAZY DE GALANDHA (le comte Jean Casimir), chambellan de S. M. l'empereur et roi d'Autriche, colonel et chevalier de l'ordre militaire de Marie-Thérèse.
ETESSE (P.). Havre.
EYBEN (le comte d'), ministre de S. M. le roi de Danemarck.
EYMERY, libraire. Paris.
DUBOIS, architecte. Paris.
DUBOIS DE ROMAND (la baronne).
DUBOS, officier des gardes-du-corps. Paris.
DUCHESNE, libraire. Rennes.

F.

FAIVRE, lieutenant-colonel. Belle-Isle-en-Mer.
FANINET, architecte honoraire de S. A. R. Mgr. le duc d'Angoulême. Colmar.
FANTIN, libraire. Paris.
FÉRET (Henri), libraire. Paris.
FERRA, libraire. Paris.
FERRIER.
FERRIER, directeur des douanes. Dunkerque.
FERTON, homme de loi. Paris.
FISCHER, libraire. Lausanne.
FORNIER D'ALBE (le baron), maréchal-de-camp.
FORQUEREY, notaire. Paris.
FORRAY DE SABORSIN (le comte André), chambellan de S. M. I. et R. Apostolique d'Autriche, administrateur du comtat de Krassova. Pest.
FORTIA D'URBAN (le marquis de). Paris.
FOUQUES-BLANCHE-PORTE. Paris.
FOURCAULT DE PAVANT (Pierre), ancien notaire. Paris.
FOURNIER LAVIGERIE. Limoges.
FRANCOEUR, homme de lettres. Paris.
FRANQUEMONT (S. E. le comte de), général d'armée, ministre de la guerre de S. M. le roi de Wurtemberg. Stuttgardt.
FRÈRE, aîné, libraire. Rouen.
FRIANT, colonel. Paris.
FROMENT, propriétaire. Paris.

G.

GABON, libraire. Paris.
GAGARIN (le prince Grégoire), ambassadeur de S. M. l'empereur de Russie. Rome.
GALZ, lieutenant-colonel. Hagueneau.
GANTZKAWD (le baron). Strasbourg.
GARNERAY (Ambr.-L.), peintre et graveur. Paris.
GARNIER, ex-préfet de la Creuse.
GASSIOT, libraire. Bordeaux.
GAUGUIN, propriétaire. Rouen.
GAUTIER, propriétaire. Paris.
GAVEST, propriétaire. Paris.
GENTIL, directeur de l'enregistrement. Paris.
GENTIL-SAINT-ALPHONSE (le général).
GEROLD (Charles), libraire. Vienne.
GIDE, fils, libraire. Paris.
GINOUX (Jules-César), officier de la légion d'Honneur, ex-administrateur des domaines. Paris.
GIRAUD (Étienne-Marseille), chevalier de la légion d'Honneur.
GIRAUD-DE-SAVINE (Louis-Victor-Étienne). Paris.
GIRAULT (Madame).
GLOS (de), conseiller à la cour royale. Paris.
GLUCKSBERG, libraire. Varsovie.
GODARD père. Châlons-sur-Marne.
GODIN (Antoine-Marie), propriétaire. Escazaux.
GOLTZ (le comte de).
GOR (Mgr. le duc de). Madrid.

GOUJON, libraire. Paris.
GOUVELLO (le marquis de). Paris.
GOUVION, propriétaire. Paris.
GRABIT, libraire. Paris.
GRABOROSKI (comte Stanislas), sénateur palatin, ministre des cultes et de l'instruction publique du royaume de Pologne. Varsovie.
GRADRAT, libraire. Carcassonne.
GRAEFF, libraire. Saint-Pétersbourg.
GRASFALKOVICH-DE-GYARAK (S. A. le prince Antoine), grand'-croix de l'ordre de St.-Étienne de Hongrie, etc.
GRAVIER (Yves), libraire. Gênes.
GREFFULHE (madame), née Pully. Paris.
GRELLEAU, avocat. Nîmes.
GRILLON, architecte. Paris.
GRISART, architecte. Paris.
GUENNEPIN, architecte. Paris.
GUERCHY, architecte. Paris.
GUERNE (le baron de), ex-président au parlement de Flandre.
GUESNARD, négociant. Paris.
GUIBERT, libraire. Paris.
GUY. St.-Germain-en-Laye.
GUYOT, imprimeur-libraire. Paris.
GYLDENDAL, libraire. Copenhague.

H.

HAINGUERLOT, propriétaire. Paris.

HAPPÉ. Paris.
HAUDE et SPENER, libraires. Berlin.
HAUSEN VEITESHEIM (de), ancien député. Paris.
HÉBERT, fabricant de schals. Paris.
HÉBERT (Frédéric). Paris.
HENRIETTE, architecte. Paris.
HENRY, rentier. Paris.
HERBOUVILLE (le marquis d'), pair de France. Paris.
HÉROLD et WAHLSTAB, libraires. Lunebourg.
HESSE-ROTHENBOURG (le landgrave régnant de).
HEYWOOD, négociant. Schirmeck.
HIMLY, ministre de S. M. le roi de Prusse.
HOCQUART (le comte).
HOPPE. Paris.
HORNER, bibliothécaire. Zurick.
HOUDAILLE. Paris.
HOUDAILLE (madame). Paris.
HUBERT, notaire. La Villette.
HUBERT (d'). Paris.
HULIN (le comte). Paris.
HUNOLDSTEIN (le comte Félix d'). Paris.
HUVÉ. Paris.

I.

IGONETTE, libraire. Paris.
Institut impérial des voies de communication. St.-Pétersbourg.
Institut royal des Pays-Bas, quatrième classe. Amsterdam.

J.

JANET et COTELLE, libraires. Paris.
JAY, homme de lettres. Paris.
JEANNET, architecte. Colmar.
JESZENSZKY (Ignace de), seigneur de Nagy-Jeszen, gentilhomme hongrois.
JOANNE. Paris.
JOLLOIS, ingénieur en chef des ponts et chaussées. Orléans.
JOLY, libraire. Dôle.
JOURDAN, docteur-médecin. Paris.
JOURJON, libraire. St.-Étienne.
JOYANT, libraire. Paris.
JOYAU, graveur. Paris.
JUGE, avoué. Paris.
JULIEN, homme de lettres. Paris.
JUNQUIÈRES (Claude-Louis de), chevalier de la légion d'Honneur, chef de division à l'administration des domaines. Paris.

K.

KASTNER (de), au château d'Angerstein.
KENNARE (lord).
KESSEL (le baron de). Paris.
KIEFFER, professeur de langues orientales. Paris.
KILIAN (Georges), libraire. Pest.
KLENZE, cons. int. de S. E. le comte de Solms-Laubach.
KOECHLIN (Mathieu). Massevaux, près Belfort.
KOECHLIN. Colmar.

L.

LACOMBE (Justin de), propriétaire. Gaillac.
LAFFITE (J.), banquier. Paris.
LAFITTE, premier peintre du Roi. Paris.
LAFREY. Paris.
LAGIER, libraire. Dijon.
LAHURE, notaire. Paris.
LALOY, libraire. Paris.
LAMB, ministre de S. M. Britannique.
LAMBERT, négociant. Paris.
LAMBERT DE SAINTE-CROIX. Paris.
LANDOVILLE (le baron de), maréchal-de-camp, au château de Sauvoy, près Nancy.
LANGLOIS, capitaine de sapeurs-pompiers. Paris.
LANSKOI (le comte de). St.-Pétersbourg.
LAPANOUZE (de), pair de France.
LARICHARDIE (de). Bourdeille.
LAROCHEFOUCAULD (le comte Alexandre de). Paris.
LARRIGAUDIÈRE, agréé au tribunal de commerce. Toulouse.
LARUELLE, libraire. Aix-la-Chapelle.
LAS CASES (le baron de). Passy.
LAULT, avoué. Paris.
LAUNAY, libraire. Angers.
LAURISTON (le comte de).
LAVALETTE (le comte de). Paris.
LAVIOLLAY (le comte de). Vaucouleurs.
LAWALLE, neveu, libraire. Bordeaux.

LEBEL. Paris.
LEBOBE. Paris.
LECHARLIER, libraire. Bruxelles.
LECLERCQ, marchand de draps. Paris.
LECLERCQ, marchand d'estampes.
LEFEBVRE. Paris.
LEFEBVRE (Élie), propriétaire. Rouen.
LEGENTIL, colonel du génie.
LEGUAY (le baron).
LELEUX, libraire. Calais.
LENKIEWICZ (le maréchal). En Volhynie.
LEPAGE, propriétaire. Toulouse.
LÉPINE, marchand tapissier. Paris.
LEREBOURS, opticien. Paris.
LEROUX. Paris.
LEROUX (A.). Paris.
LEROUX, libraire. Mayence.
LEROUX, libraire. Mons et Gand.
LEROY, propriétaire. Paris.
LESERGEANT, maire. St.-Omer.
LETELLIER, libraire. Falaise.
LETELLIER, libraire. Paris.
LESTROSNE, fils, architecte. Paris.
LEVAL (Charles), conseiller-référendaire à la cour des comptes. Paris.
LEVAVASSEUR, propriétaire à St.-Maclou, près Pont-Audemer.
LÉVIS (le marquis de), pair de France.
LEVRAULT (F.-G.), imprimeur-libraire. Strasbourg.
LEWIS (le marquis de), pair de France. Paris.

LIGIER, propriétaire. Dijon.
LINHARÈS (le comte).
LOUIS (André), fils. Paris.
LOUVET, négociant. Paris.
LOUVOIS (le marquis de), pair de France. Paris.
LOVIAT, menuisier de S. A. R. le duc d'Angoulême. Paris.
LUCAN (lord).
LUCAS DE MONTIGNY. Paris.
LUDOLFF (S. E. le comte de), ambassadeur de S. M. Sicilienne.
LUNGT, ancien ordonnateur des armées. Paris.

M.

MADURE, fabricant de papiers.
MAILAND, notaire. Paris.
MAILLOT DE LA TREILLE, chambellan et général au service de S. M. le roi de Bavière.
MALAPEAU, peintre, inventeur de la lithochromie. Paris.
MALLET, banquier. Paris.
MALONYAY (le baron de), vice-chancelier, etc. Vienne (Autriche).
MANESCAU (Jean-André), maître de poste. Pau.
MARANZIN (le baron).
MARCEL. Paris.
MARGERY, négociant. Lyon.
MARGUERITTE, agent-de-change. Paris.
MAROTTA et VANSPANDOCK, libraire. Naples.
MARTIN, agent-de-change. Paris.

MARTIN, libraire. Londres.
MARTROY (du), père.
MASSON, ingénieur. Paris.
MASSON, avoué. Paris.
MATHÉUSE, négociant. Rouen.
MAYET, avoué. Paris.
MÉCHIN (le baron), député. Paris.
MENOU (le général), Paris.
MENOU (le comte Max. de), officier supérieur au corps royal d'état-major, chevalier des ordres royaux de St.-Louis et de la légion d'Honneur. Paris.
MERLIN (maréchal-de-camp). Paris.
MÉSEIZE, propriétaire. Rouen.
MESKO (le baron Jacques-Joseph de), seigneur de Szeplak et d'Enyitzk. Kaschau-Szeplak (Hongrie).
MEUNIER, marchand de vins. Paris.
MIDDLETON (de), envoyé extraordinaire et ministre plénipotentiaire des États-Unis d'Amérique, près la cour de Russie. St.-Pétersbourg.
MIGNON, propriétaire. Paris.
MILLE (Auguste), négociant. Lille.
MILLET, caissier. Paris.
MILLON cadet, libraire, Lyon.
Ministère des finances.
Ministère de la guerre.
Ministère de l'intérieur.
MISSIAGLIA. Venise.
MOËLLER - LILIENSTERN (le baron de), seigneur de Rothspalck, duché de Mecklenbourg-Schwerin.
MOLINOS, architecte. Paris.

MONBRETON. Paris.
MONDÉSIR (de), père. Paris.
MONDÉSIR (de), fils. Paris.
MONGIE, aîné, libraire. Paris.
MONTAULT (le marquis de), membre du conseil-général du département de la Seine-Inférieure. Paris.
MONTEBELLO (madame la duchesse de). Paris.
MONTEBELLO (Napoléon de). Paris.
MONTESSUY. Paris.
MONTFERRAND (A. de). St.-Pétersbourg.
MONTLAMBERT (de), propriétaire. Rouen.
MORAND, architecte. Paris.
MOREL, docteur-médecin. Colmar.
MORGERY, négociant. Lyon.
MORIN, entrepreneur de bâtimens. Paris.
MORIN, architecte.
MORIZOT, entrepreneur de bâtimens. Paris.
MORLIÈRE (madame veuve). Paris.
MORLOT. Paris.
MORTEMART (le marquis de), pair de France. Paris.
MOULARD. Paris.
MOULINIER. Montpellier.
MOURON-DESSIN, ancien commissaire des guerres. Calais.
MUYSSART (le comte de), maire. Lille.

N.

NADERMANN, marchand de musique. Paris.
NARCISSE OLISAR (le comte de). Raffalouwka.
NARISCHKIN (le comte de). St-Pétersbourg.
NEGRE (B.), de l'Isle de France. Marseille.
NICOLLE, propriétaire, Liancourt (Oise).
NICOLLE, libraire. Paris.
NOEL, notaire. Paris.
NOELLAT, libraire. Dijon.
NOUBEL, libraire. Agen.
NOURTIER, négociant. Paris.
NOZERAN, libraire. Paris.

O.

ODIOT, propriétaire, éligible. Paris.
OLLO-VONTANA (Carlo d'). Trieste.
ORELL, FUESLI et compagnie, libraires. Zurick.
ORLOFF (le comte Grégoire).
OSTERWALD. Paris.
OURRY, homme de lettres. Paris.

P.

PAGNIER, vétérinaire. Paris.
PAPET, au château d'Ars.
PARET, secrétaire en chef de la mairie. St.-Etienne.
PARKINS (Frédéric). Paris.
PARKINS (Henry). Paris.

PARME (S. M. la grande-duchesse de).

PASCHOUD, libraire. Genève.

PASSY (Louis-Francois), ancien receveur-général des finances. Gisors.

PATRON, architecte. Paris.

PÉAN DE SAINT-GILLES, notaire. Paris.

PÉAN DE SAINT-GILLES, ancien officier de cavalerie. Paris.

PÉCOUL. Paris.

PELICIER et CHATET, libraires. Paris.

PÉRIGNON, avocat. Paris.

PÉRIGORD (le comte de).

PERISSE, libraire. Paris.

PERRIER (Camille). Paris.

PERTHES et BESSER, libraires. Hambourg.

PETIT, libraire. Colmar.

PETIT, libraire. Paris.

PEYRE, architecte. Paris.

PEYRONNET, propriétaire. Toulouse.

PIATTI, libraire. Florence (Toscane).

PIC, libraire. Turin.

PICQUET, géographe. Paris.

PIERRE, libraire. Paris.

PILLET, libraire. Paris.

PINGUILLY L'HARIDON (le baron), intendant militaire. L'Orient.

PIŒRRON DE MONDESIR (Auguste-Jean-Marie), capitaine au corps royal du génie. Paris.

PIŒRRON DE MONDESIR (Etienne-François-Félix-Jean), propriétaire. Paris.

PLACE et BUJON, libraires. Moulins.
POIMBEUF. Alençon.
POLIGNAC (la princesse de). Paris.
POLTARATZKY (S. de). St.-Pétersbourg.
POMMEREUIL (de). Paris.
PONS, maire de Damazan (Lot-et-Garonne).
PORQUIER, libraire. Beauvais.
PORTAL, propriétaire. Toulouse.
POTEY, libraire. Paris.
POTOCKY (le comte Alfred).
POTOCKY (le comte Severinn). St.-Pétersbourg.
POTRON, notaire. Paris.
POUBLON. Paris.
POUSCHKIN (le comte Michel Moussin). St.-Pétersbourg.
PRÉ, notaire. Lyon.
PRÉVOST, architecte. Paris.

Q.

QUEUC (Emmanuel Joseph), juge de paix du canton de Seclin (nord). Lille.
QUIMBEL (J.-B.-L.), au Val-de-la-Haye (Seine-Inférieure).

R.

RAGUSE (la duchesse de).
RATABINN (le général). St.-Pétersbourg.
RALMOND (la princesse de).
RAMEL, ancien ministre des finances de France.
RANTÉ, avoué. Paris.

RAPILLY, libraire. Paris.
RAUZAN, supérieur des missions de France. Paris.
REGNAULT-NITOT. Paris.
REINACH-WERTH (de), commandeur de l'ordre de Malte. Fribourg (Brisgau).
REIHNARD (de), ministre de France. Francfort.
REISET.
RENAND, architecte. Paris.
RENAND. Paris.
RENAULT, libraire. Rouen.
REPNIN (S. A. le prince), gouverneur-général de la petite Russie. Pultawa.
RETHORÉ, libraire. Montauban.
REUVENS (C. J. C.), professeur de l'académie de Leyde.
REY et GRAVIER, libraires. Paris.
REYNAUD, fils, architecte. Toulouse.
RISS, libraire. Moscou.
ROBERT (le baron). Paris.
ROBIN, libraire. Niort.
ROCHECHOUART (le comte Léon de). Paris.
ROCHEGUDE (marquis de), propriétaire. Alby.
RODET, courtier. Paris.
ROISET, receveur-général, Rouen.
ROLLAND, directeur de l'école de peinture. Grenoble.
ROLLAND. Paris.
ROLLAND DU ROQUAN, receveur-général. Carcassonne.
ROMAN. Wesserling.
ROMANIS (de), libraire. Rome.
ROQUETTES (de), député. Toulouse.

ROSAZZA (Amédée). Parme.
ROTHSCHILD, banquier. Francfort.
ROTHSCHILD (le baron de). Paris.
ROUGEMONT DE LOWENBERG, banquier. Paris.
ROULET - MEZERADY, membre du grand conseil, Neufchâtel (Suisse).
ROUSSEAU, libraire. Paris.
ROUX, libraire. Paris.
ROYER-COLLARD, président de la chambre des députés. Paris.
RUHL, professeur à l'académie des Beaux-Arts. Cassel, grand duché de Hesse.
RUPIED. Sarrebruck.
RUSSIE (S. M. l'empereur de).
RUSSIE (S. M. Marie-Feodorowna, impératrice de). St.-Pétersbourg.
RUSSIE (S. A. I. le grand-duc Michel Paulowitsch). St.-Pétersbourg.

S.

SAINTE-FÈRE (le marquis de). Paris.
SAINT-LEU (la duchesse de).
SAINTE-MAURE (le vicomte de), pair de France. Paris.
SAINT-QUENTIN (de). Paris.
SAINT-SEINE (le marquis de). Dijon.
SANSON, libraire. Paris.
SASSENAY (le marquis de). Paris.
SAUCÈDE, neveu, propriétaire. Paris.
SAUVO, homme de lettres. Paris.

SAXE-COBOURG-SAALFELD (S. A. S. le duc régnant de).

SCHALBACHER, libraire. Vienne. (Autriche).

SCHAUMBOURG et compagnie, libraires. Vienne.

SCHINTZ (Jean-Henri). Rome.

SCHLESINGER, libraire. Berlin.

SCHLESINGER, marchand de musique. Paris.

SCHLOTHEIM (S. E. le baron de), président de la chambre des finances. Gotha.

SCHMIDT (George de), professeur à l'Université royale. Pest.

SCHŒNIAN, libraire, Elberfeld.

SCHROPP et compagnie, libraires. Berlin.

SCHWÆLCHER, fabricant de porcelaine. Paris.

SÉBASTIEN, agent-de-change. Toulouse.

SEGUR (le comte de). Paris.

SEGURET (Adrien de), substitut du procureur du Roi. Rodez.

SEILLIÈRES, banquier. Paris.

SENONNES (le vicomte de). Paris.

SERRANT (le comte de), au château Serrant (Maine et Loire).

SILBERMANN (veuve), imprimeur. Strasbourg.

SIVERT. Paris.

SKRZYNIECKI (le colonel). Varsovie (Pologne).

SOLAGES (le vicomte de), propriétaire. Carmaux.

SOMMERY (le marquis de).

SPECK, négociant. Leipsick.

SUAU, professeur de dessin. Toulouse.

SURRIRAY-DELARUE. Tonneins.

T.

TALAIRAT (le baron de). Brioude.
TALMA, artiste dramatique. Paris.
TALMONT (la princesse). Paris.
TAMISET, libraire. Paris.
TARDIEU (Ambroise), graveur. Paris.
TEISSIER, architecte. Paris.
TEMMINCK (C.-J.). Amsterdam.
TEMPLE, diplomate anglais.
TERNAUX aîné (G.-L.) manufacturier. Paris.
TERNAUX-ROUSSEAU, ancien négociant. Paris.
TESSIER, relieur. Paris.
TESTE, sous-intendant militaire. Paris.
TEXIER, négociant. Paris.
THIÉBAULT. Paris.
THOMAS, ancien principal du collége royal. Grenoble.
THURET.
TILLIARD, frères, libraires. Paris.
TITON, receveur-général du département de la Charente.
TOCCO (Léonard). Paris.
TOPINO, libraire. Arras.
TORRAS (Aimé-Léonard), chevalier de la légion d'Honneur. Paris.
TOUCHARD, fils. Paris.
TOUR ET TAXIS (la princesse de). Paris.
TOVAR (de). Paris.
TREUTEL et WURTZ, libraires. Paris.
TRIBERT et compagnie. Paris.

TRIMLESTOWN, pair d'Irlande. Paris.
TRIQUERVILLE. Triquerville (Seine-Inférieure).
TRUCHY-GRENIER. Paris.
TUSSAT, libraire. Dijon.
TWELDELL. Boulogne-sur-Mer.

U.

Université royale de Munich.
Université royale de Tubingen.
Université royale de Wurtzbourg.
URVOY DE SAINT-BEDAN. Paris.

V.

VALENCE (le comte de). Paris.
VALERY-VILLAUME. Lille.
VANACKERE, libraire. Lille.
VAN-BOCKEREN, libraire. Groningue.
VAN-CLEEF, frères, libraires. Amsterdam.
VAN-HÉMERT (J.-A.) négociant. Amsterdam.
VAN-LOON-VAN-WINTER (W.). Amsterdam.
VARLET-BERLEUX, libraire. Laon.
VARRENTRAPP (François), libraire. Francfort-sur-le-Mein.
VERDIÈRE, libraire. Paris.
VIAL, rentier. Paris.
VICTOR (Noël), maître de Forges. Pellerey (Côte-d'Or).
VIEUX (le comte de). Rouen.
VIEUSSEUX, libraire. Toulouse.

VIGIER (Achille). Paris.
VIGNON, architecte. Paris.
VIGYEZO (Antoine noble de), seigneur de Bolyaz et assesseur de plusieurs comtés. Pest.
VILLEMSENS, architecte. Paris.
VILLESTREUX (la vicomtesse de la). Paris.
VILLOT DE FRÉVILLE. Paris.
VILQUIN, libraire. Paris.
VISSERING (P.-V.), propriétaire. Berne.
VOGUÉ (le comte de). Paris.
VOISIN, libraire. Coutances.
VOSS, libraire. Leipsick.
VRINTS-BERBERICH (le baron de).

W.

WALCKIERS (mademoiselle de). Paris.
WALDSTEIN (le comte de). Pest.
WEIS. Paris.
WESSELENYE (le baron Joseph de), seigneur de Hadad, chambellan de S. M. I. et R. d'Autriche.
WEYHER, libraire. St.-Pétersbourg.
WIESENHUTTEN (le baron de), conseiller intime. Francfort-sur-le-Mein.
WILLIAMS (Grégory.) Paris.
WORMS DE ROMILLY. Strasbourg.
WURTEMBERG (S. M. la reine de).
WURTEMBERG (S. A. R. le prince Adam de). Stuttgard.
WURTEMBERG (S. A. S. le prince Egon de). Donauschingen.

WYNAENDTS (A.). Delft.

Z.

ZESCHWITZ (de), général au service de S. M. le roi de Saxe.
ZIMMERMANN (T.), fabricant. Issenheim (Haut-Rhin).
ZIRGÈS, libraire. Leipsick.

PLANCHE 1.

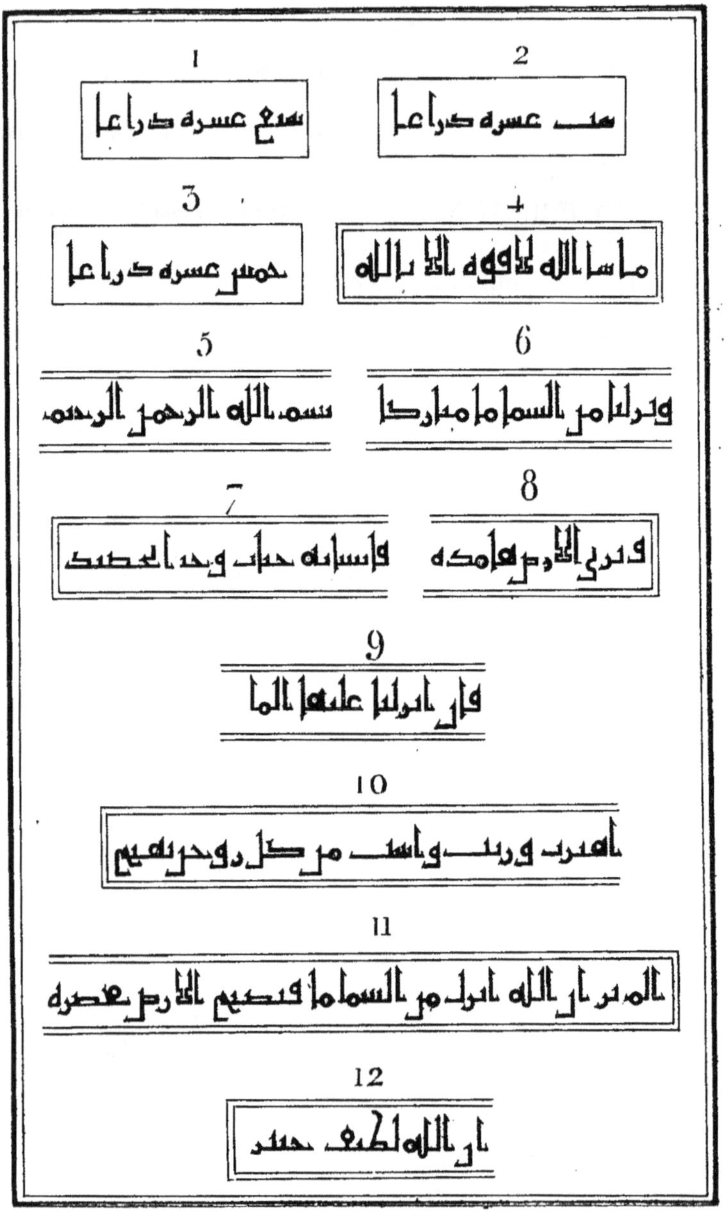

1

سبع عشرة ذراعا

2

ست عشرة ذراعا

3

خمس عشرة ذراعا

4

ما شاء الله لا قوة الا بالله

5

بسم الله الرحمن الرحيم

6

ونزلنا من السماء ماء مباركا

7

قل ربي اعلم بعدتهم

8

واسأله حيات وحد الحصيد

9

قال انزلنا عليها الماء

10

اعوذ برب الناس من كل دو حربليغ

11

الحمد لله الذي انزل من السماء ماء فنبت الارض بعصره

12

ان الله لطيف حبير

PLANCHE 2.

13

وهو الذى نزل العبد مريد ما ىطوا

14

فسرو رحمته وهو الولى الحميد

15

بسم الله الرحمن الرحيم

16

الله الذى خلق السموات و الارض

17

كانزل من السما ما فاحىى به من الموت وذلك

18

وسراكما الدك عربى

19   20

كالعرب امره   وسراكما الاهار

21

وسراكما السمس والعمر داس

PLANCHE 3.

22

وسخر لكم الليل والنهار

23

وآتاكم من كل ما سألتموه

24

وإن تعدوا نعمة الله لا تحصوها

25

إن الإنسان لظلوم

26

كفار

27

هو الذي أنزل من السماء ماء لكم

28

منه شراب ومنه شجر فيه تسيمون

29

ينبت لكم به الزرع

30

والزيتون والنخيل والأعناب ومن كل الثمرات

31

إن في ذلك لآية

32

لقوم يتفكرون

PLANCHE 4.

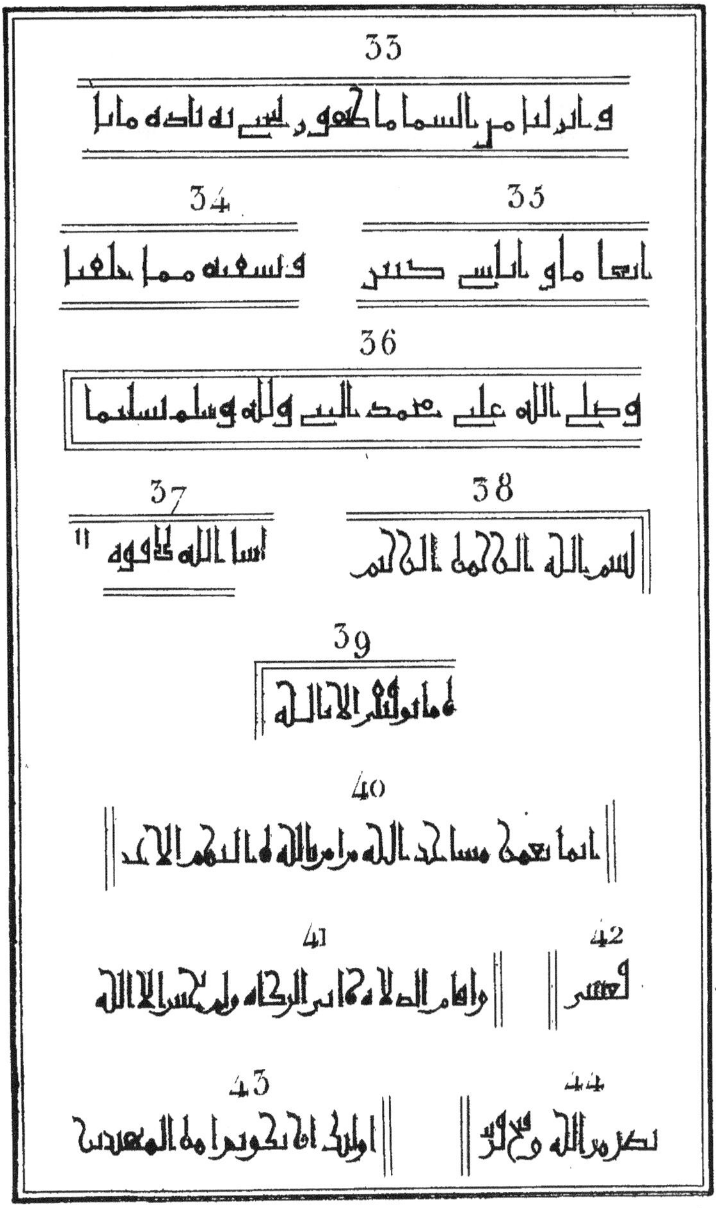

33

وأنزلنا من السماء ماكهورا وليس له ناد ه ما نا

34

انعا ماو اناس كىىر

35

وسعىه مما بلعنا

36

وصل الله على محمد النبى وله وسلم تسليما

37

اسا الله لا ووه

38

لسم الله الرحمن الرحىم

39

اما اوكىر الاالة

40

انما نعمر مساحد الله من ام بالله فالىهم الاحر

41

واقام الصلاة وانى الزكاة ولم نحس الا الله

42

لعمر

43

اولىك ان نكوىو امه المعدىىں

44

نصر من الله وىح ىر

PLANCHE 5.

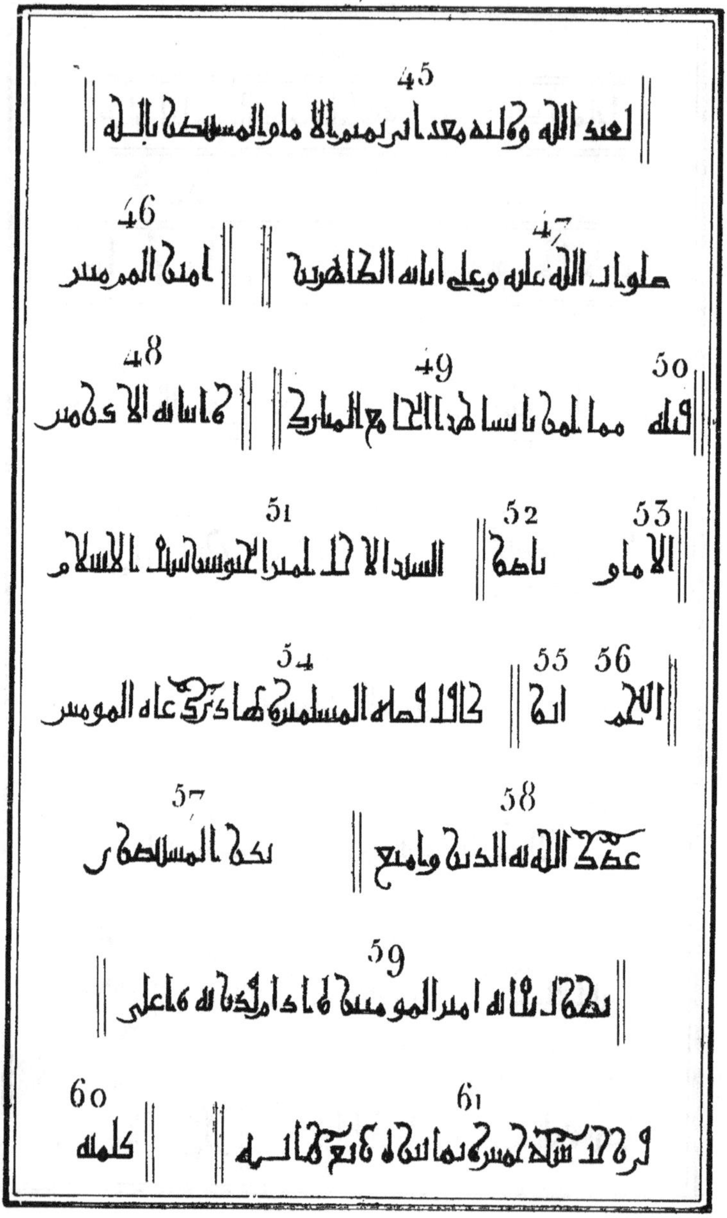

45
لعبد الله وليه معد ابر يمول ال ماو المسطى بالله

46
صلوات الله عليه وعلى ابايه الطاهرين

47
امنة المومنن

48
انك مما لمن باساهد الحاج المبارك

49

50
كاسايه الاكبس

51
الاماو

52
ناصرة

53
السدا الا ال لمرا لمومسينك الاسلام

54
العم انك كا لا احاه المسلمين هاد كذ عاه المومس

55 56

57
عظ الله الدين واميع

58
بكة المسلحين

59
لحطه شاه امرالمومسك ها دا ادكذ هـ ـا على

60
كلمله

61
ا ر اله شاكة ساو ا اسل ا بسلم

PLANCHE 6.

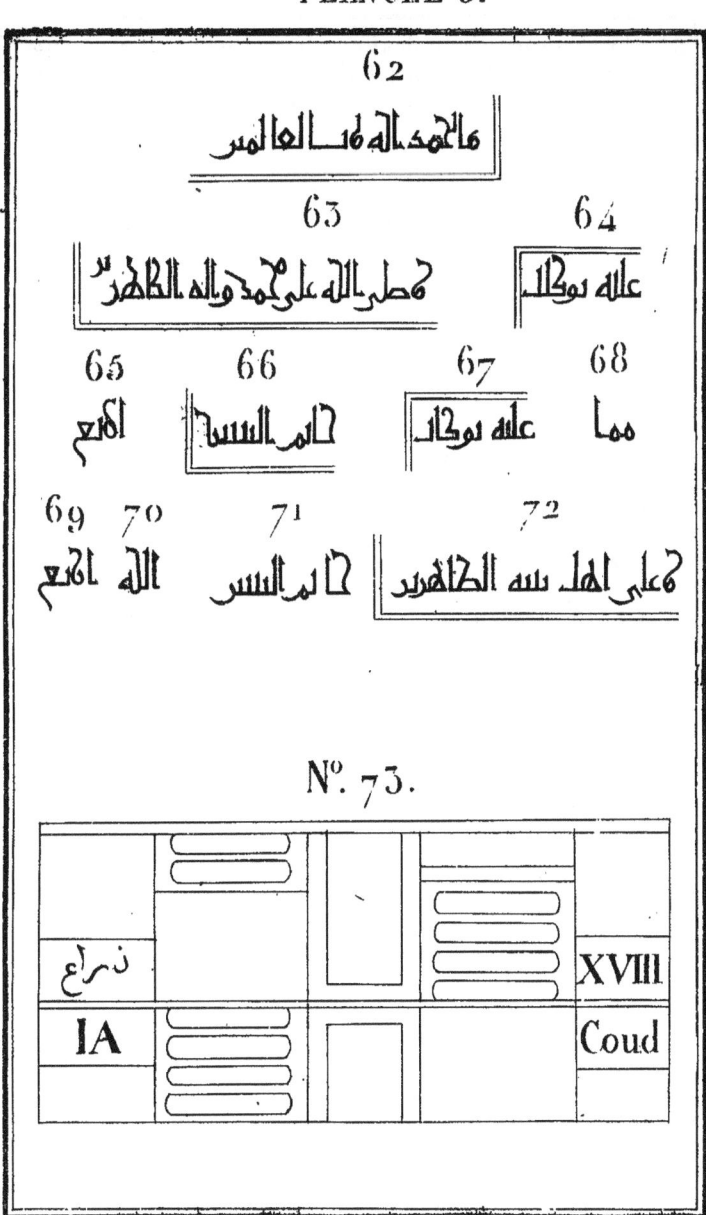

PLANCHE 7.

§ II. Alphabet comparatif des Caractères Phénicien, Samaritain, Grec, Greco-Egyptien, Palmyrénien, Hébréo-Chaldéen, Syriaque, Arabe, Moderne, et Koufique.

Ordre.	Phenicien.	Samaritain.	Grec.	Greco-Egyptien.	Palmyrénien.	Hébréo-Chaldéen.	Syriaque.	Arabe Moderne.	Koufique.	Alphabétique.	Numérique.
1	✶	א	A	Λ	א	א	ܐ	ا	ل	A.	1
2	⅁	⅃	B	B	ע	ב	؟	ب	ٮ	B.	2
3	ꓶ	⊤	Γ	Γ	⅄	ג	⌇	ج	ܠ	G.	3
4	⅁	⅁	Δ	Δ	∠	ד	؛	د	ܠ	D.	4
5	⅄	⊥	E	G	⅄	ה	ܐ	ه	ܕ	H.	5
6	ꓶ	⅁	Ϛ	Ϛ	⅁	ו	∘	و	ܔ	Ou.	6
7	ꓷ	⅁	Z	⅁	ꓰ	ז	⌇	ز	د	Z.	7
8	⅁	⅁	H	H	H	ח	⌇	ح	ܠ	Hh.	8
9	⅁	⅁	Θ	θ	6	ט	⌇	ط	ܔ	Tt.	9
10	⅁	m	I	I	ꓶ	י	⌇	ي	ܔ	Y.	10
11	ꓷ	ꓶ	K	K	ꓶ	כ	ܠ	ك	ܠ	K.	20
12	⅁	⅁	Λ	Λ	⅁	ל	⌇	ل	ܠ	L.	30
13	⅁	⅁	M	⅁	⅁	מ	⌇	م	ܠ	M.	40
14	⅁	⅁	N	H	⅁	נ	⌇	ن	ܠ	N.	50
15	⅁	⅁	Ξ	⅁	⅁	ס	ܠ	ش	ܠ	S.	60
16	∘	∇	O	O	⅁	ע	⌇	ع	ܠ	A'.	70
17	⅁	⊐	Π	Π	3	פ	⌇	ف	ܠ	F.	80
18	⅁	m		Ш	⅁	צ	ܠ	ص	ܠ	Ss.	90

PLANCHE 8.

Ordre	ALPHABETS									Valeurs	
	Phénicien	Samaritain	Grec	Gréco-Égyptien	Palmy-rénien	Hébréo-Chaldéen	Syriaque	Arabe Moderne	Koufique	Alphabétiq.	Numérique
19	ᛒ	ᛃ	X	X	♫	ק	ڡ	ق	ڡ	Q.	100
20	۹	ح	P	P	З	ר	;	ر	د	R.	200
21	₩	ш	Σ	C	ע	ש	ڡ	ش	ڡ	Ch	300
22	⊕	N	T	7	۶	ת	2	ت	ل	T.	400

Alphabet comparatif
des Caractères Stranghelo et Koufique.

ALPHABETS		Valeur.	ALPHABETS		Valeur.
Stranghelo	Koufique.		Stranghelo	Koufique.	
ܐ	ا	A.	ܠ	ل	L.
ܒ	ܒ	B.	ܡ	م	M.
ܓ	ܓ	G.	ܢ	ن	N.
ܕ	ܕ	D.	ܣ	س	S.
ܗ	ܗ	H.	ܥ	ع	A.
ܘ	ܘ	Ou.	ܦ	ف	F.
ܙ	ܙ	Z.	ܨ	ص	Ss.
ܚ	ܚ	Hh.	ܩ	ق	Q.
ܛ	ܛ	Tt.	ܪ	ر	R.
ܝ	ܝ	Y.	ܫ	ش	Ch.
ܟ	ܟ	K.	ܬ	ت	T.

S. IV. ALPHABET KOUFIQUE
tiré des Inscriptions de la première Epoque du MEQYÀS

Ordre.	Noms.	Lettres Arabes Correspondantes	FORMES.				Valeur.
			Finales.		Initiales et Médiales.		
			Liées à la précédente.	Non liées à la précédente.	Liées à la précédente.	Non liées à la précédente.	
1	Elif. أَلِفْ	ا	لاا	ا	لاا	ا	À.
2	Bé. بآ	بْ	ـا	ـا	ـا	ـا	B.
3	Djym. جيم	ج	ځ	ځ	↑	↑ ↘	Dj.
4	Dal. دال	د	ـد ـد	ـد ـد	ـد ـد	ـد ـد	D.
5	Hé. هآ	ه	ـه ـه ـه	ـه ـه ـه			H.
6	Zé. زآ	ز	د	د	د	د	Z.
7	Hhâ. حآ	ح	↑	ځ	↑	↑ ↘	HH.
8	Yé. يآ	ي			ـا	ـا	Y.
9	Lâm. لام	ل		ل	1	ا	L.

PLANCHE 9.

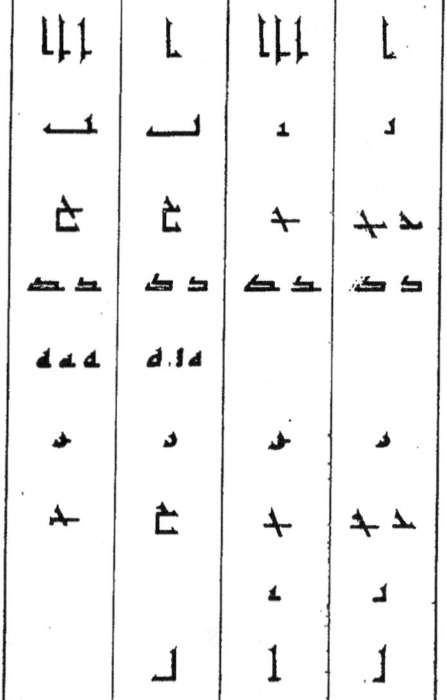

PLANCHE 10.

Ordre.	Noms.	Lettres Arabes Correspondantes.	FORMES.				Valeur
			Finales.		Initiales et Médiales.		
			Liées à la précédente	Non liées à la précédente	Liées à la précédente	Non liées à la précédente	
10	Mym. مِيم	○	◦	◦	◦	◦	M.
11	Noun. نُون	ن			⊥	⊥	N.
12	Syn. سِين	س	ш	ш	шш	ш	S.
13	A'yn. عَين	ع	ع	ع	℧	℧℧	A.
14	Ré. رَاء	ر	ﺪ	ﺪ	ﺪ	ﺪ	R.
15	Chyn. شِين	ش	ш	ш	шш	ш	CH.
16	Té. تَاء	ت	┘	┘	⊥⊥	⊥	T.
17	Thé. ثَاء	ث	┘	┘	⊥⊥	⊥	TH.
18	Khá. خَاء	خ	ع	ع	⊁	⊁⊁	KH.
19	Dzál. ذَال	ذ	ﺐﺐ	ﺐﺐ	ﺐﺐ	ﺐﺐ	DZ.
20	Ghayn. غَين	غ	ع	ع	℧	℧℧	GH.

PLANCHE II.

§.VI. ALPHABET KOUFIQUE
tiré des Inscriptions de la seconde Epoque du MEQYÂS.

Ordre.	Noms.	Lettres Arabes Correspondantes.	FORMES.				Valeur.
			Finales.		Initiales et Médiales.		
			Liées à la précédente	Non liées à la précédente	Liées à la précédente	Non liées à la précédente	
1	Elif. أَلِفْ	ا	لل	ل	لل	ل	A.
2	Bé. بَا	ب	ـا ـا	ـا ـا	ا ا	ااا	B.
3	Djym. جِيم	ج	ح ح	ح	ح ح	ح ح	DJ.
4	Dâl. دَال	د	ـد ـد ـد	ـد ـد	ـد ـد ـد	ـد ـد	D.
5	Hé. هَا	ه	ه	ه ه ه	ه ه ه	ه ه	H.
6	Ouaou. وَاو	و	ـو ـو	ـو ـو	و و	و و	OU.
7	Zé. زَا	ز	ـز	ـز	ز	ز	Z.
8	Hhâ. حَا	ح	ح ح	ح	ح ح	ح ح	HH.
9	Ttâ. طَا	ط	ط	ط ط	ط	ط ط	TT.

PLANCHE 12.

Ordre.	Noms.	Lettres Arabes Correspondantes	FORMES.				Valeur.
			Finales.		Initiales et Médiales.		
			Liées à la précédente.	Non liées à la précédente.	Liées à la précédente.	Non liées à la précédente.	
10	Ye. يَاْ	ى	ـى	ى	ــ	ل ل ل	Y.
11	Kèf. كَاْف	ك	ـك ـك	ـك	ـك	ك ك	K.
12	Lâm. لَاْم	ل	ـل ـل	ـل	ل	ل ل ل	L.
13	Mym. مِيْم	م	ـه ه	ـم	ه	ه	M.
14	Noun. نُوْن	ن	ـن	ـن	ــ	ل ل ل	N.
15	Syn. سِيْن	س	ـس	ـس	ــ ــ	ـــ	S.
16	A'yn. عَيْن	ع	ـع	ـع	ع ع	ع ع	A.
17	Fé. فَاْ	ف	ـف	ـف	ـف	ف	F.
18	Ssâd. صَاْد	ص	ـص ـص	ـص ـص	ــــ ــــ	ــــ ــــ	Ss.
19	Qâf. قَاْف	ق	ـق ـق	ـق	ـق	ق	Q.
20	Rè. رَاْ	ر	ـر	ـر	ـر	ر	R.

PLANCHE 13.

Ordre.	Noms.	Lettres Arabes Correspondantes	FORMES.				Valeur.
			Finales.		Initiales et Médiales.		
			Liées à la précédente	Non liées à la précédente	Liées à la précédente	Non liées à la précédente	
21	Chyn. شين	ش	ـش ـش	ـش	ش ش ش	ش	Ch.
22	Té. تا	ت	ـت ـت	ـت ـت	ت ت	ت ت ت	T.
23	Thé. ثا	ث	ـث ـث	ـث ـث	ث ث	ث ث ث	Th.
24	Kha. خا	خ	ـخ ـخ	ـخ	ـخ ـخ	خ خ	Kh.
25	Dzâl. ذال	ذ	ـذ ـذ ـذ	ـذ ـذ	ـذ ـذ ـذ	ذ ذ	Dz.
26	Ddâd. ضاد	ض	ـض ـض	ـض ـض	ـض ـض ـض	ض ض	Dd.
27	Dhâ. ظا	ظ	ـظ	ـظ ـظ	ظ	ظ ظ	Dh.
28	Ghayn. غين	غ	ـغ	ـغ	غ غ	غ غ	Gh.

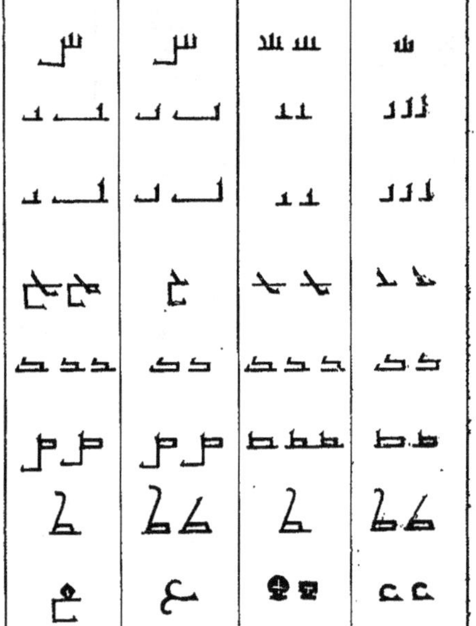

§. VIII. ALPHABET KOUFIQUE
tiré des Inscriptions
de la troisième Époque du MEQYÂS.

Ordre.	Noms.	Lettres Arabes Correspondantes	FORMES. Finales. Liées à la précédente / Non liées à la précédente — Initiales et Médiales. Liées à la précédente / Non liées à la précédente	Valeur.
1	*Elif.* ألِف	ا		A.
2	*Bê.* بَاء	ب		B.
3	*Djym.* جِيم	ج		DJ.
4	*Dâl.* دَال	د		D.
5	*Hê.* هَاء	ه		H.
6	*Ouâou.* وَاو	و		OU.
7	*Zê.* زَاء	ز		Z.
8	*Hhâ.* حَاء	ح		HH.
9	*Ttâ.* طَاء	ط		TT.

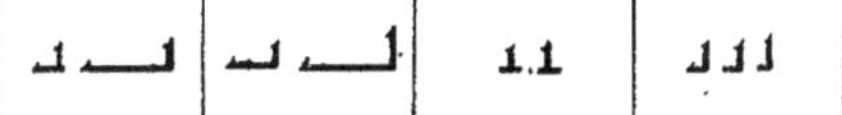

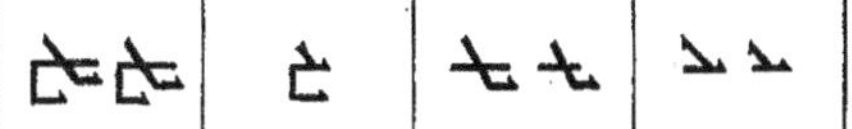

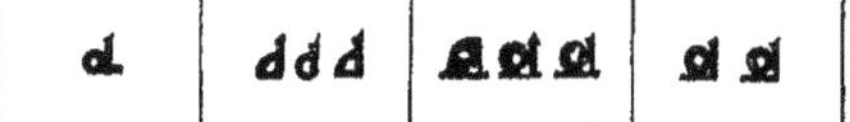

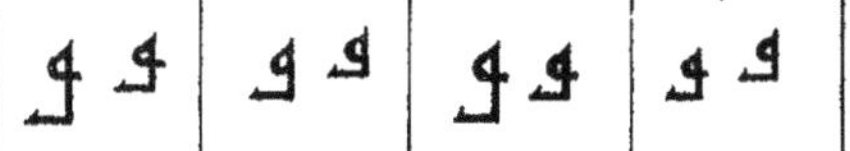

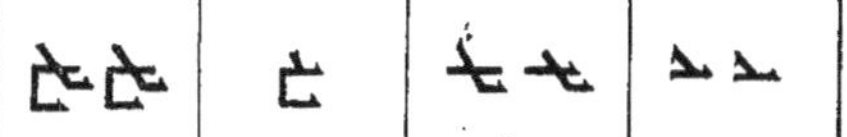

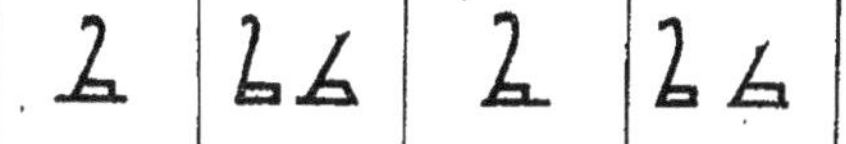

PLANCHE 15.

Ordre.	Noms.	Lettres Arabes correspondantes	FORMES.				Valeur.
			Finales.		Initiales et Médiales.		
			Liées à la précédente	Non liées à la précédente	Liées à la précédente	Non liées à la précédente	
10	Ye. يَا	ي	ـي	يْ	ⵊⵊ	ⵊⵊⵊ	Y.
11	Kéf. كَافْ	ك	ـك	ك	∟	ك	K.
12	Lâm. لاَمْ	ل	ـلل	ل	l	lll	L.
13	Mym. مِيمْ	م	ـە	ە	ە	ە	M.
14	Noun. نُونْ	ن	ـلد	ل	ⵊⵊ	ⵊⵊⵊ	N.
15	Syn. سِينْ	س	ـس	س	ⵎⵎ	ⵎ	S.
16	A'yn. عَيْنْ	ع	ـع	ع	ⴱ⊡	ככ	A'.
17	Féï. فَاءْ	ف	ـف	ف	ⴱⴱ	ⴱ	F.
18	Ssâd. صَادْ	ص	ـܒ	ܒ	ⵃⵃⵃ	ⵃⵃ	Ss.
19	Qâf. قَافْ	ق	ـف	ف	ⴱⴱ	ⴱ	Q.

PLANCHE 16.

Ordre.	Noms.	Lettres Arabes Correspondantes.	FORMES.				Valeur.
			Finales.		Initiales et Médiales.		
			Liées à la précédente	Non liées à la précédente	Liées à la précédente	Non liées à la précédente	
20	Rè. رَى	ر	ﺮ	ﺭ	ﺭ	ﺭ	R.
21	Chyn. شين	ش	ﺶ	ﺵ	ﺷ ﺷ	ﺵ	CH.
22	Tè. طَى	ط	ﻂ ﻂ	ﻂ ﻂ	ﻃ ﻃ	ﻁﻁﻁ	T.
23	Thè. ظَى	ظ	ﻆ ﻆ	ﻆ ﻆ	ﻇ ﻇ	ﻅﻅﻅ	TH.
24	Khà. خَى	خ	ﺦ ﺦ	ﺦ	ﺧ ﺧ	ﺥ ﺥ	KH.
25	Dzàl. ذَال	ذ	ﺬ ﺬ ﺬ	ﺬ ﺬ	ﺫ ﺫ ﺫ	ﺫ ﺫ	DZ.
26	Ddàd. ضَاد	ض	ﺾ ﺾ	ﺾ ﺾ	ﺿ ﺿ ﺿ	ﺽ ﺽ	DD.
27	Dhà. ظَى	ظ	ﻆ	ﻆ ﻆ	ﻇ	ﻅ ﻅ	DH.
28	Ghayn. عين	غ	ﻎ	ﻊ	ﻏ ﻏ	ﻉ ﻉ	GH.

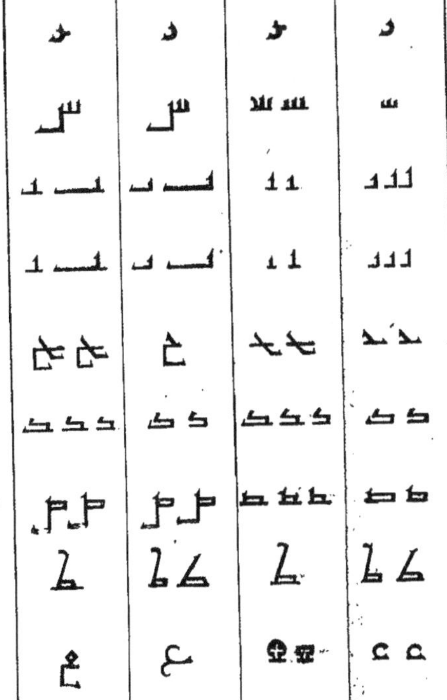

§. IX. LIGATURES KOUFIQUES.

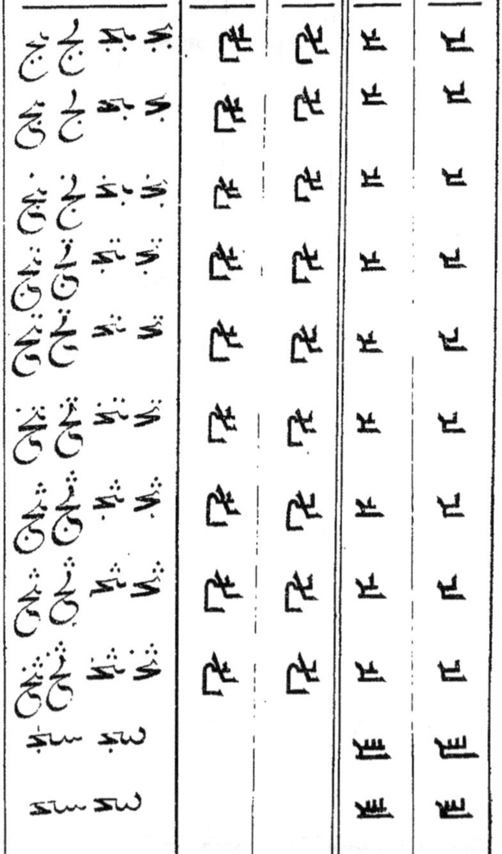

Ordre.	Ligatures Arabes Correspondantes	FORMES.				Valeur.
		Finales		Initiales et Médiales		
		Liées a la precedente	Non liées a la précédente	Liées a la précédte	Non liées a la précédente	
1	ج ج ج ج	⟨fig⟩	⟨fig⟩	⟨fig⟩	⟨fig⟩	B - Dj.
2	ح ح ح ح	⟨fig⟩	⟨fig⟩	⟨fig⟩	⟨fig⟩	B - Hh.
3	خ خ خ خ	⟨fig⟩	⟨fig⟩	⟨fig⟩	⟨fig⟩	B - Kh.
4	جت جت جت جت	⟨fig⟩	⟨fig⟩	⟨fig⟩	⟨fig⟩	T - Dj.
5	حت حت حت حت	⟨fig⟩	⟨fig⟩	⟨fig⟩	⟨fig⟩	T - Hh.
6	خت خت خت خت	⟨fig⟩	⟨fig⟩	⟨fig⟩	⟨fig⟩	T - Kh.
7	جث جث جث جث	⟨fig⟩	⟨fig⟩	⟨fig⟩	⟨fig⟩	Th - Dj.
8	حث حث حث حث	⟨fig⟩	⟨fig⟩	⟨fig⟩	⟨fig⟩	Th - Hh.
9	خث خث خث خث	⟨fig⟩	⟨fig⟩	⟨fig⟩	⟨fig⟩	Th - Kh.
10	سج سج			⟨fig⟩	⟨fig⟩	S - Dj.
11	سح سح			⟨fig⟩	⟨fig⟩	S - Hh.

PLANCHE 18.

Ordre.	Ligatures Arabes Correspondantes	FORMES.				Valeur.
		Finales.		Initiales et Médiales.		
		Liées à la précédente	Non liées à la précédente	Liées à la précédente	Non liées à la précédente	
12	سح سَح			ڲڲ	ڲڲ	S-KH.
13	شِج شَج			ڲڲ	ڲڲ	CH-DJ.
14	شح شَح			ڲڲ	ڲڲ	CH-HH.
15	شخ شَخ			ڲڲ	ڲڲ	GH-HH.
16	فِي	ڡؚ ڡؚ	اڡؚ اڡؚ			F-Y.
17	قِي					Q-Y.
18	لا				ڲ	L-A.
19	لِج لَج			ڲڲ	ڲڲ	L-B-DJ.
20	لِج لَج			ڲڲ	ڲڲ	L-B-HH.
21	لِج لَج			ڲڲ	ڲڲ	L-B-KH.
22	لِج لَج			ڲڲ	ڲڲ	LT-DJ.
23	لِج لَج			ڲڲ	ڲڲ	LT-HH.

PLANCHE 19.

Ordre.	Ligatures Arabes Correspondantes	FORMES. Finales.		FORMES. Initiales et Médiales. Liées à la précédente	FORMES. Initiales et Médiales. Non liées à la précédente	Valeur.
24	لتخ لتخ			[illegible]	[illegible]	L-T-Kh.
25	لثج لثج			[illegible]	[illegible]	L-Th-Dj.
26	لثح لثح			[illegible]	[illegible]	L-Th-Hh.
27	لثخ لثخ			[illegible]	[illegible]	L-Th-Kh.
28	لنج لنج			[illegible]	[illegible]	L-N-Dj.
29	لنح لنح			[illegible]	[illegible]	L-N-Hh.
30	لنخ لنخ			[illegible]	[illegible]	L-N-Kh.
31	ليج ليج			[illegible]	[illegible]	L-Y-Dj.
32	ليح ليح			[illegible]	[illegible]	L-Y-Hh.
33	ليخ ليخ			[illegible]	[illegible]	L-Y-Kh.
34	لج لج			[illegible]	[illegible]	L-Dj.
35	لح لح			[illegible]	[illegible]	L-Hh.
36	لخ لخ			[illegible]	[illegible]	L-Kh.

PLANCHE 20.

	Ligatures Arabes Correspondantes	FORMES.				Valeur
		Finales.		Initiales et Médiales		
		Liées à la précédente	*Non liées à la précédente*	*Liées à la précédente*	*Non liées à la précédente*	
37	لـه له	[illegible]	[illegible]			L - H.
38	لـي لي	[illegible]	[illegible]			L - Y.
39	ـمجـ مجـ			[illegible]	[illegible]	M - Dj.
40	ـمحـ محـ			[illegible]	[illegible]	M - Hh.
41	ـمخـ مخـ			[illegible]	[illegible]	M - Kh.
42	ـنجـ نجـ			[illegible]	[illegible]	N - Dj.
43	ـنحـ نحـ			[illegible]	[illegible]	N - Hh.
44	ـنخـ نخـ			[illegible]	[illegible]	N - Kh
45	ـيجـ يجـ			[illegible]	[illegible]	Y - Dj.
46	ـيحـ يحـ			[illegible]	[illegible]	Y - Hh.
47	ـيخـ يخـ			[illegible]	[illegible]	Y - Kh.

PLANCHE 21.

ALPHABET KARMATIQUE.

tiré de la première Inscription du MÉQYÀS.

Ordre	Noms	Lettres Arabes Correspondantes	FORMES				Valeur
			Finales		Initiales et Médiales		
			Liées à la précédente	Non liées à la précédente	Liées à la précédente	Non liées à la précédente	
1	Elif. الف	ا	ll	lll	l	lll	A.
2	Be. ب	ب	↲	↲	↲	↲↲↲	B.
3	Djym. جيم	ج	ح	ح	ح	ح	DJ.
4	Dal. دال	د	٢٢٢	٢٢٢	٢٢٢	٢٢٢	D.
5	He. هاء	ه	٢ddΔ	dd	d	ddd	H.
6	Ouaou. واو	و	وو	وو	وو	وو	OU.
7	Ze. زي	ز	ز	ز	ز	ز	Z.
8	Hha. حا	ح	ح	ح	ح	ح	HH.
9	Tai. طا	ط	ط	ط	ط	ط	TT.

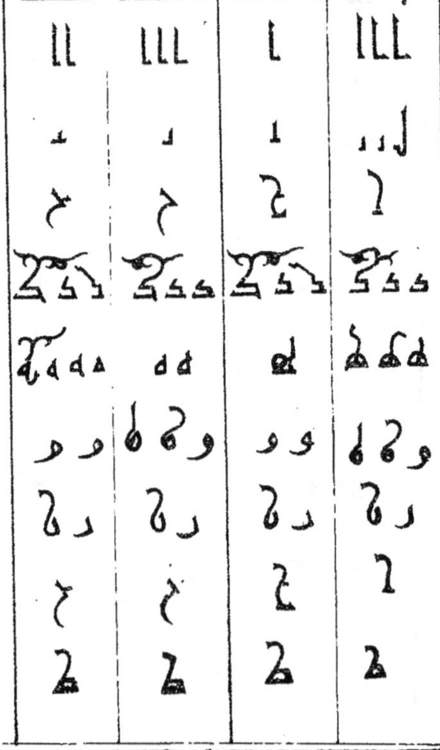

PLANCHE 22.

Ordre.	Noms.	Lettres Arabes Correspondantes.	FORMES.				Valeur.
			Finales.		Initiales et Médiales.		
			Liées à la précédente	Non liées à la précédente	Liées à la précédente	Non liées à la précédente	
10	Yé ي	ي	ے	ی	ı	ılı	Y.
11	Kéf ك	ى	ذ	2	22	2	K.
12	Lâm ل	ل	ل	ل	]1	]11	L.
13	Mym م	م	م	م	o	ᵷ o	M.
14	Noun ن	ں	ذی	ذی	ı	ılı	N.
15	Syn س	س	س	س	ш ш	ш ш	S.
16	Ayn ع	ى	४ ४	६६६	४	عا	A'.
17	Fé ف	ف	۶	۶	۶	۶	F.
18	Ssâd ص	ص	ط	ط	▲▲	▱	Ss.
19	Qâf ق	ق	۶	۶	۶	۶	Q.
20	Ré ر	ر	۶	۶	۶	۶	R.

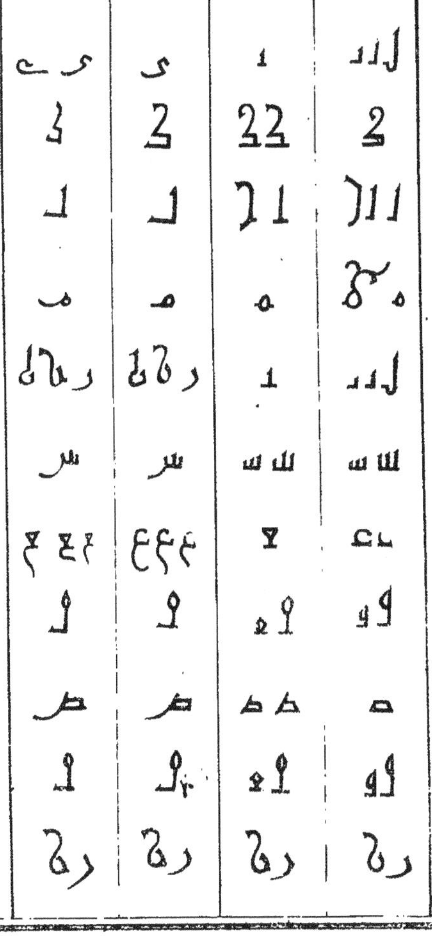

PLANCHE 23.

Ordre.	Noms.	Lettres Arabes Correspondantes.	FORMES.				Valeur.
			Finales.		Initiales et Médiales.		
			Liées à la précédente	Non liées à la précédente	Liées à la précédente	Non liées à la précédente	
21	Chyn شين	ش	ش	س	ш ш	ш ш	CH.
22	Té تي	ت	ٮ	ٮ	١	ىى	T.
23	Thé ثي	ث	ٮ	ٮ	١	ىى	TH.
24	Khi خي	خ	ح	ح	٦	٦	KH.
25	Dzâl ذال	ذ	𝔄	𝔄	𝔄	𝔄	DZ.
26	Ddad ضاد	ض	▲	▲	▲▲	▲	DD.
27	Dhâ ظا	ظ	Z	Z	Z	Z	DH.
28	Ghayn غين	غ	٧٧٧	٤٤٤	∇	⊂ل	GH.

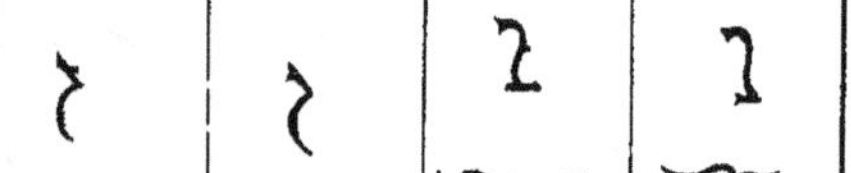

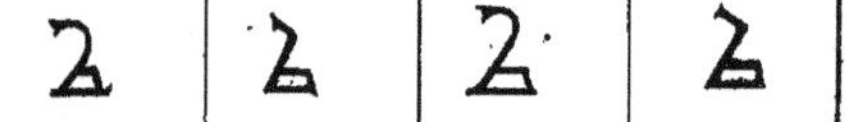

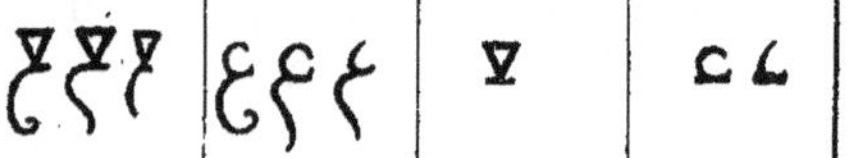

§. 1.er ALPHABET KARMATIQUE

tiré de la première Inscription du MEQYAS.

Ordre.	Noms.	Lettres Arabes Correspondantes.	FORMES. Finales. *Liées à la précédente*	FORMES. Finales. *Non liées à la précédente*	FORMES. Initiales et Médiales. *Liées à la précédente*	FORMES. Initiales et Médiales. *Non liées à la précédente*	Valeur
1	*Elif.* أَلِفْ	ا					Â.
2	*Bê.* بَاءْ	ب					B.
3	*Djym.* جِيمْ	ج					DJ.
4	*Dâl.* دَالْ	د					D.
5	*Hê.* هَاءْ	ه					H.
6	*Ouâou.* وَاوْ	و					OU.
7	*Zê.* زَاءْ	ز					Z.
8	*Hha.* حَاءْ	ح					HH.
9	*Ttâ.* طَاءْ	ط					TT.

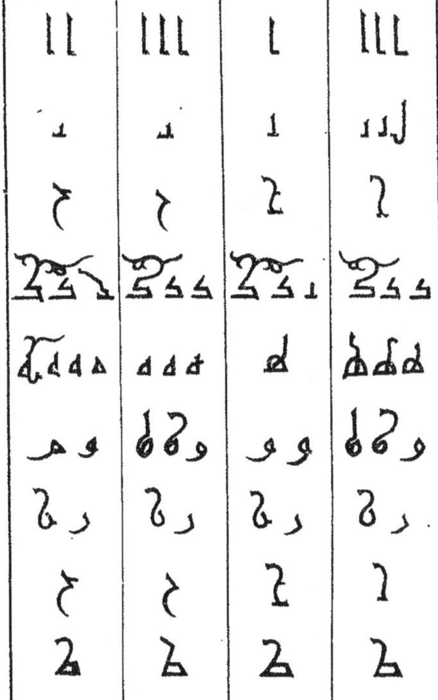

PLANCHE 25.

Ordre.	Noms.	Lettres Arabes Correspondantes.	FORMES. Finales. Liées à la précédente	FORMES. Finales. Non liées a la precedente	FORMES. Initiales et Mediales. Liées a la precedente	FORMES. Initiales et Mediales. Non liées a la precedente	Valeur.
10	*Yé.* ياءٌ	ي					Y.
11	*Kéf.* كافٌ	ك					K.
12	*Lam.* لامٌ	ل					L.
13	*Mym.* ميمٌ	م					M.
14	*Noun.* نونٌ	ن					N.
15	*Sin.* سينٌ	س					S.
16	*A'yn.* عينٌ	ع					A'.
17	*Fe.* فاءٌ	ف					F.
18	*Ssad.* صادٌ	ص					SS.
19	*Qaf.* قافٌ	ق					Q.
20	*Ré.* راءٌ	ر					R.

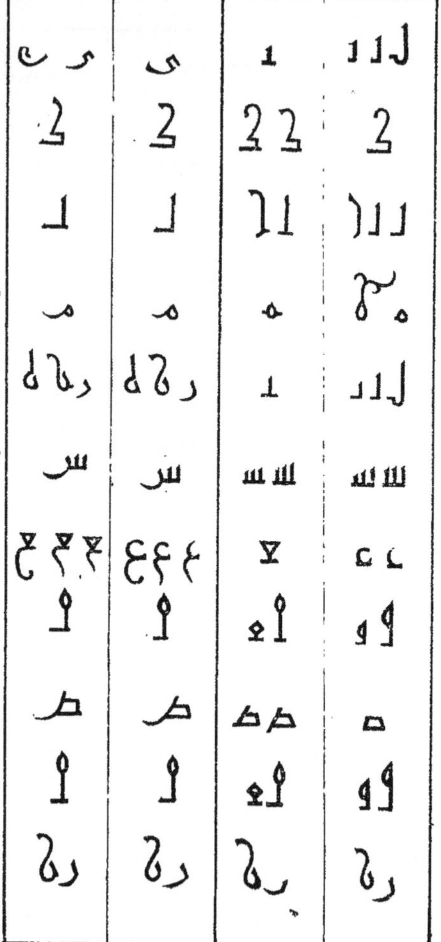

PLANCHE 26.

Ordre.	Noms.	Lettres Arabes Correspondantes.	FORMES.				Valeur.
			Finales.		Initiales et Médiales.		
			Liées à la précédente	Non liées à la précédente	Liées à la précédente	Non liées à la précédente	
21	Chym شِينْ	شِ	ش	ش	ش ش	ش ش	CH.
22	Te تَا	تِ	ـت	ـت	ت	ت ت	T.
23	The ثَا	ثِ	ـث	ـث	ث	ث ث	TH.
24	Kha خَا	خِ	ـخ	ـخ	خ	خ	KH.
25	Dzal ذَالْ	ذِ	ذ ذ ذ	ذ ذ ذ	ذ ذ ذ	ذ ذ ذ	DZ.
26	Ddad ضَادْ	ضِ	ض	ض	ض ض	ض	DD.
27	Dha ظَا	ظِ	ظ	ظ	ظ	ظ	DH.
28	Ghayn غَيْنْ	غِ	غ غ غ	غ غ غ	غ	غ غ	GH.

PLANCHE 27.

8. ALPHABET KARMATIQUE
tiré de la troisième Inscription du MEQYÀS.

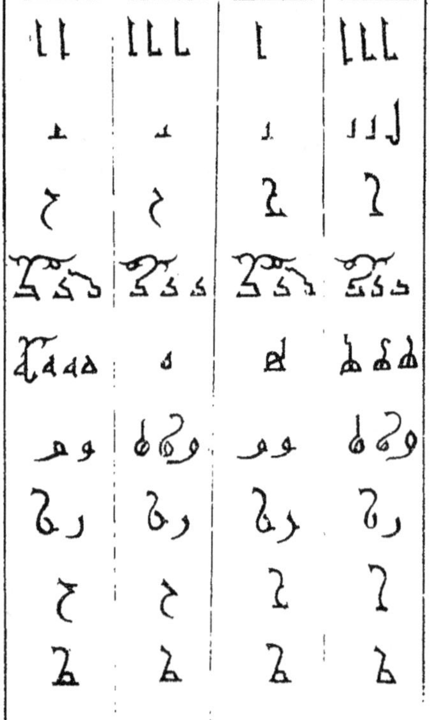

Ordre.	Noms.	Lettres Arabes Correspondantes.	FORMES. Finales. Liées à la précédente	FORMES. Finales. Non liées à la précédente	FORMES. Initiales et Médiales. Liées à la précédente	FORMES. Initiales et Médiales. Non liées à la précédente	Valeur.
1	*Elif* أَلِفْ	ا					A
2	*Bé* بَاءْ	ب					B.
3	*Djym* جِيمْ	ج					DJ
4	*Dal* دَالْ	د					D.
5	*Hé* هَاءْ	ه					H.
6	*Ouâou* وَاوْ	و					OU.
7	*Zé* زَاءْ	ز					Z.
8	*Hha* حَاءْ	ح					HH.
9	*Ta* طَاءْ	ط					TT.

PLANCHE 28.

Ordre.	Noms.	Lettres Arabes Correspondantes.	FORMES.				Valeur.
			Finales.		Initiales et Médiales.		
			Liées à la précédente	Non liées à la précédente	Liées à la précédente	Non liées à la précédente	
10	Yé. یاء	ي	ے	.	ı	ااا	Y.
11	Kéf. كاف	ك	ᄂ	2	22	2	K.
12	Lâm. لام	ل	ل	ل	لل	للا	L.
13	Mym. ميم	م	م	م	ھ	۶	M.
14	Noun. نون	ن	ون	ەن	ا	ااا	N.
15	Syn. سين	س	سر	سر	ااااا	ااااا	S.
16	A'yn. عين	ع	ععع	ععع	ⱴ	cc	A.
17	Fé. فاء	ف	و	و	وا	واا	F.
18	Ssad. صاد	ص	ط	ط	طط	ه	Ss.
19	Qaf. قاف	ق	و	و	و	واا	Q.
20	Ré. راء	ر	ری	ری	ری	ری	R.

PLANCHE 29.

Ordre.	Noms.	Lettres Arabes Correspondantes.	FORMES.				Valeur
			Finales.		Initiales et Médiales.		
			Liées à la précédente	Non liées à la précédente	Liées à la précédente	Non liées à la précédente	
21	Chyn. شين	ش	ﺶ	ﺶ	ﺸ	ﺷ	Ch.
22	Té. تا	ت	ﺖ	ﺖ	ﺘ	ﺗ	T.
23	Thé. ثا	ث	ﺚ	ﺚ	ﺛ	ﺛ	Th.
24	Kha. خا	خ	ﺢ	ﺢ	ﺣ	ﺣ	Kh.
25	Dzal. ذال	ذ					Dz.
26	Ddad. ضاد	ض					Dd.
27	Dha. ظا	ظ					Dh.
28	Ghayn. عين	غ					Gh.

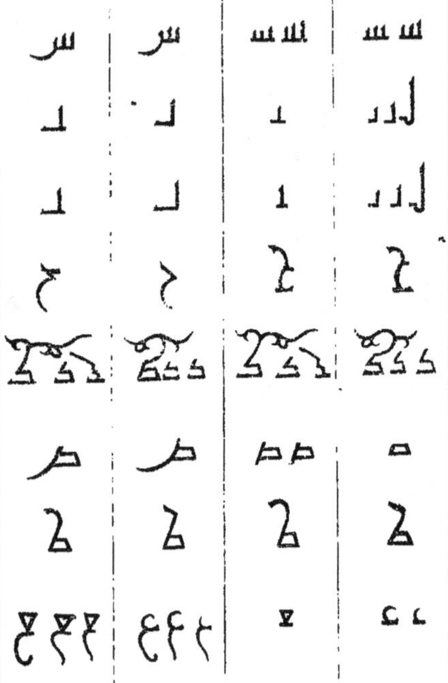

PLANCHE 30.

§ LIGATURES KARMATIQUES.

Ordre	Ligatures Arabes Correspondantes	FORMES.				Valeur.
		Finales.		Initiales et Médiales.		
		Liées à la précédente	Non liées à la précédente	Liées à la précédente	Non liées à la précédente	
1	با ىا	لل	للل	لل	للل	B-A.
2	ىبىب ىب	𐎀𐎀	ـل ـل	𐎀𐎀	𐎀𐎀	B-B.
3	ىج ىج ج	ح	ح	ح	ح	B-G.
4	ىه بە	ⵍ	ⵍ			B-H.
5	بز بز	ىر ىر	ىر ىر	ىر ىر	ىر ىر	B-Z.
6	ىج ىج ج	ح	ح	ح	ح	B-Hh.
7	ىى ىى			𐎀𐎀	𐎀𐎀	B-Y.
8	ىن ىن ىن		ر	𐎀𐎀	𐎀𐎀	B N.
9	ىو ىو	ىر ىر	ىر ىر	ىر ىر	ىر ىر	B R.
10	ىتىت ىت ىت	𐎀𐎀	ـل ـل	𐎀𐎀	𐎀𐎀	B-T.
11	ىثىث ىث ىث	𐎀𐎀	ـل ـل	𐎀𐎀	𐎀𐎀	B-Th.

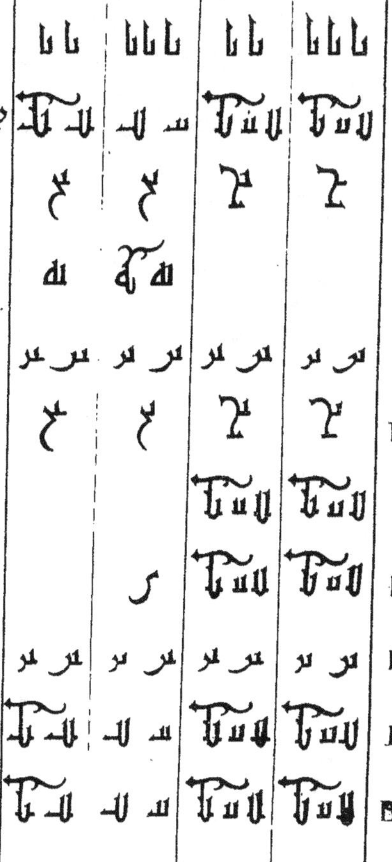

PLANCHE 31.

Ordre.	Ligatures Arabes Correspondantes	FORMES.				Valeur.
		Finales.		Initiales et Médiales.		
		Liées à la précédente	Non liées à la précédente	Liées à la précédente	Non liées à la précédente	
12	جـ جـ ج	ح	ح	ح	ح	B-KH.
13	جز جز	ﻼ	ﻼ	ﻼ	ﻼ	G-Z.
14	جر جر	ﻼ	ﻼ	ﻼ	ﻼ	G-R.
15	حز حز	ﻼ	ﻼ	ﻼ	ﻼ	HH-Z.
16	حر حر	ﻼ	ﻼ	ﻼ	ﻼ	HH-R.
17	ط ط	ß	ß	ß	ß	TT-A.
18	يا يا	لا لا	لا لا لا	لا لا	لا لا لا	Y-A.
19	يب يب يب يب	ﱡﱡ	ﱡ ﱡ	ﱡﱡ	ﱡﱡ	Y-B.
20	يج يج يج	ﺣ	ﺣ	ﺣ	ﺣ	Y-G.
21	يه يه	ﺣ	ﺣ			Y-H.
22	ين ين	ﻤ	ﻤ	ﻤ	ﻤ	Y-Z.
23	يح يح يح	ﺣ	ﺣ	ﺣ	ﺣ	Y-HH.
24	ين ين ين	ﻨ		ﻨ	ﻨ	Y-N.

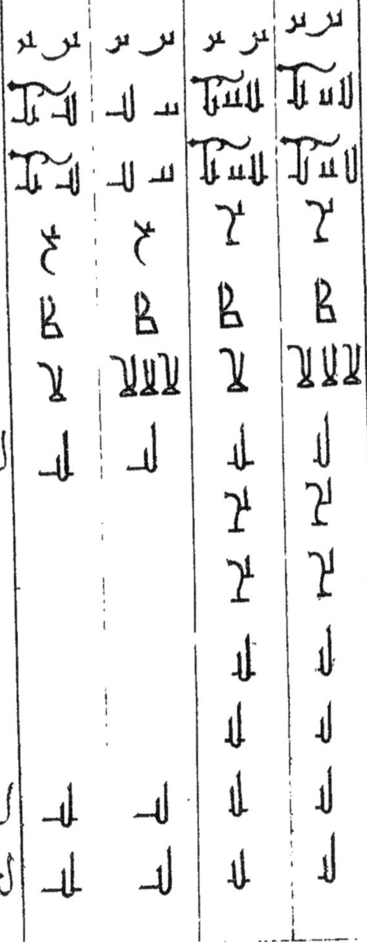

PLANCHE 52.

Ordre	Ligatures Arabes Correspondantes	FORMES.				Valeur.
		Finales.		Initiales et Médiales.		
		Liées à la précédente	Non liées à la précédente	Liées à la précédente	Non liées à la précédente	
25	يرـيرـ بر	بر	بر	بر	بر	Y-R.
26	يةـيةـيت ـبت	بٹ	ٮٮ	ٮٮ	ٮٮ	Y-T.
27	يثـيثـيث ـبث	بٹ	ٮٮ	ٮٮ	ٮٮ	Y-Th.
28	يحـبحـيح	ح	ح	ح	ح	Y-Kh.
29	४ ४	४	४	४	४	K-Â.
30	४४	४	४४४	४	४४४	L-Â.
31	للـبلـيلـبلب	لا	لا	لا	لا	L-B.
32	لجـبج			لا	لا	L-G.
33	لحـبح			لا	لا	L-Hh.
34	ليـبلي			لا	لا	L-Y.
35	لنـلذ			لا	لا	L-N.
36	لتـلٮـلتـلت	لا	لا	لا	لا	L-T.
37	لثـلٮـلث ـلث	لا	لا	لا	لا	L-Th.

PLANCHE 35.

Ordre	Ligatures Arabes Correspondantes	FORMES				Valeur
		Finales		Initiales et Médiales		
		liées à la précédente	non liées à la précédente	liées à la précédente	non liées à la précédente	
38	خ اخ			ⵡ	ⵡ	L-Kʜ
39	ج				ⵡ	M-G
40	ح				ⵡ	M-H
41	ـم من	ـم	ـم	ـم	ـم	M-X
42	خ				ⵡ	M-Kʜ
43	نا ان	ננ	ננננ	ננ	ננננ	N-A
44	نب نـب	ⵑⵡ ال	ال	ⵡⵡ	ⵡⵡ	N-B
45	نج نج	ⵣ	ⵣ	ⵡ	ⵡ	N-G
46	نح نح	ⵏ	ⵏ			N-H
47	نز نز	ـزـ	ـزـ	ـزـ	ـزـ	N-Z
49	نخ نخ	ⵣ	ⵣ	ⵡ	ⵡ	N-Hʜ
50	ني يي			ⵏⵡ	ⵏⵡ	N-Y
	نر نر	ـرـ	ـرـ	ـرـ	ـرـ	N-R

PLANCHE 34

Ordre	Ligatures Arabes Correspondantes	FORMES.				Valeur
		Finales		Initiales et Médiales		
		liées à la précédente	non liées à la précédente	liées à la précédente	non liées à la précédente	
51	نتنتنت نت	‍ܛ‍	‍ܠ‍	ܛܠ	ܛܠ	N-T
52	نثنثنث نث	‍ܛ‍	‍ܠ‍	ܛܠ	ܛܠ	N-Th
53	نخ نخ نخ نخ	‍ܚ‍	‍ܚ‍	ܚ	ܚ	N-Kh
54	فز			ܪ	ܪ	F-Z
55	فر			ܪ	ܪ	F-R
56	قز			ܪ	ܪ	Q-Z
57	قر			ܪ	ܪ	Q-R
58	تا تا	ܠܠ	ܠܠܠ	ܠܠ	ܠܠܠ	T-A
59	تبتبتب تب	‍ܛ‍	‍ܠ‍	ܛܠ	ܛܠ	T-B
60	تج تج تج تج	‍ܚ‍	‍ܚ‍	ܚ	ܚ	T-G
61	تھ تھ	ܕܠ	ܕܠ			T-H
62	تزتز	ܪܪ	ܪܪ	ܪܪ	ܪܪ	T-Z
63	تح تح تح	‍ܚ‍	‍ܚ‍	ܚ	ܚ	T-Hh

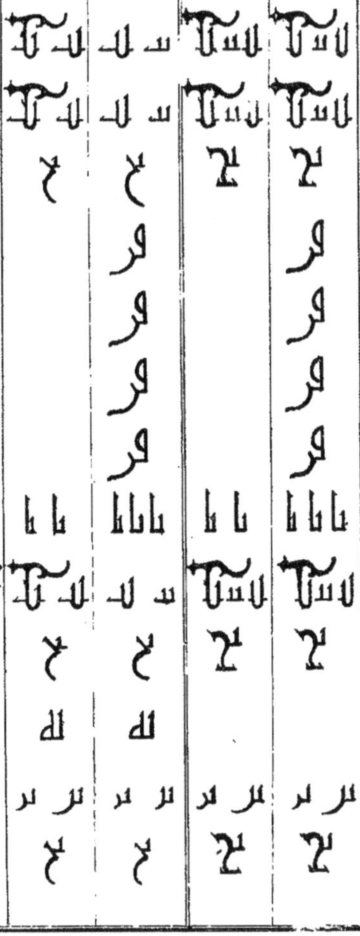

PLANCHE 35

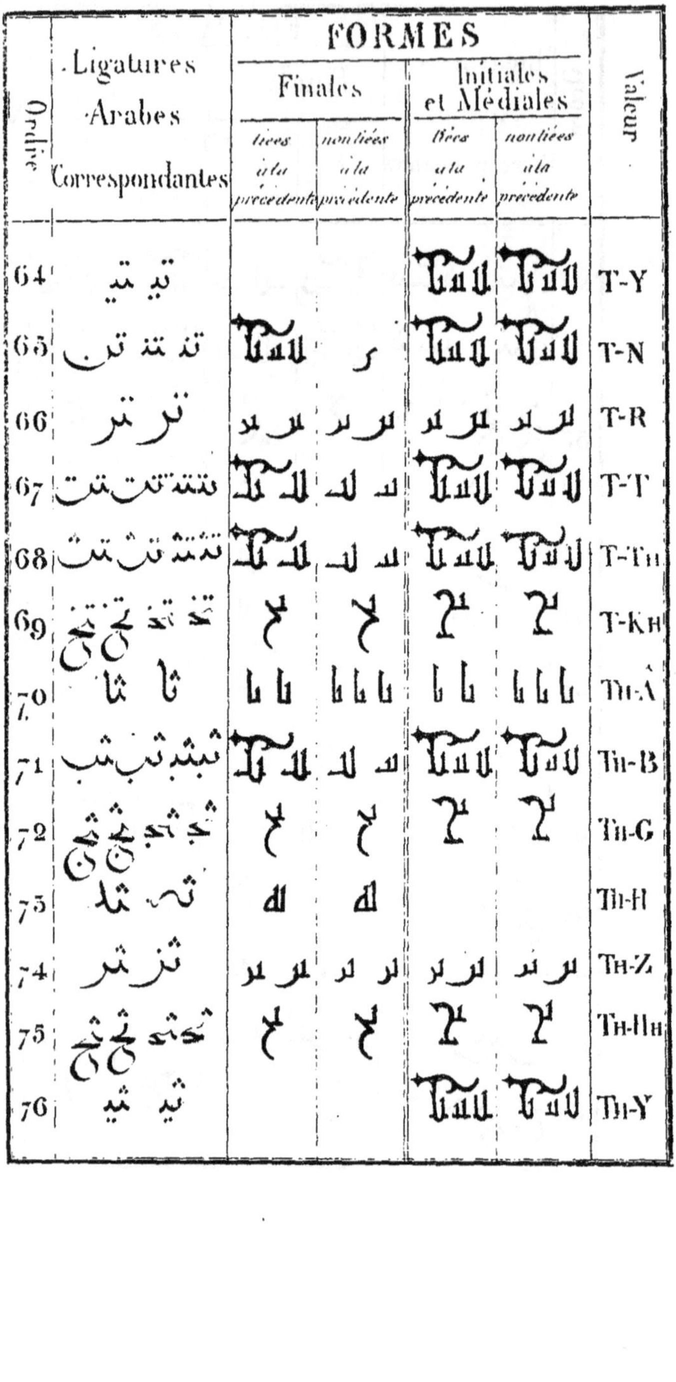

Ordre	Ligatures Arabes Correspondantes	FORMES				Valeur
		Finales		Initiales et Médiales		
		liées à la précédente	non liées à la précédente	liées à la précédente	non liées à la précédente	
64	تي تي			ٮٮٮ	ٮٮٮ	T-Y
65	تد تٮ تں	ٮٮٮ	ى	ٮٮٮ	ٮٮٮ	T-N
66	ٮر ٮر	لو لو	لو لو	لو لو	لو لو	T-R
67	ٮٮٮ ٮٮ ٮٮ	ٮٮٮ لـ لـ	لـ لـ	ٮٮٮ	ٮٮٮ	T-T
68	ٮٮٮ ٮٮ ٮٮ	ٮٮٮ لـ لـ	لـ لـ	ٮٮٮ	ٮٮٮ	T-Th
69	ٮح ٮح	ح	ح	ح	ح	T-Kh
70	ٮا ٮا	ىى	ىىى	ىى	ىىى	Th-A
71	ٮٮٮ ٮب ٮب	ٮٮٮ لـ لـ	لـ لـ	ٮٮٮ	ٮٮٮ	Th-B
72	ٮج ٮج	ح	ح	ح	ح	Th-G
73	ٮــ ٮــ	لـ	لـ			Th-H
74	ٮر ٮر	لو لو	لو لو	لو لو	لو لو	Th-Z
75	ٮح ٮح	ح	ح	ح	ح	Th-Hh
76	ٮي ٮي			ٮٮٮ	ٮٮٮ	Th-Y

PLANCHE 56.

Ordre	Ligatures Arabes Correspondantes	FORMES				Valeur
		Initiales et Médiales		Finales		
		liées à la précédente	non liées à la précédente	liées à la précédente	non liées à la précédente	
77	ثـ ثـ ثن	ٮ	ٮ	ٮں	ٮں	Th-N
78	ثـ ثـ ثح	حـ	حـ	ح	ح	Th-Kh
79	ثر ثر ثر	لر لر	لر لر	لر لر	لر لر	Th-R
80	خر خر	?	?	?	?	Kh-Z
81	خر خر خر	?	?	?	?	Kh-R
82	ظـ ظـ	ظ	ظ	ظ	ظ	Dh-A

TRADUCTION
DES CLASSIQUES LATINS

AVEC LE TEXTE EN REGARD

BIBLIOTHÈQUE LATINE-FRANÇAISE

PUBLIÉE SOUS LES AUSPICES

DE S. A. R. MONSIEUR LE DAUPHIN.

C. L. F. PANCKOUCKE, ÉDITEUR.

VOLUMES PUBLIÉS

VELLEIUS PATERCULUS, 1 vol.; *traduct. nouv.* par M. DESPRÉS, ancien conseiller de l'Université. — **SATIRES DE JUVÉNAL**, 3 vol.; traduction de Dusaulx, revue par M. J. PIERROT. (Près des deux tiers de cet ouvrage ont été traduits de nouveau.) **LETTRES DE PLINE LE JEUNE**, 3 volumes; traduction de De Sacy, revue et corrigée par M. Jules PIERROT. — **FLORUS**, 1 vol.; *traduct. nouvelle* par M. RAGON, professeur d'histoire au collège royal de Bourbon, avec une Notice par M. VILLEMAIN. — **CORNELIUS NEPOS**, 1 vol.; *tr. nouv.* par MM. DE CALONNE et POMMIER. — **JUSTIN**, 2 vol.; *traduct. nouvelle* par MM. J. PIERROT et BOITARD, avec une Notice par M. LAYA. — **VALÈRE MAXIME**, 3 vol.; *trad. nouv.* par M. FRÉMION, professeur au collège royal de Charlemagne. — **CÉSAR**, 3 vol.; *trad. nouv.* par M. ARTAUD, professeur au collège-royal de Louis-le-Grand, avec une Notice par M. LAYA. — **QUINTE-CURCE**, 3 vol.; *trad. nouv.* par MM Auguste et Alph. TROGNON. — **VALERIUS FLACCUS**, 1 vol.; *traduit pour la première fois en prose* par M. CAUSSIN DE PERCEVAL, membre de l'Institut. — **HISTOIRE NATURELLE DE PLINE**, 6e vol.; *tr. nouv.* par M. AJASSON DE GRANDSAGNE, annotée par MM. les professeurs du jardin du Roi et des membres de l'Institut. — **STACE**, 1er vol.; *trad. nouv.* par MM. RINN, professeurs à Sainte-Barbe, et ACHAINTRE. — **SALLUSTE**, 1er vol.; *trad. nouv.* par M. CH. DU ROZOIR. — **LUCRÈCE**, 1er vol.; *trad. nouv. en prose* par M. DE PONGERVILLE. — **QUINTILIEN**, 1er vol.; *traduct. nouv.* par M. OUIZILLE. — **CICÉRON**, tome VI (*Oraisons*, t. 1er; *trad. nouv.* par MM. GUEROULT jeune, J. N. M. DE GUERLE, et M. CH. DU ROZOIR).

On doit adresser les demandes à M. C. L. F. PANCKOUCKE, éditeur, rue des Poitevins, n. 14, et chez tous les libraires de la France et de l'étranger. Le prix de chaque volume est de SEPT francs. — On ne paie rien d'avance.

ON PEUT ACQUÉRIR CHAQUE AUTEUR SÉPARÉMENT.

www.ingramcontent.com/pod-product-compliance
Lightning Source LLC
Chambersburg PA
CBHW072013150426
43194CB00008B/1096
9782013434317